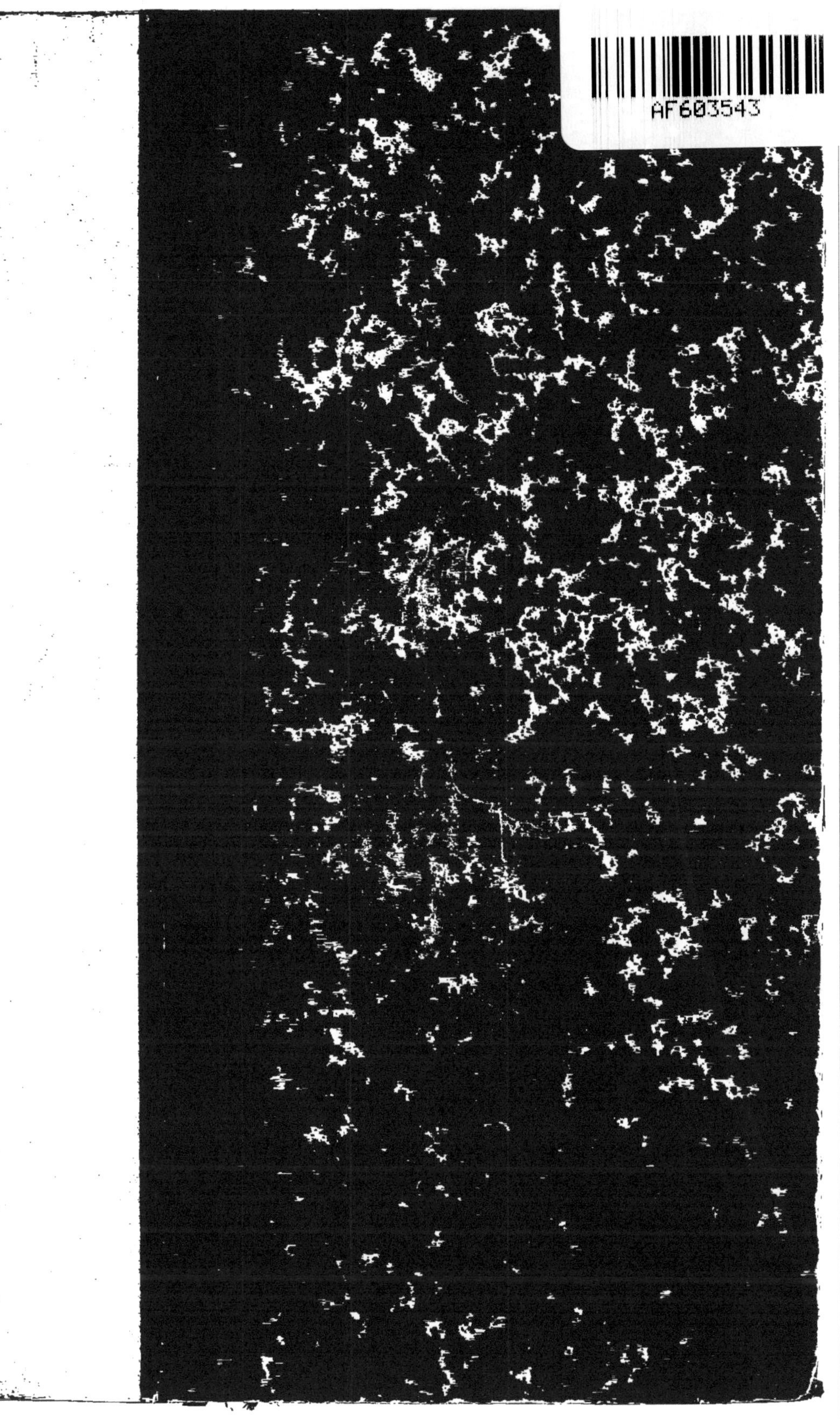
AF603543

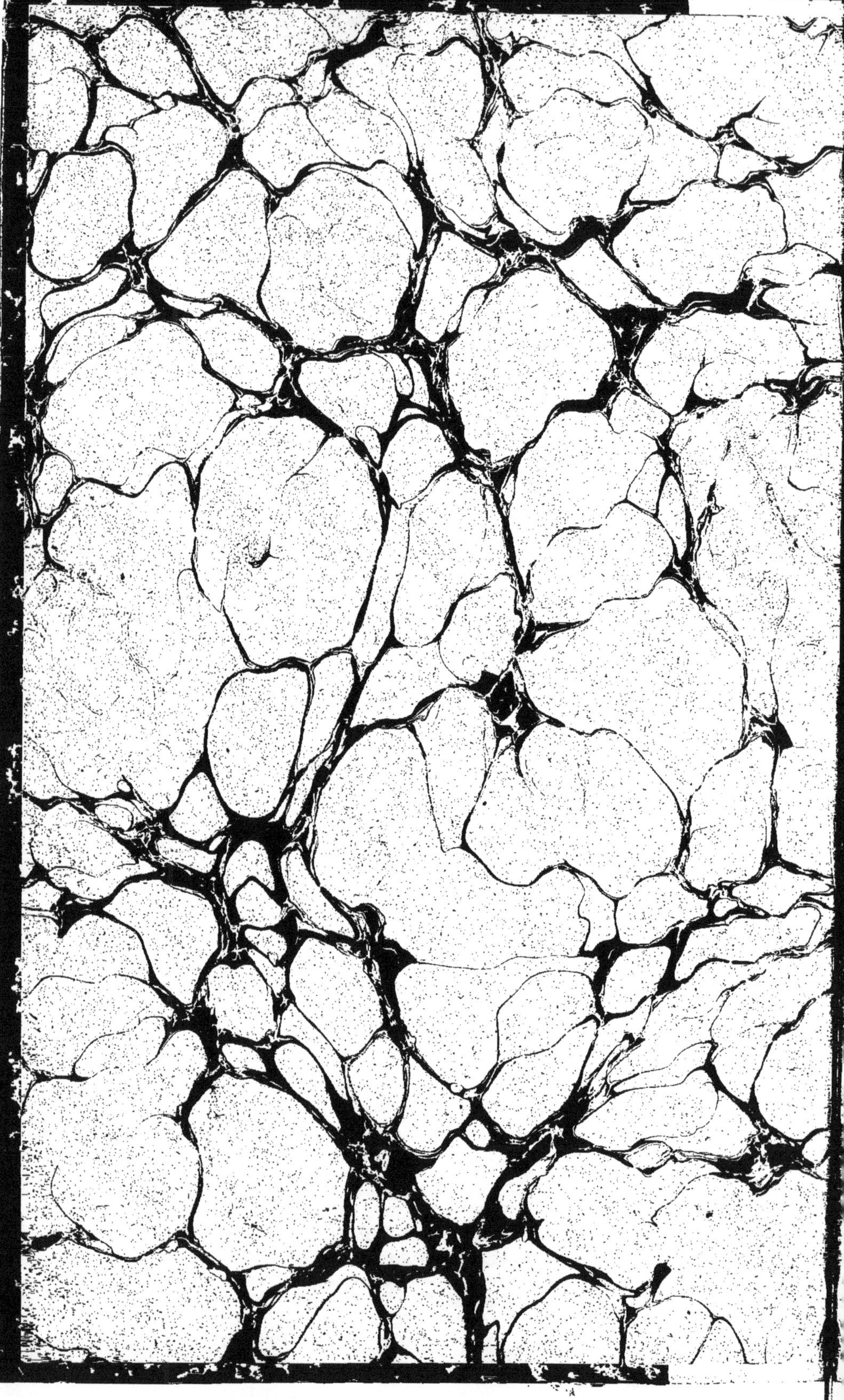

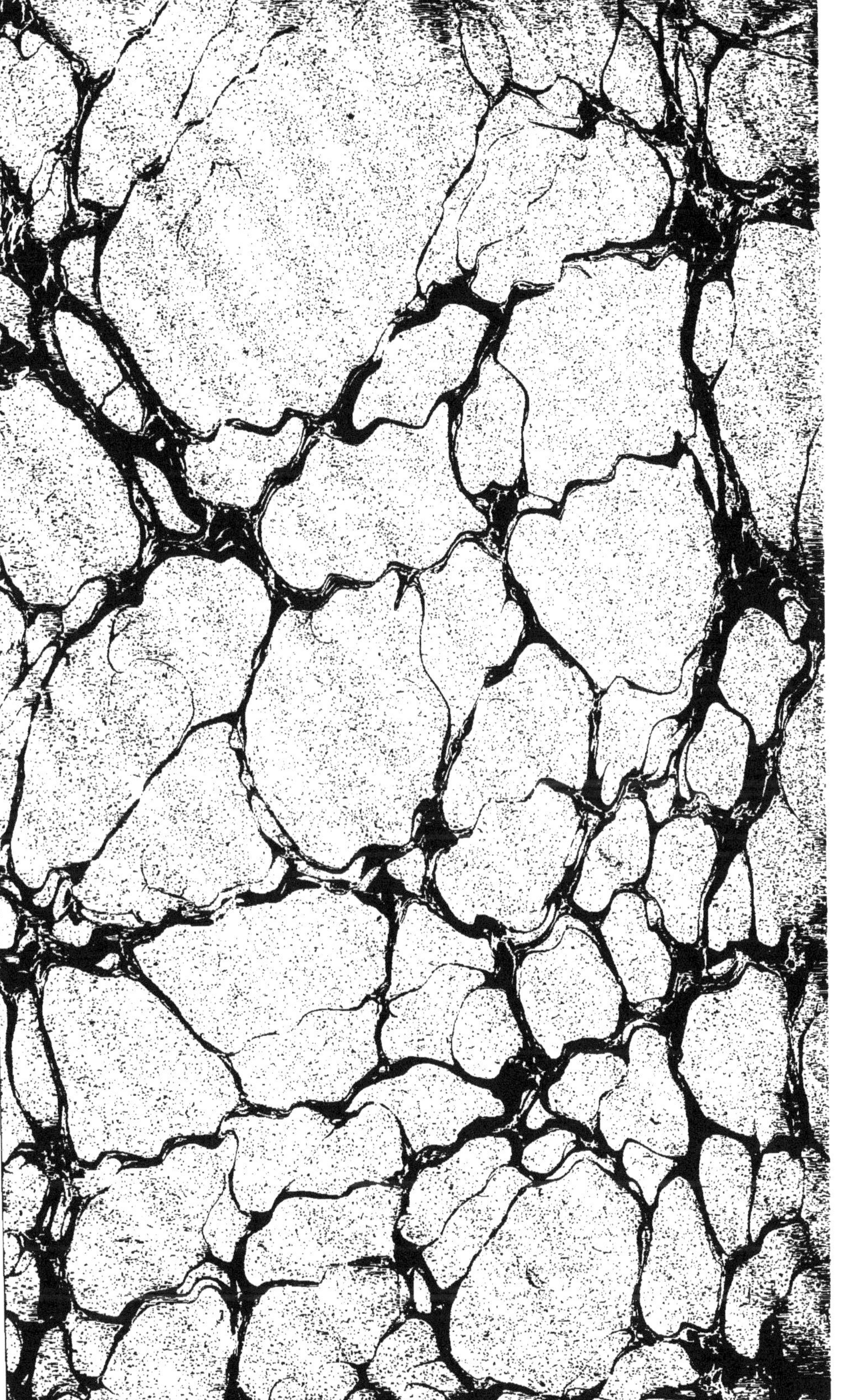

BIBLIOTHÈQUE
DES ÉCOLES ET DES FAMILLES

PAUL GAFFAREL

CAMPAGNES
DU
PREMIER EMPIRE

PÉRIODE DES DÉSASTRES (1813-1815)

PARIS
LIBRAIRIE HACHETTE ET Cie
79, BOULEVARD SAINT-GERMAIN, 79

CAMPAGNES

DU

PREMIER EMPIRE

PÉRIODE DES DÉSASTRES

(1813-1815)

4055. — Imprimeries réunies, B, rue Mignon, 2. — MAY et MOTTEROZ, directeurs.

BIBLIOTHÈQUE
DES ÉCOLES ET DES FAMILLES

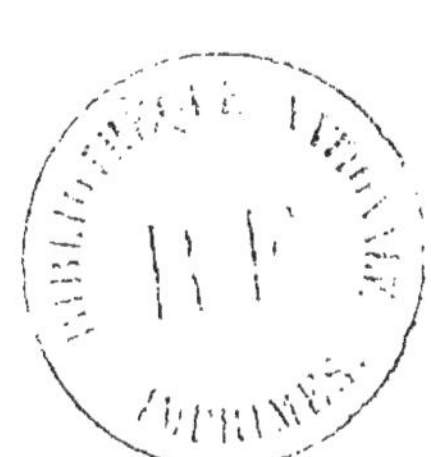

CAMPAGNES
DU
PREMIER EMPIRE

PÉRIODE DES DÉSASTRES (1813-1815)

PAR

PAUL GAFFAREL

PARIS
LIBRAIRIE HACHETTE ET CIE
79, BOULEVARD SAINT-GERMAIN, 79
1891

CAMPAGNES

DU

PREMIER EMPIRE

PÉRIODE DES DÉSASTRES

1813-1815

CHAPITRE I

CAMPAGNE DE FRANCE. — LA RÉSISTANCE

Les alliés avaient réussi à rejeter la Grande Armée de l'Elbe sur le Rhin; mais, arrivés sur les rives du fleuve au delà duquel commençait la vraie France, il semble qu'ils aient éprouvé un moment d'hésitation. Peut-être cherchaient-ils simplement à se créer des auxiliaires et à semer la division dans ce pays, dont ils redoutaient l'élan généreux et le dévouement aux principes qui avaient fait sa grandeur. Affectant une modération et des égards qu'au fond ils ne ressentaient pas, ils cherchèrent à isoler l'Empereur de la nation, et ne parlèrent qu'avec un respect étudié de l'honneur et des justes droits de la France. Ils offrirent même d'entamer des négociations et d'ouvrir un congrès, à condition que, pour bases sommaires du traité, la France consentirait à rentrer dans ses limites naturelles, et renoncerait expressément à l'Espagne, à l'Italie, à l'Allemagne et à la Hollande. L'Empereur, qui suspectait la sincérité de ces propositions et qui d'ailleurs n'avait pas encore perdu tout espoir, accepta l'idée du congrès, mais sans s'expliquer sur les bases sommaires. Les alliés en exigèrent l'acceptation avant toute négociation, et publièrent une déclaration, dite de Francfort, dans laquelle ils affirmaient « qu'ils ne faisaient pas la guerre à la France, mais à la prépondérance que Napoléon a trop longtemps exercée hors des limites de son empire;... ils désiraient que la France fût forte, grande, heureuse, parce que la puissance française est une des bases fondamentales de l'édifice social.... Ils confirmaient à la France une étendue de territoire qu'elle n'avait jamais eue sous ses rois, parce qu'une nation valeureuse ne déchoit pas pour avoir à son tour éprouvé des revers dans une lutte opiniâtre et sanglante, où elle a combattu avec son audace accoutumée.... Ils ne poseraient pas les armes avant que l'état politique de l'Europe ne fût de nouveau affermi,... avant que la sainteté des traités n'eût assuré une paix véritable à l'Europe. »

En séparant ainsi les intérêts de la France et ceux de la dynastie, en donnant satisfaction à tout ce que réclamait la nation, ses limites naturelles et un gouvernement de son choix, les alliés agissaient avec une profonde habileté et portaient un coup terrible à la cause impériale. Napoléon comprit la portée de cet acte, et se hâta d'accepter les bases sommaires de la déclaration. En même temps, et pour mieux convaincre ses sujets de la sincérité de son amour pour la paix, il convoqua le Corps législatif et lui communiqua les documents diplomatiques. Une commission fut nommée pour examiner ces documents. Le rapporteur de la commission, Laîné, ne se contenta pas de réclamer une politique de modération : « Il paraît indispensable, ajouta-t-il, qu'en même temps que le gouvernement proposera les mesures les plus promptes pour la sûreté de l'Etat, Sa Majesté sera suppliée de maintenir l'entière et constante exécution des lois qui garantissent aux Français les droits de la liberté, de la sûreté, de la propriété, et à la nation le libre exercice de ses droits politiques. » Un autre membre de la commission, Raynouard, ne trouva pas suffisant ce rappel à l'observance de la constitution, il se répandit en violentes attaques contre le gouvernement : « Nos maux sont à leur comble, dit-il : la patrie est menacée sur toutes ses frontières, le commerce est anéanti; l'industrie expire; la conscription est devenue pour la France un odieux fléau; une guerre barbare et sans but engloutit périodiquement la jeunesse; il est temps que les trônes s'affermissent et que l'on cesse de reprocher à la France de vouloir porter dans tout le monde des torches révolutionnaires. »

Certes la plupart de ces plaintes étaient fondées. L'Empereur avait eu le tort de concentrer en lui seul la vie de la France, de tenir la nation éloignée des affaires publiques, et de l'abandonner à une fâcheuse sécurité; mais lorsque l'Europe entière se levait contre nous, lorsque nos alliés faisaient défection les uns après les autres, lorsque le sol national était menacé, Raynouard et ses amis auraient mieux fait de se taire, car leurs réclamations intempestives contre un régime qu'ils acceptaient sans protester depuis longues années pouvaient déchaîner la guerre civile. Aussi l'Empereur avait-il raison de leur dire : « Est-ce le moment de parler des abus quand deux cent mille Cosaques franchissent nos frontières? Il ne s'agit pas de liberté et de sûreté individuelle : il s'agit de l'indépendance nationale. N'étiez-vous pas contents de la constitution? Il y a quatre ans qu'il fallait en demander une autre. Et au nom de qui parlez-vous? C'est moi qui suis le seul, le vrai représentant du peuple. Quatre fois j'ai eu le vote de cinq millions de citoyens. M'attaquer, c'est attaquer la nation! »

Napoléon ne se contenta pas de blâmer les députés de leur intervention peu patriotique : il prononça l'ajournement indéfini du Corps législatif (31 décembre). Ce nouveau 18 Brumaire indisposa l'opinion. Avertis par les traîtres de l'intérieur qu'ils n'avaient plus devant eux la France révolutionnaire, mais un pays énervé, épuisé et tellement découragé qu'il était prêt à toutes les concessions pour obtenir la paix, les alliés, qui jusqu'alors avaient hésité à prendre l'offensive et étaient presque disposés à négocier, recommencèrent la comédie diplomatique de Prague. Ils inventèrent des difficultés, opposèrent des délais et renvoyèrent toutes les négociations à un congrès. Ils ne pouvaient ouvertement renoncer à leurs promesses, mais ils étaient fermement décidés à pousser jusqu'au bout les conséquences de leur premier succès. Une campagne d'hiver fut donc résolue.

Quelques jours avant de franchir le Rhin, le 21 décembre 1813, le généralissime autrichien, prince de Schwarzenberg, avait adressé la proclamation suivante aux habitants des départements menacés de l'invasion : « Français! la victoire a conduit les armées alliées sur votre frontière; elles vont la franchir. Nous ne faisons pas la guerre à la France; mais nous repoussons loin de nous le joug que votre gouvernement voulait imposer à nos pays, qui ont les mêmes droits à l'indépendance et au bonheur que le vôtre. Magistrats, propriétaires, cultivateurs, restez dans vos foyers. Le maintien de l'ordre public, le respect pour les propriétés particulières, la discipline la plus sévère marqueront le passage et le séjour des armées alliées; elles ne sont animées de nul esprit de vengeance. D'autres principes et d'autres vues que celles qui ont conduit vos armées chez nous président aux conseils des monarques alliés : leur gloire sera celle d'avoir amené la fin la plus prompte des malheurs de l'Europe. La seule conquête qu'ils ambitionnent est celle de la paix, mais d'une paix qui assure à leurs pays, à la France, à l'Europe un véritable état de repos. Nous espérions la trouver avant de toucher le sol français; nous allons l'y chercher. »

Pendant que Schwarzenberg exposait ainsi le programme politique de la coalition et affectait, non sans habileté, de séparer Napoléon de la France, son collègue Blücher, plus franc ou plus brutal, annonçait haut et clair qu'il fallait obéir aux alliés ou s'attendre à être traités en ennemis. « Si vous n'essayez pas de combattre contre la juste cause que la Providence protège si évidemment, écrivait-il dans sa proclamation du 1er janvier 1814, vous trouverez protection en nous. Je vous assurerai vos propriétés. Tout habitant des villes ou des campagnes doit rester tranquille chez lui; tout employé à son poste, et continuer ses fonctions. Du moment de l'entrée des troupes alliées, toute communication avec l'Empire français devra cesser. Tous ceux qui ne se conformeront pas à cet ordre seront coupables de trahison envers les puissances alliées. Ils seront traduits devant un conseil de guerre et punis de mort. »

Entre les déclarations sentimentales de Schwarzenberg et les menaces de Blücher il n'y avait qu'une différence de forme. En réalité les alliés étaient résolus, en entrant en France, à s'imposer par la terreur et à comprimer tout essai de résistance nationale. Or plus d'un million de soldats étaient chargés d'exécuter le programme dont les deux principaux généraux de la coalition venaient de tracer les grandes lignes. A vrai dire, toute la population virile de l'Europe avait été convoquée par les souverains alliés. Trois grandes armées, celles de Bohême, de Silésie et du Nord, comptaient 340 000 hommes, soutenus en arrière par 140 000 soldats de la Confédération du Rhin et 160 000 hommes de réserves prussiennes et autrichiennes; 50 000 Anglo-Hollandais menaçaient la Belgique, 100 000 Autrichiens et Napolitains l'Italie. 120 000 hommes étaient encore retenus sur l'Elbe et sur l'Oder par des sièges, et Wellington commandait à 140 000 Anglais, Portugais et Espagnols.

A cette marée humaine qui battait nos frontières, que pouvait opposer Napoléon? A peine 80 000 hommes en première ligne. Augereau, à Lyon, devait, il est vrai, donner la main au prince Eugène et au maréchal Suchet qui lui amenaient des renforts, le premier d'Italie et le second de Catalogne, mais il n'avait encore sous ses ordres qu'une vingtaine de mille hommes. Victor avait 12 000 soldats répandus de Bâle à Strasbourg; Marmont 10 000 de Strasbourg à Mayence; Ney 18 000 de Mayence à Coblentz; Macdonald 13 000 entre Coblentz et Nimègue; Maison avec 12 000 hommes couvrait la Belgique. C'était une bien faible barrière à opposer aux armées alliées. Si Napoléon avait eu la sagesse de rappeler les garnisons françaises qui occupaient encore tant de places à l'étranger, s'il avait songé à l'armée de Davout compromise à Hambourg, ces 150 000 vétérans lui auraient rendu d'inappréciables services; mais l'Empereur, infatué du sentiment de son invincibilité, croyait toujours pouvoir reprendre l'offensive. Au lieu de concentrer ses dernières ressources, il les dispersa et les annihila. De même, en Italie et en Espagne, il négligea les 150 000 vieux soldats qui allaient s'y battre sans profit et sans gloire. Au lieu de défendre la France épuisée et découragée, il s'obstina, dans son fatal orgueil, à conserver ses lointaines et dangereuses conquêtes. Ce fut une grande faute et un grand malheur. « Ils sont trop! » devaient dire plus tard nos derniers défenseurs en tombant sous les murs de Paris. Certes la lutte aurait été moins inégale si l'Empereur avait fait abnégation de son amour-propre et consenti à un mouvement général de retraite sur le sol sacré de la patrie.

Il est vrai que, pour résister aux alliés, Napoléon comptait sur les ressources de la France. Il avait fait voter par le Sénat, le 9 octobre 1813, une première levée de 180000 hommes et le 15 novembre une seconde levée de 300 000 hommes ; mais les opérations du tirage au sort marchèrent lentement et mal, d'abord parce que les listes de conscription étaient mal composées et surtout parce qu'on commençait à se révolter de ces appels répétés. Tels de ces conscrits, ceux des classes de 1809 à 1812, tiraient alors au sort pour la quatrième fois, ceux des classes de 1808, 1813 et 1814 pour la troisième fois. Aussi bon nombre d'entre eux, plutôt que de céder aux exigences de ce maître impitoyable, avaient pris la fuite. Les forêts et les montagnes étaient pleines de réfractaires. Près de 250 000 conscrits n'avaient pas répondu à l'appel. Au 1er janvier 1814 on n'en comptait encore que 63 000 qui avaient rejoint leurs dépôts, et encore ne pouvait-on utiliser leurs services, car ils n'étaient ni instruits, ni habillés, ni armés. On a calculé que seulement deux hommes sur trois reçurent leurs effets d'équipement, et un sur deux leurs fusils. « Il vient de m'arriver, écrivait le général Prévot, une compagnie de chasseurs à cheval à laquelle il manque tout, moins les gilets et les pantalons d'écurie. » Au grand dépôt de Versailles il n'y avait pour 9 786 cavaliers que 6 784 chevaux. Le dépôt de la première division à Paris comptait 9195 hommes et 6 530 fusils. Le 153e de ligne ne put mettre que 142 fusils à la disposition de 1 088 recrues, le 5e léger 150 fusils pour 545 hommes, le 115e de ligne 789 pour 2 344, le 142e 41 pour 324. Au 17e dragons il n'y avait pour 349 hommes que 187 sabres, et au 8e cuirassiers que 92 sabres pour 154 conscrits. A vrai dire, les quatre cinquièmes des hommes incorporés n'étaient pas en état d'entrer en ligne.

Napoléon avait espéré que les gardes nationaux lui seraient d'un puissant secours, mais, s'il en mobilisa 120 bataillons pour le service des places, il ne les arma qu'à la dernière extrémité. En blouse et en sabots, avec leurs chapeaux ronds et leurs fusils de chasse, nos miliciens firent pourtant bonne figure. Au 17 février, sur le champ de bataille de Mormans, un millier d'entre eux s'armeront avec les fusils de l'ennemi. A la Fère-Champenoise et sous les murs de Paris ils se feront héroïquement massacrer. Il est fâcheux que l'Empereur se soit défié d'eux. On eût dit qu'il redoutait les souvenirs de la levée en masse. A Paris, tout particulièrement, il repoussa

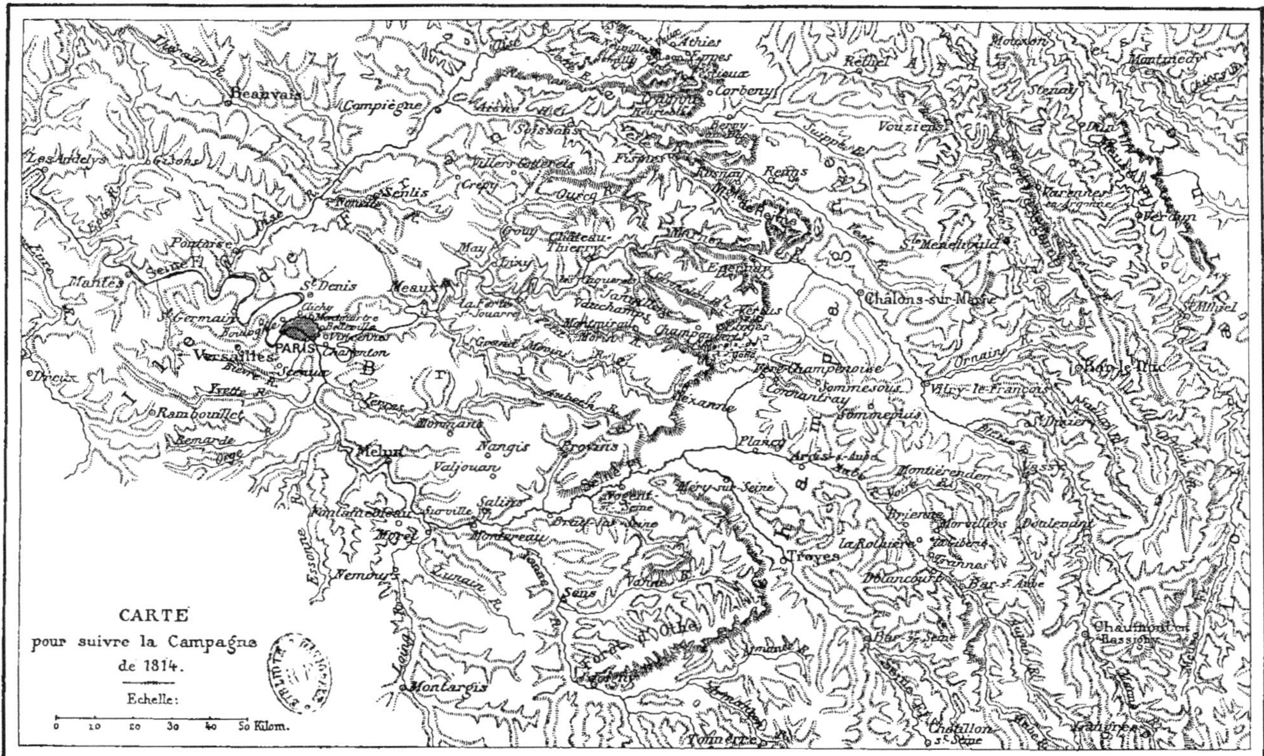

L. Thuillier, Del.t

les services et des ouvriers et des petits bourgeois, ne consentit à admettre dans les bataillons parisiens que des fonctionnaires et des propriétaires. C'est une suprême ressource dont il se privait ainsi bien mal à propos, car, en face de l'ennemi, tous les gardes nationaux, quels que fussent leurs regrets ou leurs espérances, auraient fait leur devoir.

On croyait alors à la durée ou plutôt à la perpétuité de l'Empire, et c'était bien un gouvernement national que celui à la tête duquel se trouvait l'Empereur. Tous les documents de l'époque sont unanimes à cet égard. « La masse de la population ne connaît que l'Empereur et l'Empire », lisons-nous dans les *Mémoires* de Mollien. — « L'Empereur peut compter sur la classe ouvrière », écrivait Savary. — « La confiance dans le génie de l'Empereur est sans bornes », ajoutait Pasquier. — « Je suis forcé de dire que la majeure partie des citoyens, et surtout les négociants, tiennent à Bonaparte, écrivait Français, un ennemi dissimulé. On aura peine à le croire, quand on pense que sous lui toutes les opérations commerciales ont été anéanties; mais l'amour de l'égalité l'emporte. Ils craignent de voir revenir les privilèges. » Certes, si l'Empereur, bien inspiré, se fût confié à ce peuple qui l'aimait, qui était fier de lui; s'il se fût mieux souvenu de son origine, et ne se fût pas considéré comme l'héritier légitime de nos anciens souverains; si, en un mot, il eût pensé à la France, et non pas à la dynastie, il aurait pu disposer à son gré de toutes les forces de la nation, et qui sait les surprises que lui aurait ménagées l'avenir !

Les alliés, par malheur pour lui et pour la France, étaient au courant de tout ce qui se passait, et ne s'abusaient pas sur nos ressources. Aussi étaient-ils résolus à pousser la guerre à outrance. Voici le plan auquel ils s'étaient arrêtés. Ils avaient combiné trois attaques secondaires et une attaque principale. En Italie les Autrichiens, aidés par les Napolitains et par un corps auxiliaire anglais, devaient refouler le prince Eugène sur les Alpes. Dans le midi de la France, Wellington avait reçu la mission de pousser devant lui les débris de nos armées d'Espagne. L'armée du Nord était destinée à la conquête de la Hollande et de la Belgique. L'honneur de frapper le coup décisif était réservé aux deux armées de Silésie et de Bohême. Blücher, à la tête de la première, devait passer le Rhin entre Strasbourg et Coblentz; Schwarzenberg, à la tête de la seconde, entre Bâle et Schaffhouse. Les deux généraux opéreraient leur jonction sur la Marne et sur la Meuse et marcheraient ensemble sur Paris.

Les trois attaques secondaires réussirent. Nous savons déjà comment, dans le midi de la France, Wellington, vainqueur à Orthez, entra à Bayonne et livra sous les murs de Toulouse la dernière bataille de la guerre. Dans le nord de la France, Bernadotte avait détaché Bulow contre la Hollande. Bulow refoula sans peine les troupes qui gardaient le pays, et força leur chef, Molitor, à évacuer Amsterdam et à se replier sur la Meuse. Au même moment les Anglais débarquaient aux bouches de l'Escaut, s'emparaient de la Zélande, et forçaient nos derniers soldats à se retirer en Belgique. Un gouvernement provisoire était installé à Amsterdam (24 novembre), qui proclamait l'indépendance des Provinces-Unies et rappelait le prince d'Orange. La Belgique était menacée à son tour, et, malgré l'héroïque résistance de Carnot à Anvers, et les prodiges de tactique du général Maison qui, avec une poignée d'hommes, défendait les places du Nord, l'ancienne frontière était entamée, et l'armée du Nord allait bientôt lier ses opérations à celles des armées de Bohême et de Silésie.

Nous n'étions pas plus heureux en Italie. Dès le mois de septembre 1813 les Français étaient obligés de se replier sur l'Isonzo. En octobre ils étaient rejetés sur l'Adige. Le prince Eugène remportait une victoire au Caldiero (15 novembre), mais un corps anglo-autrichien le prenait à revers, par Ravenne et Ferrare; et Murat, rompant avec un glorieux passé et croyant consolider la couronne de Naples sur sa tête par une odieuse trahison, se joignait aux alliés et marchait contre ses compagnons d'armes. Le prince Eugène avait été également sollicité de passer à l'ennemi. Il refusa la couronne d'Italie qu'on lui offrait, et préféra remplir son devoir de soldat. Le 18 février il remportait sur les Autrichiens une nouvelle victoire dans la vallée du Mincio, et, quelques jours plus tard, battait les Napolitains à Parme; mais ces lointains succès restaient stériles. Nos soldats d'Italie auraient rendu plus de services dans les plaines de la Champagne. L'Empereur aurait mieux fait de renoncer à l'Italie et de se borner à défendre la France.

En effet, pendant que se dissipaient les ressources de la défense nationale dans ces opérations excentriques, les alliés opéraient en masse leur grande manœuvre contre Paris, et, conformément au plan convenu, lançaient devant eux les deux armées de Silésie et de Bohême.

Ce plan violait la neutralité de la Suisse. La diète helvétique se réclama des traités existants et plaça quelques troupes sur le Rhin entre Schaffhouse et Bâle; mais la France avait des ennemis en Suisse. Les aristocraties locales s'entendirent avec les alliés, et, quand les Autrichiens de Schwarzenberg se présentèrent sur le Rhin, ils trouvèrent les rives du grand fleuve dégarnies. Le généralissime autrichien entra aussitôt en Suisse (21 décembre 1813). Son armée était divisée en trois colonnes : la première, sous Bubna, se dirigea sur Genève, qui lui fut livrée sans résistance (30 décembre), passa le Jura, entra à Saint-Claude, à Salins, à Dôle, échoua contre Mâcon et se rabattit sur Bourg, qui résista mais fut saccagé. La population des départements envahis avait pris les armes et s'était formée en compagnies de partisans, mais la Franche-Comté était entamée, Lyon, la Savoie et le Dauphiné menacés. La seconde colonne, au centre, pénétra par Neuchâtel, dans la direction de Besançon, d'Auxonne, de Langres et de Chaumont. Le maréchal Mortier n'avait qu'un rideau de troupes à lui opposer. Il se contenta de jeter des garnisons dans les places fortes, et, après un combat acharné près de Bar-sur-Aube, se retira sur Troyes (24 janvier 1814). La troisième colonne s'étendit en Alsace, dont elle investit les citadelles, et passa les Vosges. Le maréchal Victor, chargé d'organiser la résistance, n'était pas en état de tenir tête aux alliés. Non seulement ses troupes n'étaient pas assez nombreuses, mais il en connaissait mal la position, et ses ordres étaient ou contradictoires ou inexécutables. Aussi bien tout le monde semblait avoir perdu la tête. On s'était déshabitué depuis si longtemps du contact de l'ennemi, qu'on avait oublié même les plus vulgaires précautions. Ségur faisait partie avec quelques escadrons de gardes d'honneur du corps d'armée de Victor. Abandonné à lui-même, il eut la présence d'esprit de rallier toutes les troupes disséminées à Lambach, à Reichshofen, à Oberbrun, à Neuweiler, à Detweiler, et franchit les Vosges à Phalsbourg. « Ce qui paraîtra incroyable, lisons-nous dans ses *Mémoires*, c'est que, dans cette dernière marche, nous passâmes au travers de la citadelle de Phalsbourg sans plus de façons que dans un village : pas une pièce en batterie, aucun factionnaire, nul qui vive? ne nous arrêta, comme s'il n'y avait là ni remparts, ni portes, ni garnison. Indigné de cette incurie, je fis battre la générale par le premier tambour que je rencontrai, et donnai l'alerte, annonçant l'ennemi qui me suivait. Le commandant, enfin éveillé, ferma ses portes. Il disait que, oublié par le ministre et le maréchal, on ne lui avait rien prescrit; que sa garnison était insuffisante, sans vivres, sans un seul affût en état de servir. Je lui répliquai qu'il n'en devait que mieux se garder, et qu'il était inexcusable. » Quelques heures plus tard, Ségur rencontrait 2 000 soldats, dirigés sur Strasbourg, sans armes et sans cartouches, comme en pleine paix. Il leur fit rebrousser chemin et les conduisit avec ses cavaliers au maréchal Victor, qu'il rejoignit à Rambervilliers.

« Dans ce quartier général de Rambervilliers, écrit encore Ségur, une pauvre maison bourgeoise, qu'il me fallut chercher à tâtons dans une froide obscurité, et dans une salle basse, sale et humide, une table où de rares chandelles éclairaient à peine des aliments indispensables, servis dans des plats de terre pour quelques convives couverts d'uniformes usés, comme leurs figures, et moins par le temps que par les combats et les bivouacs,... des conversations à voix basse, s'aiguisant encore de quelques plaisanteries, mais forcées, amères, moqueuses de nous-mêmes, comme pour prévenir celles d'un ennemi maître enfin chez nous à son tour, et qui, sans doute, allait nous rendre en une fois, et avec usure, toutes les humiliations que depuis quatorze ans et plus nous lui avions infligées. C'était enfin un dîner de vaincus, où tout était encore assez bon pour des convives trop heureux d'y trouver le nécessaire : repas qu'il fallait achever à la hâte, pour fuir aussitôt après, au milieu de cette même nuit, au travers d'une boue profonde et d'une pluie froide et battante, en abandonnant nos malheureux compatriotes à la merci de cette masse d'étrangers qui déjà, et de toutes parts, nous environnaient. » La campagne commençait donc à peine, et déjà le découragement régnait dans nos rangs. On se sentait vaincu à l'avance.

Pendant que l'armée de Bohême s'étendait ainsi de Lyon à Nancy et refoulait devant elle Mortier jusqu'à Troyes et Victor derrière la Meuse, l'armée de Silésie passait à son tour le Rhin entre Mannheim et Coblentz. Une première colonne, à droite, se portait sur Mayence qui fut investie ; une seconde colonne, à gauche, communiquait par la route de Nancy avec l'armée de Schwarzenberg ; une troisième colonne, au centre, rejetait Marmont d'abord sur la Sarre, puis sur la Moselle, puis sur la Meuse. Le maréchal battait péniblement en retraite et opérait sa jonction avec Ney et Victor (24 janvier). Sans doute les trois maréchaux ne s'étaient pas laissé entamer, mais ils avaient sans cesse reculé, et les deux armées de Silésie et de Bohême s'étendaient sur toute la rive gauche du Rhin et avaient même dépassé la frontière de l'ancienne France. Une quinzaine de départements étaient envahis, et, à l'exception de quelques places fortes, occupés par l'ennemi. C'était un mauvais début de campagne.

En résumé notre frontière était entamée au nord et au midi, fortement compromise à l'est. Sur tous les points nous étions débordés. Il était grand temps que l'Empereur, dont la présence valait une armée, tant il était encore redouté, prît la direction des affaires. Le 25 janvier il quittait Paris, après avoir laissé la régence à Marie-Louise, et confié à la garde nationale l'impératrice et le roi de Rome, qu'il ne devait plus revoir. Il arrivait en Champagne, et les paysans couraient à sa rencontre aux cris de : Vive l'Empereur ! mais ils criaient aussi : A bas les droits réunis ! Ils voulaient bien mourir pour la France et pour le chef qu'ils s'étaient librement choisi, mais ils étaient dégoûtés de l'absolutisme impérial, et ils déclaraient à Napoléon qu'ils étaient résolus à défendre l'indépendance nationale, mais résolus aussi à se débarrasser des tracasseries administratives et de l'arbitraire gouvernemental. L'Empereur les remercia de leur zèle et promit d'écouter leurs doléances ; mais la parole était au canon : il courut à l'ennemi.

Cinq maréchaux étaient alors réunis en Champagne : Mortier à Troyes, Victor, Ney et Marmont à Vaucouleurs, et Macdonald en marche sur Châlons. Ils avaient sous leurs ordres à peu près 70 000 hommes. Napoléon laisse Macdonald à Châlons et Mortier à Troyes pour garder la Seine, et, avec les trois autres corps, manœuvre entre les deux rivières pour empêcher la jonction de Blücher et de Schwarzenberg, et surprendre leurs colonnes isolées. Il risquait fort d'être pris entre les deux masses ennemies, mais aussi il courait la chance de les rencontrer isolément, et d'ailleurs il lui fallait agir à tout prix. A Saint-Dizier, le 27 février, l'Empereur rencontra les premiers ennemis. C'était une partie de l'armée de Silésie, qui opérait alors une marche de flanc pour se rapprocher des Autrichiens. Il les battit, et, apprenant que Blücher n'avait pas encore opéré sa jonction, résolut de se jeter sur lui avant qu'il ait pu réaliser son projet. Il passe aussitôt de la Marne à l'Aube par la route de Montierender, et arrive à Brienne le 29 janvier. Blücher l'y attendait. Un combat furieux s'engagea. Nous avions peu de vieilles troupes, mais les Marie-Louise, ainsi qu'on appelait les jeunes conscrits, à peine vêtus et n'ayant jamais tiré un coup de fusil, forcèrent l'infanterie ennemie à se replier sur Brienne. A notre gauche les soldats de Victor, abordés par plusieurs milliers de cavaliers, furent un instant contraints à rétrograder, et Napoléon, qui se trouvait au milieu d'eux, courut les plus grands dangers. Ney rétablit le combat, s'empara pour la seconde fois de Brienne, et couvrit les ennemis de mitraille. Le combat ne se termina qu'à onze heures du soir. La confusion était si grande que Blücher, entouré à plusieurs reprises par nos tirailleurs, ne dut son salut qu'à une défense énergique et à la vigueur de son cheval. Napoléon de son côté fut pour la seconde fois entouré par les Cosaques. Déjà l'un d'entre eux le menaçait de sa lance, et le général Corbineau s'était en vain jeté à la traverse. Par bonheur le général Gourgaud, d'un coup de pistolet, lui fit sauter la cervelle, et l'escorte sabra quelques-uns de ces effrontés maraudeurs.

L'ennemi laissait 4 000 hommes sur le champ de bataille de Brienne. Nous en avions perdu près de 3 000 ; mais ce combat était fort honorable pour nos jeunes troupes, qui se battaient contre les plus vieilles bandes de la coalition, conduites par les plus tenaces de ses généraux. Elles étaient démoralisées quand l'Empereur les avait rejointes à Châlons. Elles commençaient à retrouver leur courage en combattant sous sa direction.

Blücher s'était retiré un peu en arrière de la Rothière, sur les collines boisées de Trannes. Il avait appelé à lui le prince de Schwarzenberg, afin de marcher avec lui contre Napoléon. Les souverains alliés auraient préféré suspendre leur attaque, et attendre à Langres le résultat des négociations entamées à Châtillon ; mais la subite irruption de Napoléon au milieu de leurs corps divisés et la vigueur des coups frappés à Saint-Dizier et à Brienne les forçaient à agir. Schwarzenberg donna aussitôt ses ordres pour la concentration. Plus de 100 000 soldats furent rapidement réunis autour de la Rothière et 70 000 autres soldats manœuvrèrent pour envelopper l'Empereur. A ces masses Napoléon ne pouvait opposer que 35 000 soldats. Il n'avait pour lui que leur dévouement, une position bien choisie et son génie. La bataille s'engagea le 1er février. On lui donna le nom de bataille de la Rothière.

Blücher, aidé par Sacken, Olsuwieff, Scherbatow et Pahlen, devait s'emparer de la Rothière ; à sa gauche Giulay et le prince de Wurtemberg enlèveraient la Giberie ; à sa droite Wrede attaquerait le corps de Marmont posté à Morvilliers ; aux deux extrémités de la ligne, Colloredo, Wittgenstein et York exécuteraient un mouvement circulaire pour envelopper l'armée française. Sans doute ces manœuvres étaient compliquées, mais les alliés disposaient d'une masse d'hommes pour les accomplir, et tout leur faisait prévoir le succès. Le temps même s'était déclaré contre nous. Il neigeait. Nos ambulances étaient empêtrées dans les boues du Der. Nos canons, qui, seuls, nous permettaient de lutter avec quelque avantage, ne manœuvraient qu'avec peine. Nos soldats étaient assiégés par de tristes pressentiments. « La plupart étaient des recrues, mal nourris, à demi vêtus, s'étonnant de tout, s'ignorant eux-mêmes, sachant à peine le port, l'usage et le soin de l'arme, et ces précautions, soit du combat, soit même de la marche et du bivouac, qui préparent et préservent. Hier ils étaient paisiblement assis au foyer paternel ; aujourd'hui, en proie aux surprises, aux privations, aux souffrances pour eux si étranges d'une campagne d'hiver, les voilà jetés soudainement au milieu d'un champ de neige, en face de l'Europe armée et menaçante et de quatre cents canons ennemis, auxquels leurs mains inexpérimentées auront, dès demain, à répondre. Quelques anciens soldats seulement, restes épars de nos désastres, sont clairsemés dans leurs rangs. Leur attitude est grave, leurs récits de guerre, jadis si pompeux et si triomphants, loin d'être un encouragement dans les froides nuits des bivouacs, n'avaient plus pour dénouement que des catastrophes. » (*Mémoires* de Ségur.) C'était une partie désespérée que jouait Napoléon. La bataille était perdue à l'avance !

Le feu ne commença qu'à deux heures de l'après-midi. Le premier assaut des coalisés fut repoussé à la Rothière par Victor, à la Giberie par Gérard, et à Morvilliers par Marmont. Blücher, derrière lequel étaient venues se ranger les gardes russe et prussienne, tente une seconde attaque sur la Rothière et parvient à en chasser Victor. Au même moment les Wurtembergeois et les Bavarois s'établissent à la Giberie et à Morvilliers. La retraite s'imposait, car la nuit arrivait, mais elle n'était possible qu'à condition d'intimider l'ennemi. Napoléon lance alors contre la Rothière sa réserve sous Oudinot et conduit lui-même contre la Giberie la division Meunier. On combat avec fureur dans les rues de ces deux villages, et c'est seulement à dix heures du soir que Napoléon se décide à se retirer, mais sans se laisser entamer. Marmont protège la retraite, et culbute l'ennemi toutes les fois qu'il fait mine de poursuivre ses avantages. Nous avions perdu 5 000 hommes. Les pertes de l'ennemi étaient deux fois plus considérables. Nous étions sans doute battus, mais est-il beaucoup de victoires plus glorieuses que la défaite de ces 35 000 hommes qui, pendant toute une journée, avaient soutenu la lutte contre des forces quintuples!

Le succès de la Rothière combla de joie les souverains alliés. Ils avaient jusqu'alors affecté une grande modération et parlaient toujours de ménager la France. Après leur victoire ils se crurent tout permis, et ne cachèrent plus leur espoir de démembrer le pays dont ils redoutaient la puissance et dont ils détestaient les principes. Les déclarations de Francfort furent oubliées. On ne parla plus des frontières naturelles de la France, mais des frontières d'avant la Révolution. Quant au congrès, dont l'ouverture avait été retardée sous divers prétextes, il s'ouvrit, non pas à Mannheim, ainsi qu'il avait été convenu auparavant, mais à Châtillon, et seulement le 5 février 1814. Le duc de Vicence, Caulaincourt, y représentait la France. L'Empereur, pour sauver Paris et la dynastie, lui avait donné carte blanche. Il ne s'abusait pourtant pas sur les dispositions des souverains alliés à son égard, et il les savait à peu près décidés à ne rien signer avant de l'avoir renversé. Par égards pour sa fille et pour son petit-fils, l'empereur d'Autriche aurait peut-être penché vers un accommodement. Le Tsar, au souvenir de Tilsitt et d'Erfurt, se serait également prêté à des arrangements, mais la Prusse et l'Angleterre, implacables dans leur haine, répugnaient à toute concession, et le plénipotentiaire anglais, Castlereagh, poursuivait avec une âpreté extraordinaire les revendications des alliés. Cédant à ses prétentions, les souverains posèrent comme première condition de paix que la France rentrerait dans ses limites de 1790 et « que son intervention ne serait pas admise dans la disposition des pays auxquels elle renoncerait ». « Jamais, jamais je ne signerai de pareilles conditions, s'écria Napoléon. Que pour prix de tant d'efforts, de sang et de victoires, je laisse la France plus petite que je l'ai trouvée, jamais! Si les alliés veulent changer les bases de Francfort, je ne vois que trois partis, vaincre, mourir ou abdiquer. » Certes l'Empereur avait commis bien des fautes, mais il les expiait durement. D'ailleurs il défendait alors le sol national, et il faut toujours savoir gré à ceux qui, jusqu'au dernier moment, luttent pour l'honneur et le salut de tous.

Après la bataille de la Rothière il ne restait à Napoléon que 25 000 combattants. Il retrouva, il est vrai, à Troyes les 15 000 hommes de Mortier, et, avec quelques renforts, reforma une armée de 45 000 soldats; mais les forces des alliés grandissaient d'heure en heure, et le découragement régnait de nouveau dans nos rangs. Nos généraux surtout, bien que braves et résolus devant l'ennemi, ne conservaient plus d'illusions, et ne cachaient pas leur tristesse. Napoléon, par bonheur, ne se laissait pas abattre. « Point troublé, point déconcerté, point amolli surtout, supportant les fatigues et les angoisses avec une force bien supérieure à sa santé, toujours au feu de sa personne, l'œil assuré, la voix brusque et vibrante, il portait le fardeau de ses fautes avec une vigueur qui les aurait fait pardonner, si les grandes qualités étaient une excuse suffisante des maux qu'on a causés au monde. » (Thiers.) Ce qui le soutenait surtout, c'était l'espoir des fautes qu'étaient sur le point de commettre les alliés. Avec son coup d'œil militaire, il avait pressenti leur plan et s'apprêtait à profiter de leurs fausses manœuvres.

Soit jalousie des généraux désireux de jouer le premier rôle, soit difficulté de la marche, les alliés, au lieu de rester concentrés comme ils l'étaient au lendemain de la Rothière, au lieu de former une masse irrésistible et de pousser droit sur Paris, avaient résolu de se diviser en deux armées. Blücher suivrait la vallée de la Marne, et Schwarzenberg celle de la Seine. Les deux généraux se réuniraient sous Paris et livreraient sous les murs de la capitale la bataille décisive; mais ils laissaient libre le pays entre la Seine et la Marne.

Blücher, pour se rapprocher de l'armée du Nord et de ses divisions laissées en arrière, York, Langeron, Kleist, exagéra même son mouvement en se portant d'abord au delà de la Marne, et Schwarzenberg, de son côté, pour se rapprocher des divisions autrichiennes qui opéraient en Franche-Comté et contre Lyon, dépassa la Seine : en sorte que l'espace laissé libre entre les deux armées se trouva augmenté. Seuls quelques Cosaques étaient chargés de lier les deux armées. Or Napoléon suivait de l'œil ses adversaires avec une joie croissante; mais il attendait pour se prononcer que les alliés eussent dessiné leur mouvement, et, pendant qu'autour de lui on parlait de battre en retraite sur Paris, lui seul, calme et impassible, s'apprêtait à prendre l'offensive.

Blücher supporta le premier choc : non pas seulement parce que Napoléon le savait le plus actif et le plus déterminé de ses adversaires, tandis qu'il comptait sur la lenteur autrichienne, mais surtout parce que Blücher avait commencé son attaque en menaçant d'écraser Macdonald, seul chargé de couvrir Paris avec un rideau de troupes. Ses premières opérations avaient réussi. Il avait forcé Macdonald à battre en retraite jusqu'à Château-Thierry et bientôt jusqu'à la Ferté-sous-Jouarre et Meaux. L'alarme était à Paris; mais, dans son impatience, le général prussien avait démesurément étendu son armée, qui ne formait plus qu'une longue colonne. Napoléon prend alors la résolution de se jeter sur le flanc de cette colonne, de la couper, et d'en écraser, les unes après les autres, toutes les divisions. « Il succombera peut-être, mais pas sous ce coup de pied prussien. Alors, s'enflammant, il sort du désespoir des négociations par l'espoir des nouveaux combats qui s'offrent à lui : il s'élance de son lit de douleur, il court à ses cartes, s'étend sur elles, et, le compas à la main, il mesure les distances. A neuf heures le duc de Bassano le surprend encore dans ce travail. Le ministre lui apportait à signer les dépêches pacifiques et résignées que, d'après ses dernières paroles de la veille, on avait passé la nuit à rédiger. « Ah! vous « voilà ! s'écrie l'Empereur. Que m'apportez-vous? Il n'est plus « question de cela. Il s'agit de bien autre chose. Voyez! me voici en « train de battre Blücher de l'œil. Il s'avance par la route de Montmirail. Je le battrai demain. Je le battrai après-demain. La face des « choses va changer et nous verrons. Ne précipitons rien. Il sera

« toujours temps de faire une paix comme celle que l'on nous pro-
« pose. » (Ségur.)

Le difficile était d'exécuter cette manœuvre hardie sans être inquiété par l'armée de Schwarzenberg, qui, voyant Napoléon se dérober devant elle, serait tentée de le poursuivre et de le prendre entre deux feux. L'Empereur laissa Oudinot à Nogent et Victor à Bray, avec environ 20 000 soldats, et donna l'ordre à tous les renforts isolés, et spécialement aux soldats qui revenaient d'Espagne, de rejoindre ces deux maréchaux. Il espérait que les Autrichiens, le croyant toujours devant lui, n'oseraient pas attaquer le faible rideau de troupes dont il se couvrait. Pendant ce temps il se chargeait de tomber, avec le gros de ses forces, sur le flanc de l'armée prussienne, et il se flattait de l'écraser ou du moins de la disperser, avant que Schwarzenberg eût songé à secourir son collègue. Il répéterait alors la même manœuvre, c'est-à-dire laisserait un rideau de troupes devant Blücher, rallierait Victor et Oudinot avec son armée victorieuse, et tomberait sur Schwarzenberg. Ce plan était grandiose dans sa simplicité. Il aurait dû sauver la France. Il faillit nous donner la victoire et arrêta pour quelque temps le progrès de la coalition.

Dans sa hâte de précipiter le dénouement en entrant le premier à Paris, Blücher avait dispersé ses 60 000 hommes de Châlons à la Ferté-sous-Jouarre, partie sur la Marne, partie sur les routes qui séparent l'Aube de la Marne. Son lieutenant Sacken avec 20 000 Russes était en avant, sur la route de Montmirail. York avec 18 000 Prussiens campait à Château-Thierry. Olsuwieff et 6 000 Russes occupaient Champaubert. Blücher était encore en arrière, à Etoges, avec les 18 000 soldats de Kleist et de Langeron. Napoléon résolut de tomber au milieu de ces corps dispersés. Il disposait alors, avec Ney, Marmont et Mortier, d'environ 30 000 hommes. Il leur ordonna de marcher tous ensemble de Nogent à Champaubert, sans se préoccuper des difficultés du terrain. Il n'y avait en effet que des chemins de traverse, mal entretenus, à peine praticables pour les charrois, et on risquait de s'embourber dans les marais de Saint-Gond que traverse la rivière du Petit-Morin. Tous les chevaux du pays furent réquisitionnés, et les paysans, conduits par leurs maires, accoururent en foule pour arracher les canons aux boues et aux fanges, et pour conduire l'armée à l'ennemi. Le 10 février au matin, tous les obstacles étaient franchis, et on arrivait à Champaubert. Olsuwieff essaya de se défendre. Mis en complète déroute, expulsé du village par nos fantassins, arrêté dans sa retraite par nos cuirassiers, il perdit en quelques minutes 1 500 morts ou blessés, 3 000 prisonniers, une vingtaine de canons, et fut pris lui-même par un conscrit, qui ne consentit à le lâcher qu'après l'avoir conduit lui-même à l'Empereur. Dans ce brillant combat nos jeunes recrues s'étaient vaillamment conduites. Le 113e de ligne venait de rejoindre l'armée. Il était presque entièrement composé de ces pauvres enfants qu'on avait surnommés des Marie-Louise. « Lorsque Marmont parcourut leur ligne, écrit Ségur, voyant la plupart des pelotons sans officier, il demanda à l'un d'eux où donc était son lieutenant. « Notre lieu-« tenant, répondit une voix grêle, nous n'en avons jamais eu. — Et « le sergent? — Pas davantage, repartit la même voix; mais c'est « égal, ne craignez rien: nous sommes bons là. » Comme alors il leur montrait l'ennemi, en leur recommandant de bien ajuster, l'un d'eux ajouta qu'il tirerait bien, mais qu'il n'était pas sûr de pouvoir recharger son arme. Et réellement l'instruction de ces pauvres recrues allait à peine jusque-là; mais leur bravoure naturelle suppléa à tout. Le signal donné, pelotons, bataillons, tout s'élança, et de ce premier élan le bois fut emporté. »

La victoire de Champaubert eut d'importantes conséquences. Elle coupait en deux l'armée de Blücher, car Sacken et York se trouvaient alors à la gauche du vainqueur, à la Ferté-sous-Jouarre et à Château-Thierry, et Blücher à sa droite, à Etoges et à Vertus. Napoléon ne leur laissa pas le temps de se réunir. Laissant Marmont en face de Blücher pour le contenir, il se dirigea sur Montmirail avec l'espoir d'écraser Sacken et York désormais isolés. Le 11 février, sur les dix heures du matin, il arrivait à Montmirail, et se trouvait en présence du corps de Sacken, qui essayait d'opérer sa jonction avec Blücher, et des premières troupes du corps d'York, qui s'efforçait de rejoindre son collègue. Il prend aussitôt ses dispositions de combat, car il veut prévenir la jonction des deux généraux ennemis. Feignant de reculer devant Sacken, il le laisse s'engager dans les villages de l'Epine-au-Bois et de Marchais, puis lance contre lui Friant et la vieille garde. Ces vieux soldats s'avancent sans tirer un coup de fusil, et se précipitent à la baïonnette contre les Russes. Au même moment Nansouty les charge à outrance avec ses cuirassiers. En quelques instants nous ramassons 4 à 5 000 prisonniers, trente bouches à feu, et nos cavaliers couchent sur le carreau près de 3 000 fuyards. Sacken n'a d'autre ressource que de rétrograder en toute hâte à la faveur de la nuit, et de rejoindre son collègue York, qui n'a pu arriver à temps.

La victoire de Montmirail, plus brillante encore que celle de Champaubert, annonçait un troisième succès. York, il est vrai, grossi par les débris de Sacken, se trouvait désormais isolé et hors d'état de lutter contre les vainqueurs. Napoléon en effet poursuit sa marche, et, dès le lendemain 12 février, le rencontre en avant de Château-Thierry, où il avait essayé d'organiser la résistance. Dans leur premier élan, nos soldats emportent le village de Caquerets et refoulent les alliés. Quatre bataillons russes et trois bataillons prussiens sont enfoncés par les dragons de la garde et mettent bas les armes. Le prince Guillaume de Prusse essaye d'arrêter la poursuite, mais il est culbuté à son tour, et, sur ses pas, nous entrons à Château-Thierry, dont les habitants se joignent à nos soldats pour achever la victoire. Le corps entier de York aurait été anéanti si Macdonald avait exécuté les instructions de l'Empereur. Napoléon lui avait enjoint de ne pas s'inquiéter de Paris, et de suivre pas à pas Sacken et York dans leur retraite. Si le maréchal s'était trouvé sur la rive droite de la Marne au moment décisif, il aurait ramassé les prisonniers par milliers; mais il ne parut pas. Habitué à la guerre régulière, il avait perdu une journée à Meaux pour y réorganiser son corps d'armée. York et Sacken avaient leurs derrières libres. Ils en profitèrent pour s'échapper. Napoléon lança à leur poursuite le corps de Mortier et les paysans français, et revint sur ses pas pour faire tête à Blücher et achever la destruction de l'armée de Silésie.

En trois jours, trois batailles avaient été livrées, et trois victoires remportées: Olsuwieff anéanti à Champaubert, Sacken écrasé à Montmirail, York refoulé en désordre sur Château-Thierry; 12 000 prisonniers, 7 à 8 000 tués ou blessés : c'étaient d'étonnants résultats. Si Blücher était aussi battu, il n'y avait plus rien à redouter de l'armée de Silésie. Or le général prussien, au courant des dangers qu'il courait, avait fait tous ses efforts pour rejoindre ses lieutenants. Il avait pris l'offensive et forcé Marmont, qui n'avait à lui opposer que

5 à 6 000 hommes, à reculer sur Champaubert, Vauchamps et Montmirail. Napoléon, qui avait passé trente-six heures à Château-Thierry pour rétablir les ponts sur la Marne et s'occuper des corps laissés sur la Seine en face de l'armée de Schwarzenberg, revint aussitôt sur ses pas. Le 14 février il rejoignait Marmont et reprenait l'offensive. Dans cette journée du 14 furent livrés trois combats, qui prirent le nom de bataille de Vauchamps. Le premier engagement eut lieu à Vauchamps même, sur les neuf heures du matin. L'avant-garde prussienne, commandée par Ziethen, fut battue par Marmont et Grouchy, et perdit 2 à 3 000 hommes. Napoléon ordonne alors de poursuivre Blücher sans relâche, et dirige lui-même cette poursuite de onze heures à trois heures. Les Prussiens sont successivement délogés de Janvilliers, de Fromentières et de Champaubert. Grouchy parvient même à les devancer avec ses cavaliers sur la route d'Etoges et ne les laisse passer qu'après avoir couché par terre un millier de soldats. Enfin, pendant la nuit, au moment où les ennemis, harassés de fatigue, s'étaient répandus confusément autour du village d'Etoges, Marmont fondit brusquement sur eux, les chassa de leurs positions, et les obligea à s'enfuir en pleine nuit sur Bergères et Vertus. Blücher avait perdu dans cet engagement 9 à 10 000 hommes. L'armée de Silésie était en pleine déroute. Paris n'avait plus rien à craindre du côté de la Marne.

On se demande pourquoi Napoléon n'a pas achevé la déroute de l'armée de Silésie en la poursuivant à outrance, mais il fut alors brusquement ramené en arrière par les mauvaises nouvelles qu'il reçut de l'autre armée alliée. Les Autrichiens, en effet, et, avec eux, tous les souverains alliés s'étaient mis en marche, lourdement mais sûrement, par la vallée de la Seine. Ils n'avaient devant eux qu'un rideau de troupes, commandées par les maréchaux Victor et Oudinot. A Bray, à Nogent, à Provins, à Nangis, partout où nos soldats avaient essayé de tenir tête à l'ennemi, ils avaient été repoussés. Sans doute ils avaient infligé aux alliés des pertes cruelles, mais s'ils ne recevaient pas de prompts secours, ils étaient perdus. Déjà Wittgenstein était arrivé à Provins, Wrede à Nangis, les Wurtembergeois à Montereau, Colloredo dans la forêt de Fontainebleau, Giulay à Pont-sur-Yonne, Lichtenstein à Sens, et Barclay de Tolly avec les réserves entre Nogent et Bray. Déjà même les Cosaques avaient paru

BATAILLE DE MONTMIRAIL.

dans la forêt d'Orléans, c'est-à-dire que Paris était tourné au sud. Napoléon apprit ces tristes nouvelles sur le champ de bataille de Vauchamps. Sa décision fut aussitôt prise. Il abandonna la poursuite de Blücher, ne laissa devant lui pour le contenir que Marmont, auquel il prescrivit de donner la main à Mortier envoyé à la poursuite d'York et de Sacken, puis il se reporta sur la Seine avec toutes les forces disponibles.

Napoléon devait-il se jeter tout de suite sur les flancs de Schwarzenberg, ou bien rétrograder jusqu'aux bords de l'Yères, où il opérerait sa jonction avec Oudinot et Victor, et aborderait ensuite de front l'armée de Bohême? Certes, s'il avait connu la dispersion des corps de Schwarzenberg entre Provins, Nangis, Fontainebleau et Sens, il n'aurait pas hésité à se jeter au milieu d'eux, afin de les battre successivement, comme il venait de le faire pour l'armée de Silésie; mais il ignorait les mouvements de l'ennemi. En outre, toutes les routes de traverse qui conduisaient de Montmirail à Nogent et à Provins étaient détestables, et on pouvait y rester embourbé. Le plus sûr était donc de rallier Oudinot et Victor, ce qui se pouvait facilement puisqu'on était maître de la grande route de Montmirail à Meaux et à Guignes, et de se jeter ensuite contre Schwarzenberg.

Dès le 16 février l'Empereur avait rejoint ses lieutenants avec sa cavalerie. La garde, montée sur des charrettes que conduisaient avec empressement les paysans, doublait et triplait les étapes. Les autres soldats suivaient à la course et par tous les chemins. Des renforts étaient arrivés d'Espagne. D'autres étaient annoncés de Paris. Napoléon n'attendit pas que tous ses soldats fussent réunis entre ses mains, car, à peine arrivé dans la vallée de la Seine, il avait compris que tous les corps de l'armée de Bohême étaient dispersés, et il avait hâte, afin de profiter de cette dispersion, de prendre l'offensive. Le 17 février, le général Gérard rencontrait à Mormans l'avant-garde de Wittgenstein, environ 5 000 hommes, commandés par Pahlen. Il les abordait, les enfonçait, et ne laissait échapper qu'un millier de fuyards. Ce début était heureux, mais l'ennemi était averti, et il fallait à tout prix continuer la poursuite. Il fallait surtout s'emparer des trois ponts sur la Seine, de Nogent, de Bray et de Montereau, car alors on serait maître de tous ceux des alliés qui avaient déjà franchi le fleuve. L'Empereur précipita donc sa marche sur les trois ponts à la fois, et lança Oudinot sur Nogent, Macdonald sur Bray et Victor sur Montereau.

Le 17 février, dans sa marche sur Montereau, le maréchal Victor rencontra près de Valjouan la division bavaroise Lamotte, qui, surprise par notre attaque imprévue, se débanda et fut impitoyablement décimée par les cuirassiers de Bordessoulle, jeunes conscrits qui arrivaient du dépôt de Versailles, et s'acharnèrent sur les Bavarois rompus. Victor aurait dû profiter de ce grand succès pour courir au pont de Montereau, et s'y établir fortement. Il aurait de la sorte coupé la retraite aux 20 000 hommes de Colloredo, fort aventurés dans la direction de Fontainebleau, et la disparition de ce corps eût été un événement capital, mais le maréchal était fatigué, malade, abattu. Il s'arrêta à Salins, à une lieue environ de Montereau, et attendit le jour pour reprendre les opérations. Pendant ce temps, le prince de Wurtemberg s'établissait fortement en avant de Montereau, sur les coteaux de Surville, afin de donner aux alliés le temps de battre en retraite par le pont. Il était déjà trop tard lorsque Napoléon, instruit de la fâcheuse inaction de Victor, lui intima l'ordre de rouvrir immédiatement le feu.

Les Wurtembergeois se trouvaient en force sur les coteaux de Surville lorsque Victor les aborda dans la matinée du 18 février. Ils résistèrent avec énergie. Gérard, qui venait d'être investi du commandement par Napoléon mécontent de Victor, dirigea contre eux le feu de soixante canons, et, quand ils voulurent se jeter sur nos pièces pour les enlever, les ramena avec furie sur leurs positions. A ce moment arrivait Napoléon avec la vieille garde. Les Wurtembergeois, ébranlés, commencèrent à battre en retraite par le pont de Montereau. On ne leur en laissa pas le temps. Attaqués en face par les grenadiers, tournés sur leur gauche par les cavaliers de Pajol, ils essayèrent de s'enfuir, mais l'artillerie de la garde, installée à Surville et dirigée par Napoléon en personne, les cribla de boulets, et les habitants de Montereau, qui n'attendaient que le moment de se ruer sur eux, commencèrent à tirer par leurs fenêtres. Ce fut bientôt une véritable boucherie. Le prince de Wurtemberg réussit à s'échapper, mais il laissait sur le champ de bataille 3 000 morts ou blessés, 4 000 prisonniers et presque tous ses canons. Le général Pajol, maître du pont, le traversa aussitôt pour reconnaître les positions de l'ennemi. Colloredo avait réussi à s'échapper, mais, sur tous les points, les alliés étaient en pleine déroute. Il n'y avait plus qu'à faire passer toute l'armée par le pont reconquis, et à presser la poursuite, ou bien à livrer une bataille décisive, mais cette fois avec 60 000 hommes, tous exaltés par leur récente victoire.

Le 19 et le 20 février, Napoléon resta à Surville, très occupé à réunir tous ses soldats et à expédier les affaires en souffrance. Il aurait voulu continuer la poursuite, mais les ponts de Nogent et de Bray avaient été détruits, et ses soldats, exténués par les batailles qu'ils avaient livrées et par leurs marches forcées, avaient besoin de quelques heures de repos. Profitant de cette inaction imposée par les circonstances, Schwarzenberg se retira dans la direction de Troyes, espérant que Blücher, auquel il avait donné l'ordre de le rejoindre à tout prix, arriverait à temps pour l'aider à livrer sous les murs de cette place une bataille décisive.

Pendant que l'armée de Bohême se dérobait ainsi aux redoutables étreintes de l'Empereur, Blücher, avec une activité et une ténacité qui l'honorent, non seulement parvenait à rallier ses divisions dispersées, mais encore s'apprêtait à rentrer en ligne. York et Sacken avaient réussi à entrer à Châlons, où ils avaient trouvé les débris des corps de Kleist et de Langeron. Ils formaient alors un corps d'environ 32 000 hommes. C'étaient les plus ardents parmi les Russes et les Prussiens. Tous les affiliés du Tugendbund se trouvaient dans leurs rangs. Humiliés de leurs défaites, surtout après avoir tant raillé la timidité de l'armée de Bohême, ils ne demandaient qu'à retourner au feu. Blücher venait de recevoir un renfort de 16 000 hommes, tout le corps de Saint-Priest. Il avait de nouveau sous ses ordres près de 50 000 hommes. Apprenant que Schwarzenberg battait en retraite sur Troyes, et l'attendait pour livrer bataille, il se mit aussitôt en route, et passa par Arcis et par Méry afin de rejoindre au plus tôt son collègue à ce rendez-vous d'honneur.

Napoléon de son côté venait de recommencer la poursuite. Il voulait justement s'emparer de Méry afin de devancer Schwarzenberg et de lui couper sa ligne de retraite. Le 22 février au matin nos soldats, conduits par Oudinot, réussirent à surprendre le pont de Méry. A ce moment se montrèrent sur leur flanc des troupes nombreuses. Elles n'appartenaient pas à l'armée de Bohême. C'étaient les premiers soldats de l'armée de Silésie qui accouraient sous la conduite de leur impétueux général. Napoléon ne pouvait plus songer à exécuter sa grande manœuvre contre Schwarzenberg. Il se contenta de le suivre dans sa retraite, et, s'attendant toujours à livrer une grande bataille, arriva jusqu'à Troyes, où il fit une entrée triomphante (24 février). Cette grande bataille ne devait pas être livrée, car Schwarzenberg, bien qu'il eût opéré sa jonction avec Blücher, était bien résolu à ne pas abandonner aux hasards d'une rencontre décisive le sort de la campagne. La situation militaire en effet s'était bien modifiée depuis une quinzaine, et les souverains alliés commençaient à trouver que la résistance se prolongeait outre mesure et que les chances de la guerre se tournaient contre eux.

CHAPITRE II

CAMPAGNE DE FRANCE. — LES DÉSASTRES

Lorsque les alliés entrèrent en France, ils avaient espéré que la population, tant elle était lasse du régime impérial, les accueillerait à bras ouverts. En effet, à leurs premiers pas sur notre territoire, ils avaient vu venir à eux quelques mécontents, qui leur avaient prodigué les promesses et les remerciements; mais la masse du peuple était restée froide et silencieuse. Quelques partisans avaient même pris les armes dans les Vosges. Était-ce là cette réception enthousiaste sur laquelle ils avaient tant compté ! Bientôt ils apprirent que les levées d'hommes s'opéraient, et que les Français étaient unanimes dans leur résolution de repousser les envahisseurs. Lorsque furent livrées les premières batailles, et qu'irrités par leurs pertes les soldats alliés commencèrent à ne plus observer la discipline des premiers jours, le mécontentement national fit explosion. De tous côtés se soulevèrent les paysans, exaspérés par les mauvais traitements, par les réquisitions, par le vol et l'incendie. Non seulement ils aidèrent nos soldats dans leurs marches, mais encore bon nombre d'entre eux se joignirent à l'armée ou s'organisèrent en corps francs. Si Napoléon avait décrété la levée en masse, comme aux grands jours de 1792, il est probable que la France entière aurait répondu à son appel. Il n'osa pas le faire, et eut grand tort, car il se priva d'auxiliaires dévoués. Tous les vieux soldats auraient décroché leur fusil de chasse, les femmes et les enfants eux-mêmes auraient partout couru aux armes, comme ils le firent en Champagne, en Franche-Comté et dans les Vosges. A Montereau, à Troyes, n'avait-on pas vu les habitants fusiller les Autrichiens par les fenêtres de leurs maisons, et faire pleuvoir sur leurs têtes meubles ou tuiles? A Château-Thierry n'étaient-ce pas des ouvriers qui, sous les balles prussiennes, avaient amené des barques à nos soldats? Les riverains de la basse Marne avaient en quatre jours arrêté 250 prisonniers et délivré 400 des soldats d'Oudinot. Dans la Brie les paysans s'étaient organisés en compagnies franches. Un de leurs curés, celui de Bers près Montargis, s'était même improvisé chef de bande et menait ses hommes au feu. Un paysan du bourg de Vailly ne s'attaquait qu'à trois hommes à la fois : il reçut le glorieux surnom de l'Égorgeur de Vailly. Les femmes et les enfants donnaient l'exemple. A Essoges une jeune veuve incendiait sa ferme après y avoir enfermé 60 Cosaques. A Champaubert un enfant de seize ans brandissait un couteau d'équarrisseur et amenait au quartier général deux grenadiers russes qu'il avait pris lui-même sur le champ de bataille. La chasse aux alliés était ouverte, et elle fut si fructueuse que, dans certains pays, dans le Laonnais par exemple, les paysans ne voulurent plus boire l'eau de certains puits, tant on y avait jeté de cadavres ennemis ! Il aurait fallu étendre et régulariser ce mouvement patriotique. Les souverains alliés en avaient grand'peur, et ce fut assurément un des principaux motifs qui déterminèrent Schwarzenberg à ne pas livrer la bataille décisive qui, sans doute, en cas de victoire, lui aurait ouvert les portes de Paris, mais qui, en cas de défaite, aurait ramené sur le Rhin avec des pertes effroyables les armées vaincues.

D'autres considérations stratégiques engagèrent encore le généralissime à ne pas risquer le tout pour le tout. Une armée, en effet, se rassemblait à Lyon, sous la direction d'Augereau, qui pouvait, d'un instant à l'autre, ou bien se jeter sur son flanc, ou bien couper sa ligne de retraite. Augereau avait déjà 28 000 hommes sous ses ordres. Il lui était facile de débusquer de leurs positions les 20 000 Autrichiens de Bubna. Il n'avait qu'à se porter sur Genève, longer le Jura, se rabattre sur Vesoul, et couper toutes les communications de l'ennemi. L'Empereur comptait tellement sur cette diversion, qu'il avait ordonné à Suchet de rejoindre Augereau avec toutes les troupes qu'il ramenait d'Espagne. Il avait également ordonné au prince Eugène, bien que ce dernier eût remporté une victoire sur les Autrichiens à Roverbella, d'évacuer l'Italie et de se rabattre en toute hâte sur Lyon. Les conséquences de cette diversion eussent été incalculables. Attaqués en face par Napoléon, sur leur flanc droit par Augereau, sur leurs derrières par les paysans et par les corps francs, ils auraient repassé le Rhin en désordre. Augereau par malheur n'était plus le héros des Pyrénées et de Castiglione. Alourdi par l'âge, fatigué par ses campagnes, mécontent d'avoir été retenu depuis quelques années en demi-disgrâce, sans doute il ne trahissait pas, mais il n'agissait pas. Clarke, le ministre de la guerre, lui envoyait ordres sur ordres : Augereau ne quittait pas ses cantonnements. L'Empereur fit appel à son patriotisme et lui adressa cette belle lettre : « Mon cousin! quoi! six heures après avoir reçu les premières troupes venant d'Espagne, vous n'étiez pas déjà en campagne. Six heures de repos leur suffisaient. J'ai remporté le combat de Nangis avec une brigade de dragons qui, de Bayonne, n'avait pas encore débridé. Je vous ordonne de partir douze heures après la réception de la présente lettre, et de vous mettre en campagne. Si vous êtes toujours l'Augereau de Castiglione, gardez votre commandement. Si vos soixante ans pèsent sur vous, quittez-le et remettez-le au plus ancien de vos officiers généraux. La patrie est menacée et en danger. Elle ne peut être sauvée que par l'audace et la bonne volonté et non par de vaines temporisations. Soyez le premier aux balles. Il n'est plus question d'agir comme dans les premiers temps. Il faut reprendre ses bottes et sa résolution de 1793. »

Augereau ne reprit ni ses bottes ni sa résolution de 1793. Il ne se décida à entrer en campagne que le 28 février, et encore, au lieu d'opérer la large diversion sur laquelle comptait l'Empereur, il n'entreprit qu'une guerre de chicanes sur le Rhône et la Saône. Il dispersa son armée en détachements, reprit Bourg, Montmélian, Chambéry, battit Bubna à Aix et le rejeta dans Genève. Le 3 mars il arrivait à Lons-le-Saunier. Le 4 il livrait à Poligny un combat indécis, prenait peur et rentrait le 9 à Lyon, sous les huées de ses soldats, qui demandaient à retourner au feu, mais sous les ordres de Suchet, ou du plus jeune des frères de Napoléon, Jérôme, le roi dépossédé de Westphalie, dont ils appréciaient la bravoure et la résolution.

Les souverains alliés en étaient encore à redouter la diversion d'Augereau, lorsque Schwarzenberg les pria d'assister à un grand conseil de guerre, à Bar-sur-Aube, le 25 février. A ce moment la plus grande confusion régnait parmi eux. Toutes les colonnes étaient ramenées en arrière. « Leurs dehors conservaient encore quelque contenance, a écrit Ségur, mais au dedans régnaient le trouble et la confusion, précurseurs des catastrophes. L'attitude découragée des plus présomptueux, les défiances intestines, les reproches mutuels, tout annonçait que cette machine, disproportionnée à la main chargée de la faire agir, et composée de parties hétérogènes, était près de se dissoudre. » Pozzo di Borgo, le confident d'Alexandre, qui jadis était entouré de tant de considération, était alors devenu l'objet de la répulsion universelle. Chacun à son approche ou s'écartait, ou affectait de tourner la tête. Aussi bien, à l'exception des Prussiens et de quelques Russes qui voulaient continuer la guerre, et à tout prix marcher sur Paris, le découragement était grand dans les états-majors. Malgré la résistance de Blücher, la retraite sur Langres fut décidée, et cette retraite faillit se convertir en déroute. Lorsque les paysans de Lorraine et d'Alsace virent arriver ces longs convois de blessés et de malades qui revenaient des champs de bataille de la Champagne; lorsqu'ils assistèrent au mouvement en arrière de toutes les troupes, un long frémissement de joie secoua la France entière. On crut à la paix prochaine, et à une paix glorieuse. Un Saxon, un aide de camp de Schwarzenberg, Schullenburg, avait été envoyé en parlementaire aux avant-postes. On le fit causer. Il avoua que les alliés désiraient la paix et qu'ils « étaient sur le point de donner une seconde représentation de la retraite de Moscou ». On répétait d'autre part le propos tenu au comte de Flahaut par un aide de camp de l'empereur d'Autriche : « Signez un armistice : la paix suivra forcément ». Napoléon lui-même espérait en un avenir meilleur. Voici ce qu'il écrivait à son frère Joseph : « Il y a peu de jours, les alliés croyaient que je n'avais pas d'armée : aujourd'hui il n'est rien où leur imagination s'arrête. Trois ou quatre cent mille hommes ne leur suffisent pas. Ils disent que l'armée française est meilleure que jamais. Il est nécessaire que les journaux de Paris soient dans le sens de leurs craintes. Les journaux ne sont pas l'histoire, pas plus que les bulletins ne sont l'histoire. » Ces espérances, par malheur, ne devaient pas se réaliser. Napoléon avait joui du dernier sourire de la fortune. Il n'allait plus éprouver que des déceptions, bientôt des désastres, et entraîner la France, en même temps que lui, dans la ruine.

Les alliés, en effet, d'abord disposés à toutes les concessions, même à la paix, reprirent courage quand ils apprirent qu'Augereau laissait libre le chemin de la retraite. Ils savaient, d'un autre côté, que la grande armée du Nord venait enfin d'entrer en France, et s'apprêtait à combiner ses mouvements avec ceux des armées de Silésie et de Bohême. Ils n'ignoraient pas que le prince Eugène était comme enfermé en Italie et que Wellington continuait sa marche au nord des Pyrénées. D'importants renforts les avaient rejoints. Des Français, égarés par la passion politique, les mettaient au courant de tout ce qui se passait à Paris, et ne leur cachaient pas que, malgré les victoires des deux dernières semaines, malgré les prisonniers et les trophées qu'on avait promenés dans les rues de la capitale, la bourgeoisie était découragée et accepterait avec résignation un changement de dynastie. Aussi non seulement résolurent-ils de tenter de nouveau la fortune des armes, mais encore, à l'instigation de lord Castlereagh, le plénipotentiaire anglais, ils resserrèrent leur alliance. Par le traité de Chaumont, à la date du 1er mars 1814, ils contractèrent une alliance offensive et défensive pour vingt ans, et s'engagèrent à poursuivre la guerre avec toutes leurs ressources et à ne jamais conclure de paix séparée.

Voici le nouveau plan qu'adoptèrent les généraux de la coalition : Schwarzenberg devait continuer son mouvement de retraite et attirer Napoléon à sa poursuite. Pendant ce temps Blücher se dirigerait sur la Marne, où il écraserait Marmont, se joindrait à l'armée du Nord, et marcherait avec elle sur Paris. Enfin une nouvelle armée, dite du Midi, et forte de 80 000 hommes, marcherait contre Augereau et assurerait la ligne de retraite. Ce plan était bien combiné : il réussit en partie.

Emporté par sa haine et désireux d'entrer le premier à Paris, Blücher s'était mis tout de suite en campagne. « On ne peut que se promettre le plus heureux résultat de vos opérations », lui avait écrit le Tzar. « Le sort de la campagne est dans vos mains », lui disait le roi de Prusse. Afin de justifier cette bonne opinion, Blücher aurait dû attendre que les deux corps de Bulow et de Wintzingerode, qu'on avait détachés de l'armée du Nord pour les réunir à son commandement, et qui se trouvaient alors l'un vers Soissons, l'autre vers Reims, l'eussent rejoint. Il aima mieux les rallier chemin faisant, quel que fût le danger de cette marche isolée. Le 25 février il attaquait Marmont à Vindé et à Sézanne, et le forçait à reculer jusqu'à la Ferté-sous-Jouarre (26 février) ; mais Mortier rejoignait son collègue à Meaux et repoussait les Prussiens (27 février). Blücher se repliait alors sur la Ferté-sous-Jouarre, y passait la Marne et se dirigeait sur Lizy pour tourner la gauche des maréchaux, qui l'arrêtaient une seconde fois par de violents combats à Lizy, à May et à Crouy : mais ils n'avaient que 10 000 hommes à opposer aux masses toujours grossissantes des alliés. Ils venaient en outre d'apprendre que Bulow et Wintzingerode s'approchaient de Soissons. Aussi désespéraient-ils presque de pouvoir couvrir Paris, quand ils s'aperçoivent tout à coup que l'ennemi se dérobe et recule devant eux. Ils reprennent aussitôt l'offensive et se jettent à sa poursuite.

C'était Napoléon qui, par une brusque attaque de flanc, mettait ainsi le désordre dans les colonnes prussiennes. Apprenant la marche de Blücher, l'Empereur avait laissé Oudinot et Macdonald en face des Autrichiens pour les contenir, et était parti de Troyes à la tête de 35 000 hommes d'élite. Le 28 février il était déjà à Sézanne. Le 1er mars il arrivait à la Ferté-sous-Jouarre et le 2 il était sur la Marne. Si Blücher n'avait pas pris la précaution de détruire les ponts sur cette rivière, il était perdu. La situation semblait pour lui désespérée. Vivement pressé par Marmont et par Mortier, menacé à gauche par l'Empereur, il n'avait encore été rejoint ni par Bulow, ni par Wintzingerode, et la seule route qui restait libre devant lui était fermée par une place forte, Soissons. Depuis soixante-douze heures il avait livré trois combats et fait trois marches de nuit. Depuis une semaine aucune distribution régulière n'avait eu lieu. Tel de ses régiments de cavalerie n'avait pas dessellé depuis dix jours. Aussi les chevaux étaient-ils fourbus et presque tous blessés. Les fantassins marchaient pieds nus et en guenilles. Leurs armes étaient rouillées. Les canons et les voitures s'embourbaient dans les chemins piétinés. Tout semblait perdu. Déjà le désordre se mettait dans les rangs, et le nombre des traînards augmentait.

L'heure d'une catastrophe approchait. Séparé de ses lieutenants par une place forte, poursuivi à outrance par deux armées, Blücher devait être ou détruit ou obligé de capituler. Une trahison ou un malheur déjoua toutes les combinaisons : Soissons ouvrit ses portes. Les armées de Silésie et du Nord étaient désormais réunies. Blücher avait doublé ses forces. Il pouvait même reprendre l'offensive.

Soissons, sur la grande route de Paris à Bruxelles, était un point stratégique de la plus haute importance; mais la place était mal fortifiée. On s'était contenté de fermer quelques petites brèches, et on n'avait même pas pris la précaution de détruire les maisonnettes disséminées dans la zone militaire. Le 14 février, Wintzingerode s'était une première fois emparé de Soissons par un hardi coup de main, mais le maréchal Mortier l'avait réoccupée dès le 19, et s'était empressé de la fortifier sérieusement. Il lui donna pour commandant le général Moreau, et y laissa comme garnison 700 hommes du régiment de la Vistule, 140 artilleurs, 80 cavaliers et 300 gardes nationaux. Il n'y avait sur les remparts que 18 canons et 2 obusiers. On n'avait pas encore détruit les maisons des faubourgs, ni même miné les ponts des fossés, lorsque, le 2 mars 1814, arrivèrent sous les murs de la place les Russes de Wintzingerode par la route de Reims et les Prussiens de Bulow par la route de Laon. Soissons était en effet sur la seule route qui permît aux lieutenants de Blücher d'opérer leur jonction avec le général en chef. Il importait au salut de tous que la place fût emportée. Le siège fut immédiatement commencé.

A dix heures et demie s'ouvrait le feu. A midi plusieurs pièces des bastions étaient déjà démontées. A trois heures un premier et à quatre heures un second assaut étaient repoussés; mais le bombardement continua jusqu'à dix heures du soir. Bulow et Wintzingerode commençaient à s'inquiéter. Certes Soissons n'était qu'une bicoque, et ils l'emporteraient tôt ou tard, mais ils voulaient l'avoir tout de suite, ou sinon la concentration espérée devenait impossible, et non seulement Blücher était perdu, mais eux-mêmes fort compromis et obligés de battre précipitamment en retraite. Ils se décidèrent à envoyer un parlementaire au général Moreau, qui, de son côté, était fort irrésolu, car il se sentait incapable de prolonger la résistance, et, ne sachant pas les graves événements qui se préparaient, ne songeait qu'à sauver ses troupes. Au lieu de se rappeler les termes de l'ordonnance sur la défense des places : « Le gouverneur d'une place de guerre doit se souvenir qu'il défend l'un des boulevards de notre royaume, l'un des points d'appui de nos armées; que sa reddition avancée ou retardée d'un seul jour peut être de la plus grande conséquence pour la défense de l'État et le salut de l'armée », Moreau se laissa éblouir, intimider, gagner. Il consentit à capituler, mais à condition que la garnison aurait tous les honneurs de la guerre. Une discussion s'établit sur le nombre des canons qu'il voulait emmener. « Ah ! qu'ils prennent toute leur artillerie, et la mienne s'ils le veulent, s'écria Wintzingerode, mais qu'ils partent, qu'ils partent ! »

En effet les signatures venaient à peine d'être échangées, lorsque retentit le canon. C'étaient Marmont et Mortier qui acculaient Blücher sous les murs de la place. C'était Napoléon qui accourait pour saisir son plus implacable adversaire et l'écraser contre les murs de Soissons. Il était trop tard. Déjà les colonnes prussiennes s'étaient élancées pleines de joie dans ce refuge inespéré. Déjà Bulow et Wintzingerode avaient rejoint Blücher, et, du haut de ces remparts où nos soldats auraient dû assister à l'écrasement des Prussiens, les canons alliés vomirent la mitraille sur nos cavaliers qui se ruaient sur leur proie.

Napoléon, furieux de cette mésaventure, à laquelle les alliés eux-mêmes attribuèrent plus tard tout le succès de la campagne, ordonna de traduire devant un conseil de guerre le malencontreux général. « L'ennemi était dans le plus grand embarras, écrivait-il à Clarke, et nous espérions aujourd'hui recueillir le fruit de quelques jours de fatigue, lorsque la trahison ou la bêtise du commandant de Soissons lui a livré cette place.... Faites arrêter ce misérable, ainsi que les membres du conseil de défense, faites-les traduire devant un conseil militaire composé de généraux, et, pour Dieu ! faites en sorte qu'ils soient fusillés dans les vingt-quatre heures sur la place de Grève. Il est temps de faire des exemples. Que la sentence soit bien motivée, imprimée, affichée et envoyée partout. » De fait la fortune de la France et la prolongation de la campagne ont tenu à la prolongation pendant quelques heures de la défense de Soissons. L'armée de Blücher était perdue si Soissons n'avait pas ouvert ses portes, et Napoléon n'était pas homme à laisser fuir sains et saufs Bulow et Wintzingerode. Le bailli de Suffren disait qu'il fallait toujours tirer son dernier coup de canon, car ce coup pouvait tuer l'ennemi. Si Moreau avait lancé sa dernière volée le 4 mars au matin, au lieu de capituler le 3 pendant la nuit, il aurait peut-être sauvé la France. Ainsi que l'a écrit Thiers, « la capitulation de Soissons fut, après la bataille de Waterloo, le plus funeste événement de notre histoire ».

L'Empereur, malgré l'immense déception qu'il venait d'éprouver, ne renonça pas à poursuivre Blücher. N'était-ce pas pour lui comme une nécessité, s'il ne voulait être pris entre Blücher, qui aurait aussitôt repris l'offensive, et Schwarzenberg, victorieux des maréchaux Oudinot et Macdonald laissés à la garde de l'Aube? Il prit donc ses dispositions pour passer l'Aisne, et s'empara du pont de Berry-au-Bac. Il voulait tourner les alliés par leur gauche, les prévenir à Laon et les couper de la Belgique; mais Blücher avait deviné son plan, et s'était déjà établi sur le plateau de Craonne pour lui disputer le passage. C'est un long plateau qui s'étend de Soissons à Corbeny, et qui projette à l'est, ainsi qu'un fort avancé, un promontoire dominant la plaine d'environ 150 mètres. On le nomme le petit plateau. Il se relie au grand par une sorte d'isthme ou plutôt de défilé, celui de Heurtebise. Quiconque est maître d'Heurtebise est maître aussi des deux plateaux. Blücher se décida à un double mouvement. Il chargea le général russe Woronzoff de défendre les deux plateaux avec 20 000 hommes, 96 canons et tout le corps de Sacken, environ 14 000 hommes, en réserve. Pendant ce temps toute la cavalerie et le corps de Kleist, sous les ordres de Wintzingerode, essayeraient un mouvement tournant pour se rabattre par Festieux et la route de Reims sur les derrières de Napoléon.

L'Empereur profita de cette division des forces ennemies, dont il était informé, pour attaquer Woronzoff. Le 7 au matin la bataille s'engagea. Ce fut d'abord un duel d'artillerie, dans lequel nos jeunes soldats eurent beaucoup à souffrir, surtout les divisions Pierre Boyer et Boyer de Rebeval. Abrités par un tertre factice, d'origine gauloise, la Mutte au Vent, ils supportèrent sans faiblir l'orage de feu et de mitraille qui s'abattait sur leurs têtes. C'était pourtant une terrible épreuve pour ces conscrits dont le plus ancien n'avait pas trente jours de service. « Ces pauvres recrues, assourdies, saisies de stupeur, au milieu de cette grêle meurtrière, étaient incapables de mouvement. Leur général aurait voulu les abriter, mais il craignit, au premier pas qu'il ordonnerait, de les voir tourbillonner et fuir en désordre. Tout ce qu'il put faire de mieux, aidé de leurs officiers et sous-officiers, fut de les maintenir immobiles. Quant à leur feu, il était nul : une part tirée machinalement en l'air, et l'autre se perdait en terre, la pesanteur de l'arme emportant la plupart des coups dans cette inutile direction. Leur artillerie n'en savait guère davantage. » (Ségur.) Drouot vint enfin à leur aide avec les batteries de la garde, aussi tranquille à travers la mitraille qu'il l'aurait été au polygone, et parvint à rétablir le combat. Soutenus par les cavaliers de Grouchy et de Nansouty, nos fantassins parviennent à s'emparer d'Heurtebise et couronnent le plateau. Ramenés par les Russes, ils retournent à l'assaut. C'est à la sixième attaque seulement, et grâce à l'arrivée sur le champ de bataille de 4 500 cavaliers de la garde conduits par Belliard et d'une formidable batterie de soixante-douze canons, que les Russes se décident à battre en retraite.

Blücher n'avait pas assisté à la bataille. Il était allé de sa personne arrêter le mouvement tournant de Wintzingerode, dont il avait compris le danger. Rappelé par le bruit du canon, il n'arriva à Craonne que pour diriger la retraite. Les Russes la soutinrent avec énergie. Woronzoff aurait voulu ne pas obéir, mais il était démoli par nos batteries, débordé à droite par Belliard et à gauche par les vétérans d'Espagne. Il ne quitta le champ de bataille que lentement et comme à regret, déployant ses bataillons en carrés comme à la parade. Les deux régiments de Novoginsk et de Tula, commandés par le général Ponset qui, souffrant d'une blessure reçue à Leipzig, marchait à l'aide d'une béquille, se laissèrent détruire par les batteries de Drouot. Le régiment de Chirvan fut également détruit. Sacken avec la réserve arrêta la déroute, mais, toutes les fois qu'il essaya de faire face en arrière, à Cerny ou à la route des Dames, il fut enfoncé et obligé de continuer la retraite. 5 000 ennemis restèrent sur le champ de bataille. Nos pertes étaient égales et nous n'avions pas fait de prisonniers. Napoléon célébra comme un grand succès la victoire qu'il venait de remporter. Il se vanta d'avoir battu les Russes, de leur avoir enlevé 2 000 prisonniers et de n'avoir perdu que 800 hommes. C'était un calcul de sa part, car il voulait relever l'opinion et en imposer à

Schwarzenberg. Ainsi qu'il écrivait à Savary : « Il faut en vérité que vous ayez perdu la tête à Paris pour dire que nous étions un contre trois, lorsque moi je dis partout que j'ai 300 000 hommes, lorsque l'ennemi le croit et qu'il faut le dire jusqu'à satiété. Voilà comme, à coups de plume, vous détruisez tout le bien qui résulte de la victoire. Vous devriez savoir qu'il n'est pas question ici d'une vaine gloriole et qu'un des premiers principes de la guerre est d'exagérer ses forces. » Il est vrai que l'Empereur ne se faisait pas illusion à lui-même. Son coup d'œil militaire ne le trompait pas, et, malgré sa prétendue grande victoire de Craonne, il savait très bien qu'une nouvelle bataille était nécessaire.

Les alliés, de leur côté, se prétendaient victorieux, et c'était en effet pour eux une demi-victoire que de se retirer en bon ordre devant ce terrible adversaire, qui, depuis un mois, leur avait infligé tant de pertes. Aussi arrivèrent-ils sous les murs de Laon bien décidés à tenir tête à l'Empereur et à livrer une seconde bataille défensive. Près de 90 000 hommes étaient alors réunis sous le commandement de Blücher, et Napoléon ne pouvait lui opposer que 38 000 soldats, mais il avait besoin d'une victoire pour dégager Paris, pour effrayer les coalisés, et surtout pour exécuter une manœuvre stratégique qu'il méditait depuis quelque temps, et qui consistait à se jeter sur les derrières de l'ennemi, à rallier les garnisons qui occupaient les places fortes, Maison à Lille, Brassier à Strasbourg, Durutte à Metz, Jansen à Mézières, Merle à Maëstricht, Molard à Mayence, même, si l'on pouvait, Lemarois à Magdebourg et Davout à Hambourg, puis à revenir à la tête de ces renforts contre les alliés, désormais privés de leurs lignes de communication ; mais il lui fallait, pour exécuter ce plan, battre de nouveau Blücher et le réduire à l'impuissance. A vrai dire, l'issue de la campagne dépendait de la bataille qu'il allait livrer sous les murs de Laon.

Laon est bâtie sur une éminence d'une centaine de mètres au-dessus de la vallée de l'Ardon, qui domine une plaine boisée et ondulée de l'est à l'ouest, plate et découverte au nord. Cette éminence se profile comme une redoute, plane au sommet, mais très inclinée sur les pentes. Elle présente sur plusieurs points comme une succession de bastions naturels qui flanquent leurs feux. Ce ne sont partout que ravins à pic, pentes abruptes couvertes de petits bois ou de jardins entourés de murs. Il est difficile d'imaginer une meilleure position défensive. La place était entourée de murailles en mauvais état, mais elle se prolongeait par de vastes faubourgs, Semilly et Ardon au sud, Vaux, Saint-Marcel et la Neuville au nord, et commandait toutes les routes qui convergent sur ce point unique. La ville n'aurait peut-être pas soutenu un siège en règle, mais elle pouvait servir de point d'appui à une armée sur la défensive. Blücher avait habilement disposé ses forces : 17 000 hommes sous Bulow étaient postés à Laon même. A l'ouest campait Wintzingerode, à l'est Kleist et York, au nord et en réserve Sacken et Langeron, en tout 85 à 90 000 hommes d'excellentes troupes, animés du meilleur esprit, et disposés à résister à outrance. La neige tomba toute la nuit, comme pour préparer un linceul à ces braves qui allaient s'entre-tuer, et, au matin, lorsque furent tirés les premiers coups de fusil, un brouillard intense s'étendait sur les deux armées.

L'Empereur croyait que Blücher ne tiendrait pas à Laon. Aussi n'avait-il engagé qu'une partie de ses forces. Ney et Mortier attaqueraient en face pendant que Marmont essayerait un mouvement tournant par Festieux et Athies. Il y eut donc en quelque sorte deux batailles, la première, à Laon, où nos jeunes soldats s'efforcèrent en vain de débusquer les ennemis de leurs positions, mais ne se laissèrent pas entamer, et une seconde, à Athies, dont Marmont s'empara après en avoir chassé le général York. Ce n'était en quelque sorte que le prélude d'une action générale, et l'Empereur avait pris toutes ses dispositions pour une seconde bataille.

Un accident compromit le succès de ses combinaisons. Marmont à Athies n'avait pris aucune précaution pour le bivouac. Les canonniers avaient laissé leurs pièces en prolonge. Les fantassins s'étaient répandus au hasard dans les villages, ne prenant même pas la précaution de se couvrir par des grand'gardes. Marmont lui-même était allé chercher un gîte à quatre kilomètres d'Athies, à Eppes. Blücher, averti de ce désordre, résolut d'en profiter pour une surprise de nuit. Il forma une colonne avec les corps de York et de Kleist, soutenus en arrière par Sacken et Langeron, et les lança sur Athies. Les Prussiens arrivèrent sans tirer un coup de fusil et surprirent nos soldats dans leur premier sommeil. Ils s'emparèrent, malgré la résistance désespérée des artilleurs, de tout le parc d'artillerie, et sabrèrent sans pitié les fuyards. 2000 cavaliers, commandés par Bordessoulle, essayèrent de rétablir le combat : ils furent rompus par les 7 000 cavaliers ennemis. Marmont accourut, mais il ne put reformer ses troupes et fut entraîné dans la débandade. Par bonheur le colonel Fabvier avait été détaché avec un millier d'hommes pour rétablir les communications avec Napoléon. Il revint sur ses pas, attaqua Kleist avec

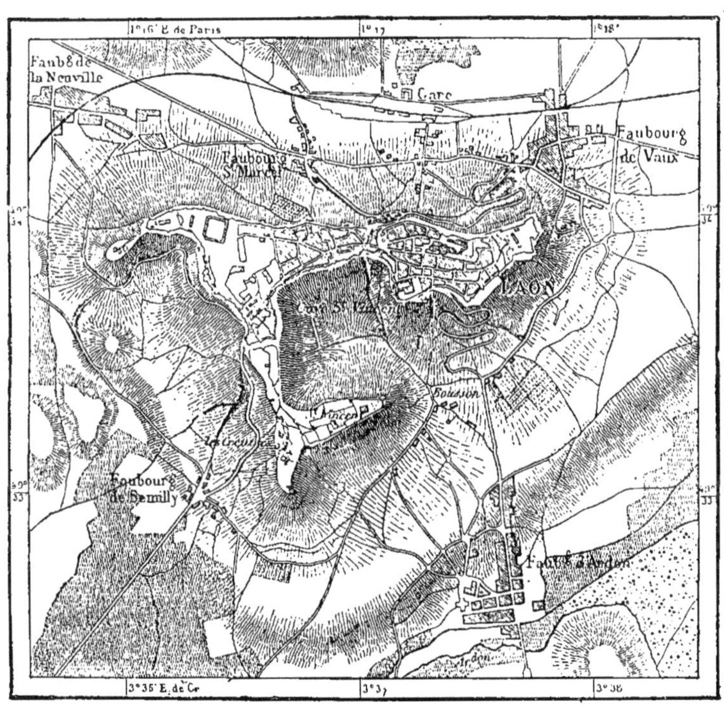

LAON.

fureur et reprit la route de Reims, où commencèrent à se rallier les fuyards. La déroute se changea en retraite; mais, pendant trois heures, les têtes de colonne durent se frayer un passage à coups de baïonnette à travers les flots de cavalerie qui barraient la route, tandis que l'infanterie prussienne tirait des feux de salve à intervalles réguliers. « Jamais, a écrit Marmont, je n'oublierai la musique qui accompagnait notre marche. Des cornets d'infanterie légère se faisaient entendre. L'ennemi s'arrêtait et un feu de quelques minutes était dirigé sur nous. Un silence succédait jusqu'à ce qu'une nouvelle musique, annonçant un nouveau feu, se fît entendre. » Lorsque Marmont put enfin s'arrêter à Festieux, plus de 3 000 hommes manquaient à l'appel, quarante-cinq canons et cent vingt caissons ou voitures avaient été pris. « Je viens d'acquérir la triste conviction qu'il ne me reste que huit pièces », écrivait-il à l'Empereur. C'était un véritable désastre. Non seulement Marmont était incapable de prendre part à la bataille du lendemain, mais encore l'Empereur se trouvait compromis. Blücher, plein de joie en apprenant la réussite de son coup de main, venait en effet d'adopter un autre plan pour la grande bataille. Lançant à la poursuite de Marmont York et Kleist, il ordonna à Wintzingerode et à Bulow de pousser Napoléon dans la direction de Soissons, pendant que Langeron et Sacken fileraient par Bruyères et par Craonne pour lui couper la retraite.

L'Empereur apprit à quatre heures du matin la déroute de Marmont. Son désespoir égala sa colère. Il lui fallait improviser un autre plan de bataille. S'il restait devant Laon, il arrêtait la poursuite de Marmont, et pouvait encore, à force d'audace, l'emporter sur ses adversaires, aussi se décida-t-il à tenter un nouvel assaut des positions ennemies. Blücher était malade et avait délégué le commandement au général Gneisenau. Ce dernier, effrayé de sa responsabilité, rappela les quatre corps de Langeron, de Sacken, de York et de Kleist, afin de les opposer à l'Empereur, avec ceux de Bulow et de Wintzingerode, c'est-à-dire qu'il renonça à la manœuvre stratégique qui pouvait détruire l'armée française, pour se borner à une opération défensive où sa supériorité numérique lui assurait à l'avance le succès. Ce fut un bonheur pour Napoléon, car il n'aurait pu, avec ses soldats fatigués par tant de combats et démoralisés par la surprise d'Athies, résister à une triple attaque, tandis qu'il avait quelque chance, par la hardiesse de ses assauts, d'en imposer à l'ennemi. Pendant toute la journée du 10 mars, tantôt à Neuville et à Semilly, tantôt à Ardon, il essaya d'emporter les positions des alliés, mais il fut toujours repoussé avec perte. Il ne pouvait cependant pas se résoudre à ordonner la retraite, car il savait que la partie perdue serait sans revanche; mais nos soldats commençaient à se lasser de leur inutile héroïsme et nos rangs s'éclaircissaient à vue d'œil. « Il en faut convenir, a écrit Ségur, pendant ces derniers combats d'une audace inouïe et d'une témérité si invraisemblable, le découragement de quelques-uns des nôtres avait été remarqué. On avait entendu de sourds murmures. Tant d'efforts surhumains avaient achevé l'épuisement général. D'ailleurs comment reprocher ces ébranlements de cœur à des chefs presque sans soldats éprouvés? Pouvait-on même appeler soldats ces milliers d'adolescents, ces éphémères du drapeau, n'y apparaissant la veille que pour être sacrifiés le lendemain. Cela remuait les plus fermes âmes, celle de Drouot lui-même. D'où vint son exclamation dans ce dernier jour, quand, les voyant si jeunes, si frêles, à demi vêtus, un contre quatre, sachant à peine se servir de leurs armes, et tombant en foule, il s'écria que c'était le massacre des innocents renouvelé. » Napoléon se décida enfin à battre en retraite sur Soissons, mais lentement et comme on quitte un champ de manœuvres. Ney était à l'arrière-garde. Toutes les fois que les alliés essayèrent de l'entamer, il leur infligea des pertes cruelles; aussi les alliés se lassèrent-ils bientôt de la poursuite et Blücher lui-même, qui redoutait un retour offensif, ordonna à tous ses lieutenants de revenir sur leurs positions. Quelques-uns d'entre eux obéirent à regret. Woronzoff s'écriait que cet ordre était scandaleux. Sacken prétendait que Blücher était devenu fou. York, trop fier pour récriminer, mit tout en ordre et partit pour Bruxelles. Blücher avait pourtant raison, car les journées de Craonne et de Laon lui avaient coûté bien cher, et il avait besoin de réparer ses forces et de rallier ses soldats avant de reprendre l'offensive.

Rentré dans Soissons, que l'ennemi n'avait pas osé garder, Napoléon attendait une occasion favorable pour se jeter sur celui de ses ennemis qui commettrait l'imprudence de s'offrir à ses coups. Il y était à peine depuis vingt-quatre heures, lorsqu'il apprit qu'un nouveau corps d'armée, des Russes, commandés par un émigré, Saint-Priest, venait d'entrer à Reims, dont ils avaient chassé le général Corbineau. Ces 15 à 20 000 ennemis étaient isolés, assez éloignés de Blücher et de Schwarzenberg pour que Napoléon pût espérer, en se jetant sur eux à l'improviste, de les anéantir. C'était pour lui une occasion de se débarrasser d'un de ses nombreux ennemis, et de relever le moral de ses troupes, accablées par leurs derniers revers. Aussi prit-il ses dispositions pour fondre sur Reims avec les 30 000 soldats qu'il avait encore sous la main. Chemin faisant, il enleva deux bataillons prussiens qu'il surprit à Rosnay, puis arriva devant Reims. Il aurait voulu, en portant sa cavalerie au delà de la ville, couper la retraite aux Russes, mais les alliés avaient rompu les ponts de la Vesle. Napoléon dut se résigner à les attaquer de face. Les gardes d'honneur, conduits par Ségur, eurent le beau rôle de la journée. Ils se croyaient soutenus par la cavalerie de Bordessoulle, et se lancèrent dans les rues de la ville. En quelques minutes la cavalerie russe fut démontée, et onze canons tombèrent entre les mains de ces braves jeunes gens. « La frayeur était si complète, lisons-nous dans les *Mémoires* du général qui les conduisait, Ségur, qu'il y eut des Russes que leur déroute emporta par delà Reims et le Rhin même jusque sous les murs d'Erfurt. Le général d'Alton, commandant de cette place, saisit plusieurs de ces débandés. Ils avaient fui aussi loin sans tourner la tête, croyant tout perdu. D'Alton m'a souvent raconté ce fait, et que, bloqué depuis trois mois, c'était par eux qu'il avait enfin appris de nos nouvelles. » L'infanterie russe, prise à revers par ce mouvement, voulut défendre les portes de la ville, mais on les enfonça à coups de canon, on entra pêle-mêle avec elle, et on enleva 4 000 prisonniers. Saint-Priest fut tué dans le combat. L'Empereur se montra très satisfait de la conduite des gardes d'honneur. Dans son bulletin il parla « des gardes d'honneur et notamment de leur général qui se sont couverts de gloire dans une charge superbe ». L'hommage le plus délicat leur fut rendu par les grenadiers de la garde. Dans le défilé à travers les rues de Reims, grenadiers et gardes d'honneur s'étaient rencontrés. En toute autre occasion ces vieux soldats n'auraient pas cédé le pas. « Pour aujourd'hui laissons-les passer, dirent-ils. Ce terrain est bien à eux. Ils ont le droit d'y être fiers et de prendre la tête de la colonne. »

Certes la surprise de Reims ne rendait pas à Napoléon l'ascendant de Montmirail et de Montereau, mais, occupant Reims, non seulement il s'établissait sur la ligne de communication des armées ennemies, mais encore il les contenait, car Blücher et Schwarzenberg ne savaient pas sur lequel des deux il allait de nouveau se porter. Ainsi que l'a écrit un des généraux de la coalition, l'émigré

Langeron, « ce terrible Napoléon, on croyait le voir partout. Il nous avait tous battus les uns après les autres. Nous craignions toujours l'audace de ses entreprises, la rapidité de ses marches et ses combinaisons savantes. » C'est pour en finir avec ce redoutable adversaire que Blücher et Schwarzenberg se décidèrent à une jonction définitive. Ils résolurent de ne plus se séparer avant d'avoir battu l'Empereur et de l'avoir réduit à l'impuissance d'entraver leur marche sur Paris.

L'armée de Bohême, pendant que Napoléon s'acharnait à la poursuite de Blücher, n'était pas restée dans l'inaction. Schwarzenberg n'avait pas été long à comprendre qu'il n'avait devant lui qu'un rideau de troupes destiné à le contenir, mais incapable de l'arrêter. Aussi avait-il arrêté son mouvement de retraite et repris l'offensive contre les lieutenants de l'Empereur, Oudinot, Gérard et Macdonald. Le 27 février 1814, Oudinot, assailli à Dolancourt sur l'Aube par 40 000 Autrichiens, avait lutté toute la journée avec 8 à 9 000 hommes, mais avait été débordé et obligé de reculer. Gérard, de son côté, avait arrêté les Bavarois à Bar-sur-Aube ; mais, après leur avoir tué beaucoup de monde, il avait été forcé de rétrograder. Macdonald suivit le mouvement de ses collègues, et les maréchaux reculèrent lentement, disputant le terrain pied à pied. Le 4 mars ils évacuaient Troyes, qui était horriblement pillée par les alliés, et se retiraient sur la Seine à Nogent et à Bray, livrant à chaque pas de vigoureux combats d'arrière-gardè. Schwarzenberg les avait suivis, bien résolu à ne pas laisser Blücher marcher seul contre Paris. Apprenant tout à coup que Napoléon arrivait de Reims vers la Seine pour le rejoindre, il n'osa pas lui tenir tête et rétrograda sur l'Aube. Napoléon venait en effet de se décider à se jeter sur son flanc, afin de retarder sa marche sur la capitale. Laissant Marmont et Mortier avec 18 000 hommes environ pour disputer le chemin de Paris à l'armée de Blücher, il se dirigea par Epernay et la Fère-Champenoise sur Plancy, où il passa l'Aube, et remonta cette rivière jusqu'à Arcis. Oudinot, Gérard et Macdonald ne l'avaient pas encore rejoint. Il n'avait alors sous ses ordres que 20 000 soldats environ, et il allait se heurter, sans qu'il s'en doutât, à toute l'armée de Bohême.

Le tsar Alexandre, en effet, fatigué de ces fuites continuelles devant une poignée d'hommes, venait de faire décider par le conseil des alliés que Blücher et Schwarzenberg se réuniraient pour marcher tous ensemble sur Paris. Le rendez-vous était à Châlons ou à Vitry. Schwarzenberg y marcha par Arcis. Dans cette petite ville se livra un des plus furieux engagements de la campagne. Aucun des deux généraux ne s'attendait à la rencontre, ni ne la désirait, mais Napoléon était obligé de toujours accepter la bataille, et Schwarzenberg, lassé des forfanteries des Prussiens, voulant leur prouver qu'il pouvait tout aussi bien qu'eux affronter le terrible Empereur, était résolu à ne plus laisser échapper l'occasion d'une bataille décisive.

Le combat s'engagea le 20 mars. Napoléon ne s'attendait pas à l'attaque des Autrichiens, autrement il aurait attendu, pour rendre la lutte moins inégale, que Oudinot, Gérard et Macdonald l'eussent rejoint avec toutes leurs forces. La cavalerie bavaroise et autrichienne commença l'engagement par une charge irrésistible. « Les masses toutes noires de cavalerie ennemie croissaient à vue d'œil, des nuées d'escadrons se développaient. Bientôt Colbert fut culbuté, Exelmans lui-même ébranlé. Une multitude de fuyards revinrent éperdus sur l'Empereur, se précipitant sur le pont déjà encombré. Napoléon se jette au-devant d'eux, les menaçant, leur criant qu'il voulait voir s'ils oseraient lui passer sur le corps et l'abandonner. C'étaient ses gardes. A sa vue, à ses reproches, ils se rallièrent, et pendant quelques instants l'ennemi fut contenu. » (Ségur.) Au milieu de cette échauffourée, l'Empereur avait voulu mettre l'épée à la main, mais elle était si rouillée dans son fourreau, qu'il fallut ses deux écuyers, Foulers et Saint-Aignan, pour la dégager. Ce fut à ce moment qu'un obus tomba près de l'Empereur. Il poussa son cheval dessus. Exelmans allait crier pour l'avertir. Sébastiani l'en détourna : « Laissez-le donc. Ne voyez-vous pas qu'il veut en finir ! » L'obus éclate, blesse son cheval et le couvre de débris enflammés, mais il se jette sur un autre et retourne au combat. Grâce à l'héroïque résistance de Ney au village de Grand-Torcy, grâce à l'arrivée de la vieille garde sous la conduite de l'intrépide Friant, nous pûmes nous maintenir jusqu'à la fin du jour. 20 000 Français avaient tenu tête à des forces au moins triples, et Schwarzenberg avait perdu l'occasion d'écraser l'armée.

Le lendemain, 21 mars, la bataille recommença. Napoléon n'avait reçu aucun renfort. Oudinot ne pouvait le rejoindre que dans quelques heures, et il ne lui amenait que 10 à 12 000 hommes. L'armée de Bohême au contraire était toute concentrée, car, pendant la nuit, près de 30 000 hommes avaient couru au canon. Était-il prudent de continuer la lutte? Une poignée de braves était-elle capable de lutter contre toute une armée? Les lieutenants de l'Empereur lui conseillèrent de battre en retraite. Il ne s'y résigna qu'après avoir fait explorer le terrain par ses aides de camp. « Derrière une nuée de troupes légères, protégées par une formidable artillerie, leurs yeux exercés lui montrèrent autour d'eux et de toute part l'horizon chargé d'ennemis. C'était de l'est à l'ouest, sur un vaste demi-cercle, une multitude de masses noires et mouvantes, d'où jaillissait, aux rayons du jour, le reflet des armes. D'instant en instant, ces colonnes profondes, marchant à grand espace, et se rapprochant de plus en plus entre elles et de nos positions, resserraient l'enceinte. » Il fallut se rendre à l'évidence. Napoléon fit soudainement replier ses troupes au delà de l'Aube, dont tous les ponts furent rompus, et le maréchal Oudinot, qui venait d'arriver, borda la rive droite avec une nombreuse artillerie. Schwarzenberg, furieux de voir cette proie lui échapper, voulut tenter le passage de la rivière, mais il fut constamment repoussé, et l'Empereur put opérer tranquillement sa retraite.

Blücher et Schwarzenberg étaient sur le point de faire leur jonction. Près de 200 000 hommes allaient se trouver réunis. Il était impossible de continuer la lutte dans la région désormais occupée par les deux armées. A quel plan allait s'arrêter Napoléon? Rallierait-il tous ses maréchaux, Marmont et Mortier d'une part, Oudinot et Macdonald de l'autre, et, à la tête des soldats qui venaient de soutenir le glorieux combat d'Arcis-sur-Aube, livrerait-il sous les murs de Paris une bataille décisive? C'était peut-être la résolution la plus prudente; mais ce génie fécond en ressources avait déjà formé un autre plan, d'une exécution relativement aisée, et qui pouvait sauver la France. Il avait résolu de laisser le champ libre aux alliés et de se jeter sur leurs derrières. Il appellerait à lui les garnisons des places frontières, les paysans insurgés de Champagne et de Lorraine, couperait les communications de l'ennemi, et reviendrait à la tête de ces forces nouvelles au secours de la capitale. Paris sans doute serait découvert, mais il espérait que la grande ville résisterait au moins pendant quelques jours, et d'ailleurs la diversion qu'il opérerait sur les derrières de l'ennemi les attirerait sans doute à lui et dégagerait Paris. Il combina pendant la retraite d'Arcis ce plan prodigieux, qui pouvait en effet sauver la France. « Sa méditation devint si profonde, que ses mains pendantes à son côté abandonnèrent entièrement son cheval à lui-même. Il suivait en ce moment la crête mouvante d'un ravin, et de si près que le moindre éboulement pouvait l'y précipiter. Saint-Aignan, dans son empressement contre ce danger, l'avertit de prendre garde, qu'il n'y avait pas là de garde-fou. Sur quoi Napoléon, que ce dernier mot frappa, sans doute par quelque analogie avec la témérité de la manœuvre si chanceuse qu'il méditait, se redressa soudainement : « Comment ! quoi ! s'écria-t-il, un garde-fou ! Il « manque ici, dites-vous, un garde-fou », et sur quelques explications que Saint-Aignan balbutia : « Ah ! » reprit-il en retombant peu à peu dans sa première préoccupation, « un garde-fou ! Vous dites qu'il « manque ici un garde-fou ! » (Ségur.) Ce n'est pas à ce moment suprême où les destinées du pays allaient se décider qu'un garde-fou eût été nécessaire ; mais il était déjà trop tard ! La manœuvre de Napoléon aurait dû lui assurer la couronne : elle le perdit.

Les alliés en effet avaient été fort déconcertés par le nouveau plan de l'Empereur, dont ils avaient eu connaissance par une lettre interceptée. Les règles de la guerre leur conseillaient de suivre Napoléon, car il était par trop dangereux de laisser sur ses derrières un si redoutable adversaire. Qu'ils éprouvassent un seul échec devant Paris, et pas un d'entre eux ne repassait le Rhin ; mais les combinaisons de la politique les poussaient au contraire vers Paris. D'ailleurs il ne manquait pas en France de traîtres pour les exciter à aller de l'avant. « Vous pouvez tout et vous n'osez rien, leur écrivait Talleyrand. Osez donc une fois. » — « Le but de la guerre est à Paris, ne cessait de répéter Pozzo di Borgo. La route en est ouverte. Il faut s'y précipiter. » Un événement militaire, depuis longtemps prévu, les excita encore à marcher sur la capitale. Les cavaliers de Wintzingerode, formant l'avant-garde de Blücher, venaient de donner la main à ceux de Pahlen, appartenant à Schwarzenberg. La jonction des deux armées était donc opérée. Il n'y avait plus qu'à pousser devant soi Marmont et Mortier chargés de couvrir Paris, et l'on avait plus de 200 000 hommes pour exécuter ce mouvement. Il n'y avait donc pas à se préoccuper de Napoléon. On lancerait à sa poursuite un corps de cavalerie pour lui laisser croire que les alliés s'acharnaient après lui, et, tandis qu'il s'enfoncerait vers l'est, on s'emparerait de Paris, où l'on était attendu et désiré. Aller à Paris, frapper Napoléon au cœur, n'était-il pas plus sûr que de revenir sur ses pas et de risquer une attaque dont l'issue était au moins douteuse? D'ailleurs, même en admettant un échec sous Paris, n'avait-on pas une ligne de retraite assurée vers la Belgique, où l'on rencontrerait Bernadotte, qui accourait à la tête d'une nouvelle armée?

Un autre grand succès remporté par les alliés acheva de les décider. Augereau s'était enfin ravisé, et avait repris l'offensive dans la direction de Mâcon, mais en échelonnant ses troupes sur une ligne de cinquante kilomètres, au lieu de les lancer en masse sur le flanc de l'ennemi. Deux combats indécis furent livrés à Saint-Georges et à Limonest, le 18 et le 20 mars. Aussitôt le maréchal bat en retraite et évacue Lyon. Il aurait été pourtant bien facile de s'y défendre, car les Autrichiens n'étaient guère plus nombreux que nos soldats, et l'on attendait d'importants renforts. Suchet accourait avec les régiments d'Espagne, et l'énergique population de la Bourgogne, de la Franche-Comté, de la Savoie et du Lyonnais était toute disposée à se lever en masse contre les envahisseurs. Les Autrichiens profitèrent de cette reculade maladroite. Dès le 21 mars ils entraient à Lyon, et, par l'occupation de la seconde ville de l'empire, paralysaient la défense nationale dans tout le sud-est de la France.

A la nouvelle de l'entrée de leurs soldats à Lyon, les souverains alliés, désormais assurés contre toute attaque sur les flancs de leur grande armée, ne songèrent plus qu'à marcher en avant. Le 24 mars au matin, en plein champ, près du village de Sommepuis, un grand conseil de guerre, sous la présidence du Tsar et du roi de Prusse, décida la marche sur Paris. L'empereur d'Autriche n'assistait pas à la délibération, mais il y donna son assentiment. La joie de Blücher fut grande. « Je savais bien, s'écria-t-il, que mon brave Schwarzenberg se réunirait à moi. Nous allons finir cette guerre, puisque maintenant ce n'est plus ici, mais partout qu'on dit en avant! » Les troupes partageaient cet enthousiasme, et c'est au cri de Paris! Paris! qu'elles précipitaient leur marche. L'Empire était condamné et la France perdue.

Marmont et Mortier, contre lesquels se dirigeaient en masse les coalisés, n'étaient pas en état de résister : ils le firent pourtant, et cette héroïque folie honora les derniers jours de la résistance nationale. Napoléon leur avait écrit le 21 mars pour leur donner comme point de ralliement Châlons ou Vitry : mais la route de Reims à Vitry était fermée par la cavalerie de Wintzingerode. Ils se rabattirent sur le chemin d'Épernay : il était déjà coupé. Ils se dirigèrent alors sur Montmirail et Bergères : mais l'ennemi s'y trouvait en force. Il ne leur restait plus que la route de la Fère-Champenoise à Sommepuis : ils s'y engagèrent, mais sans se douter qu'ils allaient se heurter à toute l'armée alliée, qui se dirigeait sur Paris par cette même route. Marmont était pourtant prévenu de la manœuvre des alliés. Ses émissaires et les paysans lui annonçaient que le pays était rempli de troupes ennemies. Aussi bien il suffisait de jeter les yeux autour de soi pendant la nuit pour apercevoir d'immenses feux de bivouac. Le maréchal croyait au voisinage de l'Empereur, et il s'obstina dans son erreur. Il repoussa les rapports de ses officiers, dont quelques-uns pourtant avaient été ramenés à coups de sabre. Il aurait pu rallier à la Fère-Champenoise, en appelant à lui Mortier, Souham, Compans, Pacthod et d'autres généraux dont il connaissait la situation, environ 30 000 soldats; mais, dans sa présomption et dans son intrépidité, il se contenta de prier Mortier de le rejoindre, ordonna à Pacthod de rester où il se trouvait, à Sézanne, et ne prit aucune précaution contre l'attaque imminente de l'ennemi. Schwarzenberg n'avait pour ainsi dire qu'à pousser en avant ses 200 000 hommes. Le 25 mars, de 7 heures à 11 heures du matin, le maréchal rétrograda en bon ordre. A chaque position tenable il s'arrêtait, couvrait de mitraille l'ennemi trop pressant et se remettait en marche. A 11 heures Mortier le rejoignit au défilé de Sommesous; mais que pouvaient 15 000 hommes contre les masses accablantes qu'on lançait sur eux? Ils se couvrirent par une forte batterie de soixante canons, et résistèrent encore pendant deux heures; à ce moment commence un affreux orage. Bientôt le sol trempé se défonce sous nos canons. Les pieds des fantassins glissent ou s'enfoncent dans une boue visqueuse. Les fusils mouillés deviennent inutiles dans leurs mains engourdies. Il leur faut se défendre à la baïonnette. En vain Bordessoulle, Belliard, Latour-Foissac multiplient leurs charges. Marmont ne peut même plus passer d'un carré dans un autre. Nos troupes sont enfoncées et arrivent à grand'peine au défilé de Connantry. La cavalerie ennemie galope sur leurs derrières, et, pour conserver leur ligne de retraite, nos infortunés soldats se retirent en désordre à la Fère-Champenoise. L'arrivée inattendue sur le champ de bataille d'un régiment de cavalerie qui venait de Paris leur donne quelques instants de répit, et ils peuvent enfin prendre position sur les hauteurs qui bordent la grande route de Châlons à Montmirail.

Ce n'était pas le dernier malheur de cette funeste journée. On se rappelle que Marmont avait laissé un de ses lieutenants, Pacthod, sans instructions précises, à Sézanne. Pacthod avait sous ses ordres une division de gardes nationaux mobilisés pour escorter soit les prisonniers, soit les renforts destinés à l'armée. Il avait aussi recueilli divers bataillons de ligne et une immense artillerie, près de 10 000 hommes environ. Ces soldats erraient un peu à l'aventure, et leur chef avait en vain demandé des instructions précises. Au bruit du canon de Sommesous et de Connantry, il avait sans hésitation couru au feu. Attaqué à Villeseneux par l'avant-garde de Blücher, il s'y était maintenu. Voyant fondre sur lui 4 000 cavaliers, commandés par Vassiltchikoff, il comprit son danger et battit en retraite jusqu'à Clamange. Toujours suivi par des forces supérieures, et coupé de la Fère-Champenoise, il arrive à Ecury-le-Repos. Les troupes alliées grossissaient toujours autour de lui. Il n'eut bientôt plus d'autre refuge que les marais de Saint-Gond, et l'ennemi y courut pour l'accabler. A ce moment ces gardes nationaux, dont la plupart n'avaient jamais vu le feu, et ces jeunes soldats qui savaient à peine tenir un fusil, avaient à soutenir le choc de toute la division russe Ragefsky et des gardes russe et prussienne. 14 000 cavaliers tourbillonnaient autour d'eux et 80 pièces de canon lançaient contre eux des flots de mitraille. L'ennemi n'arrêtait ses charges que pour permettre aux batteries de tirer. Après chaque bordée nos fantassins serraient les rangs, et recevaient les cavaliers sur leurs baïonnettes tordues. Sommés de se rendre, ils refusèrent : « On ne capitule pas en rase campagne, leur criait Pacthod : la loi militaire le défend, et surtout l'honneur. D'ailleurs, quand la patrie périt, qui voudrait lui survivre? Jurons de mourir pour elle ! » Et de fait, exaspérés par cette terrible retraite sous la mitraille et sous la charge, noirs de poudre et de sang, la rage au cœur, ils ne pensaient plus qu'à tuer et qu'à mourir. Leur feu roulant jonchait autour d'eux le sol de morts et de mourants. On ne put triompher de la résistance de ces citadelles vivantes qu'en les démolissant à coups de canon, et en lançant la cavalerie dans les brèches. Les uns après les autres furent ainsi anéantis les carrés de Pacthod, Amey, Jannin, Bonté, Delort et Thevenet. Ils ne voulaient pas se rendre. Près de 4 000 d'entre eux se firent tuer sur place. Quelques centaines seulement, les plus rapprochés des marais de Saint-Gond, parvinrent à s'échapper. Pacthod ne voulut rendre son épée qu'au Tsar. Ce dernier rendit hommage au dévouement de ces braves, et s'avoua vaincu par cette glorieuse défaite. Honneur aux martyrs de la patrie qui succombèrent dans cette glorieuse défaite. Dans le grand naufrage de la France on les a trop oubliés. Rappelons au moins que deux bataillons de ces héroïques gardes nationaux avaient été fournis par le département de la Sarthe, deux autres par celui d'Eure-et-Loir, deux par celui du Loiret, un par le Loir-et-Cher, un par l'Indre-et-Loire. Ainsi que l'écrivait dans son rapport un des survivants du désastre, le général Delort, « il n'est personne qui n'ait fait au delà de ce que prescrit l'honneur, mais je ne saurais trouver d'expression pour caractériser la bravoure des gardes nationales sous mes ordres. L'épithète de brave et d'héroïque est sans force et sans énergie pour donner l'idée précise de leur conduite. »

La diversion de Pacthod avait ralenti la poursuite de Marmont et Mortier. Le 26 au matin ils se jetèrent à travers champs jusqu'à Montmirail. Arrivés, à la fin de la journée, à la Ferté-Gaucher, ils trouvèrent la ville occupée par le corps d'armée de Kleist, détaché pour leur couper la retraite. Le 27 une lutte désespérée ouvrit à nos soldats le chemin de Rosny et de Brie-Comte-Robert, où ils arrivèrent le 28 sans être poursuivis. Le 29 ils étaient à Charenton. Pendant ce temps la droite des alliés, l'armée de Blücher, se dirigeait par Charny ; la gauche, l'armée de Schwarzenberg, par Chelles, et le centre, comprenant les gardes et les réserves, par Claye. Ces trois colonnes arrivèrent au Bourget, à Noisy et à Bondy au moment où les maréchaux s'arrêtaient sous les murs de Paris. La coalition avait donc rempli son programme, et c'était sous la capitale qu'allaient se régler les destinées de la France.

Le désastre de la Fère-Champenoise anéantissait tout espoir. Si les maréchaux n'avaient pas livré bataille dans ces déplorables conditions d'infériorité, s'ils avaient simplement ralenti leur mouvement rétrograde, la coalition aurait perdu plusieurs heures, peut-être plusieurs jours de marche, et Napoléon serait arrivé; mais le sort en était jeté. L'Empereur était condamné et la France sacrifiée.

Rien à Paris n'avait été disposé pour résister à l'ennemi. Le 30 au matin, quand ils entendirent le canon, les Parisiens se réveillèrent comme d'un songe. Le gouvernement impérial avait si bien réussi à calmer les inquiétudes, que, malgré les batailles des deux derniers mois, les citoyens étaient dans une sécurité à peu près absolue. On leur avait tellement prodigué les bulletins de victoire, ils avaient vu passer tant de prisonniers dans les rues, qu'ils ne pouvaient croire à la défaite. Les fonctionnaires avaient si bien pris l'habitude de compter sur l'Empereur et rien que sur l'Empereur, qu'ils se jugèrent perdus en apprenant qu'il était à Saint-Dizier et que les souverains alliés marchaient contre la capitale. L'Impératrice, le roi de Rome, les ministres, les grands dignitaires étaient partis la veille pour Blois, et on avait poussé l'imprudence jusqu'à leur donner une escorte de 4 000 vieux soldats. Joseph seul était resté, mais, en réalité, il n'y avait plus de commandement, car ce prince, écrasé par le sentiment de sa responsabilité, et instruit par la dure expérience qu'il avait acquise à ses dépens en Espagne, n'osait rien ordonner. La capitale était donc abandonnée à des autorités serviles, disposées à trahir, et résolues à l'avance à capituler. Il n'y avait de décision et de présence d'esprit que parmi les traîtres, qui s'agitaient pleins d'espoir et conspiraient au grand jour. Si du moins on avait essayé un simulacre de résistance, mais la garnison ne se composait que de quelques dépôts, de 4 000 conscrits, de gendarmes et de vétérans. Avec les débris de Marmont et de Mortier, il n'y avait en tout que 22 000 hommes. Quant à la garde nationale, l'Empereur, dans sa défiance, n'avait consenti à lever que 10 à 12 000 hommes, et la moitié à peine était armée de fusils. Elle contribua pourtant à la défense. Les ouvriers, les anciens soldats, les officiers retraités demandaient des armes et offraient leurs services : on les repoussa. Il y avait à Versailles et dans les villes voisines près de 20 000 hommes de dépôts : on ne songea même pas à les faire venir. Il y avait dans les arsenaux des fusils, des canons, des munitions : on les laissa sans emploi. Nos magasins regorgeaient de vivres et d'effets d'équipement : nos soldats ne reçurent aucune ration, et combattirent pieds nus. Ce furent les alliés qui, le lendemain, profitèrent de toutes ces ressources, eux qui étaient coupés de leurs parcs de réserve, et qui, si la lutte s'était prolongée, étaient perdus. On n'avait même pas mis de canons sur les hauteurs qui dominent Paris : il y en avait quatre sur la butte Chaumont, sept à Montmartre, et ils furent servis par les vétérans et par les élèves de l'École polytechnique. Nulle trace de retranchements. Pas un mur crénelé, pas un arbre abattu, pas un fossé creusé ! Quelques tambours palissadés en avant de cinq ou six barrières, quelques canons sur les rives des canaux Saint-Denis ou Saint-Martin, tels étaient les seuls préparatifs qu'avait inspirés au gouvernement le voisinage, si souvent répété, des têtes de colonne de Blücher et de Schwarzenberg. C'est avec les pièces presque hors d'usage qui avaient fait toute la campagne, et sur des positions contre lesquelles se serait brisé l'effort de la coalition, si elles eussent été tant soit peu défendues, que Marmont et Mortier durent improviser la défense nationale. Paris s'abandonnait. La France s'avouait vaincue.

Telle était pourtant l'ardeur de nos soldats, telle était leur fureur patriotique qu'ils n'hésitèrent pas un instant, poignée de braves qu'ils étaient, à accepter la lutte contre les 150 000 hommes qui se ruaient contre eux. Les alliés, en effet, ne s'étaient d'abord avancés qu'avec précaution contre Paris. Ils n'osaient pas croire à l'incurie administrative qui négligeait tant de ressources. On raconte que le Tsar, qui s'était installé au château de Bondy, et voyait de ses fenêtres s'éteindre les dernières lumières de Paris et s'allumer les feux des bivouacs alliés, n'envisagea pas sans une poignante inquiétude la grande bataille du lendemain. Plus que personne il n'ignorait pas qu'une capitale peut devenir le tombeau d'une armée ; mais les souverains alliés étaient bien renseignés par leurs émissaires secrets. Ils résolurent de profiter de l'occasion et brusquèrent l'attaque. Le prince de Wurtemberg est envoyé sur la Marne du côté de Vincennes pour prévenir une irruption, d'ailleurs peu probable, de Napoléon. Barclay de Tolly avec trois corps d'armée, les gardes russe et prussienne et les réserves, marchera au centre contre le plateau de Belleville. Blücher à droite se développera par Pantin, Saint-Denis,

BATAILLE DE PARIS.

Montmartre et la Villette. La bataille commença le 30 mars de grand matin. Marmont réussit d'abord à chasser les Russes de Romainville, pendant que Mortier leur dispute Aubervilliers. Étonné de cette résistance, effrayé par les pertes qu'il a subies, Barclay de Tolly s'arrête quelque temps pour donner à Blücher le loisir d'exécuter sa manœuvre. En effet, nos soldats postés sur les hauteurs de Belleville et de Chaumont voient bientôt venir à eux des masses noires et profondes. C'étaient les 100 000 hommes de Blücher qui abordaient

Paris par trois colonnes, à droite par Aubervilliers, Saint-Ouen et Clichy, au centre par Pantin, à gauche par Romainville. A ce redoutable déploiement de forces, Joseph, qui observait la bataille du haut de Montmartre, désespère du salut de Paris et s'enfuit en autorisant les maréchaux à capituler. La bataille continua pourtant, mais elle était perdue à l'avance. Nos soldats ne se battaient plus que pour l'honneur. « Ils sont trop ! » disaient-ils en tombant.

Chassé du bois et des rues de Romainville, Marmont essaye de se reformer au parc Saint-Fargeau. Il est rejeté dans la grande rue de Belleville, et y combat en simple soldat. Les généraux Ricard et Pelleport sont blessés à ses côtés. Onze hommes tombent près de lui percés de coups de baïonnette. C'est à pied, l'épée nue, à la seule main qui lui restât libre depuis la bataille des Arapiles, et à la tête seulement de quarante grenadiers, qu'il parvient à se faire jour jusqu'à la barrière. Pourquoi n'est-il pas mort, pour sa gloire, dans cette rue de Belleville ! Pendant ce temps Mortier avec quelques soldats seulement défendait la Villette et la Chapelle, et se faisait acculer au mur d'enceinte ; mais les buttes Chaumont étaient bientôt enlevées, et déjà les boulets roulaient dans les rues de Paris. Les deux maréchaux auraient pourtant continué la lutte, mais, sur nos deux ailes, la situation empirait. D'un côté, Blücher venait de s'emparer de Montmartre et retournait contre Paris les quelques pièces de 8 abandonnées par nos soldats. Moncey, qui luttait avec héroïsme à la barrière Clichy, était désormais isolé, et déjà l'ennemi se prolongeait sur la route de Neuilly et du bois de Boulogne. D'un autre côté, les ponts de Charenton et de Saint-Maur étaient enlevés par les Wurtembergeois, et la cavalerie russe, maîtresse de la chaussée de Vincennes, refoulait sur la barrière du Trône les invalides et les polytechniciens qui la défendaient. Sur tous les points nous étions débordés, et à l'horizon paraissaient toujours de nouvelles colonnes ennemies. La position n'était plus tenable. On avait fait tout et au delà de ce que prescrivait l'honneur. Il était dangereux d'exaspérer les haines, et d'attirer contre la capitale de sanglantes représailles. Marmont se résigna et demanda une suspension d'armes. Les souverains alliés s'empressèrent de l'accorder. Ils avaient perdu dans cette lutte gigantesque près de 18 000 hommes, et ils venaient d'apprendre que l'Empereur accourait à Paris. Les défenseurs de la capitale purent se retirer avec tous les honneurs de la guerre. Ils devaient prendre la direction d'Orléans. Paris était recommandé à la générosité des souverains alliés.

Napoléon, après la bataille d'Arcis-sur-Aube, n'avait pas perdu un instant pour exécuter la grande manœuvre qu'il méditait sur les derrières de l'ennemi. Arrivé le 23 mars aux environs de Saint-Dizier, il s'y arrêta pour faire reposer ses troupes et rallier les garnisons dont il était venu chercher le renfort. Il croyait avoir attiré à sa suite toute l'armée de Schwarzenberg. Il s'étonnait pourtant d'être poursuivi avec tant de mollesse, et commençait à craindre que les alliés n'eussent pris la direction de Paris. Le 26, apercevant une cavalerie très nombreuse un peu au-dessus de Saint-Dizier, il donna l'ordre de l'attaquer, d'abord pour la battre, et ensuite pour savoir exactement la position de l'ennemi. C'était Wintzingerode avec 10 à 12 000 cavaliers, auquel on avait confié la mission, sacrifiée à l'avance, de surveiller Napoléon et de le tromper sur la direction de la grande armée. Wintzingerode n'était pas en état de résister. Chargé à outrance, il perdit environ quatre mille hommes et trente canons, et s'enfuit jusqu'à Vitry. Ce devait être notre dernière victoire.

Le soir même Napoléon apprenait, par le rapport des prisonniers, la marche des coalisés sur Paris. Il ne voulait pas y croire. Le lendemain 27 arrivèrent des détails très précis sur le désastre de la Fère-Champenoise et la continuation de la marche sur Paris. D'ailleurs aucun ennemi ne tenait la campagne. On n'avait devant soi que le vide et le silence. Les généraux à cette nouvelle ne cachèrent plus leur mécontentement. Macdonald et Ney se signalèrent par l'exagération de leurs remontrances. A les entendre il fallait tout risquer pour épargner à la capitale les horreurs d'une prise d'assaut. L'Empereur hésitait. Libre de ses mouvements comme il l'était, pourquoi ne reporterait-il pas à l'Allemagne dégarnie de soldats la terreur et les ravages que répandaient en France les alliés? Pourquoi, rappelant à lui les garnisons du Rhin et de la Meuse, n'irait-il pas tendre la main aux 100 000 vieux soldats encore enfermés dans les places de l'Elbe et de l'Oder, pour revenir à leur tête contre les coalisés retenus à Paris par la levée en masse et l'insurrection des départements de l'Est et du Centre? Déjà Durutte était sorti de Metz à la tête de 4 000 hommes, avait forcé le blocus de Thionville, et s'avançait sur la Moselle. Broussier était sorti de Strasbourg avec 5 000 hommes, et Duvigneau de Verdun avec 2 000. A côté des soldats, les paysans de l'Est étaient tout prêts à agir. Un grand cri de vengeance avait retenti de l'Yonne aux Vosges. « Dans l'état d'exaspération où est le peuple, avait écrit l'Empereur, on ferait marcher jusqu'aux femmes. » — « Il est incompréhensible, écrivait de son côté le maréchal Oudinot, qu'on ne profite pas de l'élan des paysans de la Lorraine et du Barrois. Il ne faut pas laisser refroidir la chaleur de ce peuple, qui ne respire que la vengeance. » Déjà les Ardennes étaient en insurrection. Dans l'Argonne 750 partisans occupaient les défilés, et près de 6 000 paysans avaient pris les armes. Le colonel Viviot avait organisé dans la Meurthe dix-huit compagnies de gardes nationaux. A Langres, à Nancy, partout où se trouvaient les dépôts alliés, les habitants n'attendaient qu'un signal pour se jeter sur les garnisons ennemies. En trois jours les paysans de l'Est avaient amené au quartier général plusieurs milliers de prisonniers, des bestiaux, des voitures, des canons même. Tout, en un mot, était prêt pour une Vendée impériale ou plutôt nationale!

Pourquoi l'Empereur n'a-t-il pas persisté dans son idée? Pourquoi, méprisant les criailleries de son état-major vieilli et fatigué, ne s'est-il pas confié à ses soldats, à ses gardes nationaux, à son peuple? Il n'avait qu'à marcher : tous l'auraient suivi. L'élan des troupes était significatif.... Avec une pareille armée dans la main, Napoléon était encore bien redoutable. Par malheur cette campagne de deux mois l'avait anéanti. Il était à bout de forces. Il avait perdu confiance. Il ne sut pas résister aux obsessions de ses lieutenants, et le 28 mars, au matin, l'armée reprit le chemin de Paris : mais il était déjà trop tard. Napoléon venait de perdre cinq jours à Saint-Dizier, et les alliés n'avaient pas un seul instant interrompu leur marche contre Paris.

Néanmoins toutes les routes étaient libres pour l'armée française. Pour être plus assuré du résultat final, Schwarzenberg avait appelé à lui tous les corps épars sur la Seine et sur la Marne. En suivant la route de Troyes, Sens, Montereau et Fontainebleau, Napoléon pouvait encore, si Paris tenait seulement deux jours, y devancer les coalisés. Une fois dans sa capitale, animant tout le monde du feu de son activité, rappelant au sentiment de leurs devoirs les fonctionnaires hésitants, appuyé sur la population, il pouvait présenter à l'ennemi un front inexpugnable, tandis que l'insurrection de tous les départements de l'Est et du Centre ne lui laisserait d'autre alternative qu'une retraite désastreuse sur la Belgique ou un traité dont l'Empereur dicterait lui-même les conditions. L'armée était le 28 au soir à Doulevant, et le 29 à Troyes. C'est à Troyes que l'Empereur reçut un billet de Lavalette qui le suppliait « de courir à Paris, s'il voulait arrêter une défection imminente ». Les chemins étaient libres. L'Empereur se jeta en carriole et traversa Sens, Pont-sur-Yonne et Fontainebleau. Il était à dix heures du soir à Fromenteau, à cinq lieues de Paris, ayant fait près de quarante lieues dans cette seule journée, lorsqu'il rencontra, près de la maison de poste, des officiers abattus et des soldats accablés de fatigue. Il les interroge. Le général Belliard arrive et lui annonce qu'ils battent en retraite et viennent d'évacuer Paris en vertu d'une capitulation. Tout était perdu !

L'Empereur aurait voulu aller tout de suite à Paris pour y tenter un dernier effort, mais c'eût été une grave imprudence que d'attaquer les alliés sur les hauteurs qu'ils occupaient encore, et il aurait fallu engager dans les rues un combat dont nul ne pouvait prévoir l'issue. Napoléon le comprit. Il retourna à Fontainebleau et donna ses ordres pour y concentrer toutes les troupes disponibles. Les défenseurs de Paris furent les premiers au rendez-vous. Marmont et Mortier prirent aussitôt position derrière la petite rivière de l'Essonne. Ils furent rejoints par tous les soldats, qui accouraient des plaines de la Champagne, et qui vinrent se ranger à leur tour entre Fontainebleau et l'Essonne. 50 000 soldats furent bientôt concentrés. Ils étaient pleins d'ardeur ou plutôt de rage patriotique. Vainqueurs dans tous les combats auxquels ils avaient pris part, et pourtant forcés de battre en retraite, ils croyaient à la trahison et ne demandaient qu'à punir les traîtres. La garde impériale surtout était comme exaltée à la pensée de nouveaux combats. L'Empereur eut un instant la pensée de profiter de ce délire national. Le 4 avril au matin un ordre du jour apprit aux troupes qu'elles allaient de nouveau entrer en campagne : « Soldats, l'ennemi nous a dérobé trois marches et s'est rendu maître de Paris. Il faut l'en chasser. D'indignes Français, des émigrés auxquels nous avions tout pardonné, ont arboré la cocarde blanche et se sont joints à nos ennemis. Les lâches ! ils recevront le prix de ce nouvel attentat. Jurons de vaincre ou de mourir. Jurons de faire respecter cette cocarde tricolore qui depuis vingt ans nous trouve sur le chemin de la gloire et de l'honneur. » Les soldats, tout frémissants d'enthousiasme, coururent aux armes. Les vivats retentissants et de furieux cris de vengeance se succédaient comme des coups de tonnerre. La vieille garde se mit tout de suite en marche à travers la forêt de Fontainebleau. Voici comment un témoin oculaire, Ségur, a parlé de cette marche tragique : « Les chênes séculaires, ces arbres gigantesques, au milieu desquels s'écoulaient ces vétérans voués à une mort presque certaine, le clair de lune qui grandissait tous les objets, ajoutaient à cette marche guerrière je ne sais quoi de majestueux et de solennel. Une taciturnité farouche et menaçante régnait dans ces colonnes. On n'entendait que le sourd roulement des canons, le bruit régulier des pas, et le cliquetis des sabres et des baïonnettes. On voyait les regards de ces guerriers, échappés à tant de batailles, se fixer par intervalles sur plusieurs batteries d'obusiers qui marchaient au milieu d'eux. Il était évident que, l'esprit frappé et le cœur plein du terrible serment qu'ils venaient de prêter, ils se disposaient, dans un recueillement héroïque, à périr ou à venger l'Empereur et l'Empire, et à terminer leur carrière devant les murs ou sous les décombres sanglants de leur capitale. »

Cette résolution de l'Empereur pouvait changer la face des choses. Les alliés avaient commis la faute d'abandonner la chaîne des hauteurs parisiennes pour descendre dans la capitale et éparpiller leurs soldats sur les quais et les promenades. Un effort prompt et furieux de nos troupes, secondées par le soulèvement de quelques quartiers, empêcherait la concentration de ces tronçons épars et jetterait dans chaque colonne ainsi séparée une épouvante assez forte pour paralyser toute résistance ; mais Napoléon avait trop attendu. De déplorables intrigues et une trahison manifeste allaient le réduire à l'impuissance.

Les souverains alliés avaient fait leur entrée à Paris dès le 31 mars. Les autorités municipales avaient obtenu du Tsar la promesse de respecter les institutions civiles et de conserver la garde nationale. Cette promesse fut tenue, et, dans cette ville immense offerte en proie à leurs convoitises, les vainqueurs observèrent la plus stricte discipline. Aussi bien ils étaient comme étonnés de leur triomphe.

Ils sentaient que Napoléon seul était vaincu, mais que la nation n'avait pas dit son dernier mot. Ils s'adressèrent donc à la France comme à une puissance qu'il fallait ménager, et la laissèrent libre de choisir son gouvernement, pourvu toutefois qu'elle changeât de gouvernement. C'était laisser le champ libre à toutes les intrigues, et les intrigants ne manquèrent pas. Les uns étaient de bonne foi : ils voulaient sincèrement et pour échapper à la conquête un souverain autre que Napoléon. Les autres se prononçaient contre l'Empereur parce qu'ils s'étaient compromis par leurs sourdes menées, et n'ignoraient pas que Napoléon, s'il se maintenait au pouvoir, serait impitoyable dans la répression. Ceux-ci enfin étaient royalistes de conviction, et désiraient que Paris suivît l'exemple de Bordeaux. On les voyait parcourir les boulevards portant la cocarde blanche et poussant les cris de Louis XVIII ! Les fonctionnaires tenaient surtout à conserver leur position et ne se prononçaient pas. Quant au peuple, il était sombre, humilié, mais prêt à obéir, car il n'osait soutenir Napoléon vaincu et ne connaissait plus les Bourbons. Mais les cris et les manifestations de quelques centaines d'exaltés, les intrigues ou l'indifférence des fonctionnaires, l'apathie du peuple, tout cela ne constituait pas un mouvement d'opinion prononcé en faveur des Bourbons. Les alliés étaient fort embarrassés. Alexandre n'éprouvait pour le candidat au trône qu'une médiocre sympathie. L'empereur d'Autriche ne pouvait ouvertement contribuer à la déchéance de son gendre et de son petit-fils. Le roi de Prusse était, comme toujours, fort irrésolu. « La nation n'a qu'à manifester son vœu, disaient les souverains, nous le soutiendrons. »

Ce fut Talleyrand qui prit l'initiative et la direction du mouvement antibonapartiste. Il conseilla au Tsar de publier une déclaration par laquelle les alliés annonçaient qu'ils ne traiteraient plus avec Napoléon, et invitaient le Sénat à nommer un gouvernement provisoire pour préparer une constitution et pourvoir à l'administration de l'État (31 mars). Dès le lendemain, 1er avril, soixante-deux sénateurs se réunissaient, et formaient un gouvernement provisoire de cinq membres, Talleyrand, Jaucourt, Dalberg, Montesquiou et Bournonville. Aussitôt était publié l'acte de déchéance de Napoléon : « Considérant que Napoléon Bonaparte a déchiré le pacte qui l'unissait au peuple français en levant des impôts autrement qu'en vertu de la loi, en ajournant sans nécessité le Corps législatif, en rendant illégalement plusieurs décrets portant peine de mort, en anéantissant la responsabilité des ministres, l'indépendance judiciaire, la liberté de la presse;... considérant que Napoléon a mis le comble aux malheurs de la patrie par l'abus qu'il a fait de tous les moyens qu'on lui a confiés en hommes et en argent pour la guerre, et en refusant de traiter à des conditions que l'intérêt national exigeait d'accepter; considérant que le vœu manifeste de tous les Français appelle un ordre de choses dont le premier résultat soit le rétablissement de la paix générale, et qui soit aussi l'époque d'une réconciliation solennelle entre tous les États de la grande famille européenne; le Sénat décrète : Napoléon Bonaparte est déchu du trône; le droit d'hérédité est aboli dans sa famille; le peuple français et l'armée sont déliés envers lui du serment de fidélité. »

Certes la plupart de ces considérants étaient motivés, mais les sénateurs qui rédigeaient et qui signaient l'acte de déchéance n'étaient-ils pas précisément les citoyens dont les complaisances inavouables avaient permis à l'Empereur d'exercer une véritable tyrannie? Ils auraient dû avoir la pudeur, eux les principaux instruments de l'absolutisme napoléonien, de ne pas se retourner ainsi contre l'homme qu'ils avaient contribué à perdre. Cette déclaration très inattendue produisit une grande impression, et, dans le premier étonnement de la surprise, tous les corps constitués, députés, conseillers municipaux, magistrats, université, clergé, envoyèrent leur adhésion. Talleyrand profita avec habileté de ce semblant de manifestation nationale pour engager de plus en plus ses collègues contre le régime déchu. Ce fut par ses ordres, ou du moins avec son assentiment, qu'on brisa les emblèmes impériaux, qu'on descendit la statue de l'Empereur du haut de la colonne Vendôme, et que tous les journaux s'emplirent d'imprécations contre le tyran. Une série d'habiles mesures, qui semblaient commandées par la nécessité et qu'inspirait seule une haine ingénieuse, acheva la désorganisation du gouvernement impérial. Les conscrits furent libérés, la levée en masse arrêtée, et les soldats invités à prêter serment de fidélité au gouvernement provisoire. De nouveaux fonctionnaires, des ministres même furent nommés, et, le 6 avril, le Sénat, après avoir rédigé et discuté pour la forme une nouvelle constitution, proclama roi des Français, dès qu'il aurait prêté serment à la constitution, le comte de Provence, Louis-Stanislas-Xavier de Bourbon.

L'Empereur ne s'attendait pas à un abandon si subit. Il fut comme exaspéré par la trahison de ces sénateurs, toujours disposés, comme il le constatait avec amertume, à faire plus qu'on ne désirait d'eux. Son premier mouvement fut de se retirer sur la Loire, où il appellerait à lui les soldats d'Augereau, de Soult, de Suchet, du prince Eugène, et à leur tête reviendrait sur Paris pour livrer une bataille suprême. Les généraux refusèrent de le suivre. Le plus grand nombre d'entre eux n'aspiraient qu'au repos. D'autres songeaient à passer aux Bourbons. Découragé par leur attitude, menacé même par quelques-uns d'entre eux, Napoléon signa une première abdication en faveur de son fils, le roi de Rome, et envoya Caulaincourt, Macdonald et Ney aux souverains alliés pour négocier sur cette base. L'empereur d'Autriche aurait volontiers accepté cette combinaison qui assurait à son petit-fils la couronne de France. Alexandre s'y prêtait également, car la question militaire n'était pas encore tranchée, et, tant que Napoléon restait à la tête de l'armée, la fortune des armes pouvait tout remettre en question. Quant au roi de Prusse, il acceptait tout, pourvu que l'Empereur fût détrôné. Au moment où se discutaient les conditions de l'arrangement proposé, on apprit tout à coup que les troupes de Marmont avaient quitté leurs cantonnements, et que l'Empereur restait à Fontainebleau isolé, presque sans défense, et à la merci de quelques bandes de Cosaques. Les conférences furent aussitôt rompues, et le Tsar, qui n'avait plus rien à redouter de Napoléon, rejeta sa proposition.

Marmont, en effet, le héros de la bataille de Paris, le brillant général que tant d'actions d'éclat avaient jeté en pleine lumière, venait, circonvenu par d'adroits politiques, de signer avec les alliés une convention militaire par laquelle tout son corps d'armée se retirait en Normandie avec armes et bagages. Peut-être était-il de bonne foi et croyait-il sincèrement contribuer à la paix générale, mais il était difficile d'agir avec plus de maladresse et une méconnaissance plus absolue de la situation. Ses soldats, qui gardaient l'Essonne et protégeaient par conséquent l'Empereur à Fontainebleau, croyaient marcher à l'ennemi quand ils quittèrent leurs lignes. Leur surprise fut grande quand ils virent les troupes alliées se replier de toutes parts à leur approche et leur céder le passage. Il était trop tard quand ils comprirent qu'ils avaient été joués et voulurent rejoindre leur position. Toute l'armée ennemie était désormais jetée entre eux et l'Empereur, et ce dernier n'avait plus auprès de lui que ses vétérans et une poignée d'hommes, plutôt une escorte qu'une armée. Il aurait voulu, tant il croyait à ce qu'il appelait son étoile, se jeter à leur tête dans Paris et engager dans les rues de la capitale une partie désespérée. Mais ce dernier coup avait brisé toutes les résolutions. Les grognards de la vieille garde étaient irrésolus, et, les uns après les autres, ses lieutenants l'abandonnaient et couraient à Paris pour y saluer le pouvoir naissant. L'Empereur se résigna et signa une seconde abdication (11 avril) : « Les puissances alliées ayant proclamé que l'Empereur Napoléon était le seul obstacle au rétablissement de la paix en Europe, l'Empereur Napoléon, fidèle à ses serments, déclare qu'il renonce pour lui et ses héritiers aux trônes de France et d'Italie, parce qu'il n'est aucun sacrifice personnel, même celui de la vie, qu'il ne soit prêt à faire à l'intérêt de la France. »

Touchés par tant de grandeur, les alliés consentirent à un traité par lequel ils cédaient à l'Empereur, en lui conservant son titre et ses honneurs, la souveraineté de l'île d'Elbe avec deux millions de rente. Marie-Louise et le roi de Rome recevaient le grand-duché de Parme. Aucun des frères de l'Empereur n'était maintenu. Seuls Murat et Bernadotte restaient en possession de leurs royaumes, mais Murat ne pouvait se dissimuler qu'on n'attendait qu'une occasion pour le dépouiller, et Bernadotte avait trop complètement rompu avec son passé pour qu'on le considérât encore comme un Français.

Le 20 avril, après des adieux touchants faits à sa garde dans une des cours de Fontainebleau, entouré seulement de quelques fidèles, Drouot, Cambronne, Bertrand, Napoléon partit pour son nouveau royaume, accompagné par les commissaires des puissances alliées. Il reçut partout sur sa route un accueil respectueux. Arrivé en Provence, il fut outragé, menacé même, et forcé de revêtir un uniforme étranger. S'il avait connu les enivrements de la victoire, rien ne manquait à l'amertume de la chute! S'il avait abusé de la fortune, il en était certes durement puni, et l'expiation était suffisante !

ABDICATION DE NAPOLÉON Ier.

CHAPITRE III

LES DERNIÈRES RÉSISTANCES. — TRAITÉ DU 30 MAI 1814

L'Empereur avait disparu. L'armée impériale était réduite à l'impuissance. Les alliés, maîtres de Paris, tenaient la France à leur discrétion. Ils n'avaient plus qu'à s'entendre sur le partage des dépouilles. Quelques places pourtant tenaient encore, et le drapeau tricolore, entre les mains de quelques vaillants, flottait sur quelques points comme un suprême espoir ou une consolation dernière. Ce sont ces résistances, honorables certes mais inutiles, que nous voudrions raconter. On les a trop oubliés dans le naufrage de la grandeur française, ces héroïques défenseurs de nos citadelles assiégées. Il n'est que juste de les remettre en lumière, depuis l'humble sergent qui défendit Monzon jusqu'au maréchal Davout et à Carnot qui se maintinrent à Hambourg et à Anvers.

Lorsque nos soldats quittèrent l'Espagne, appelés trop tard au secours de leurs camarades dans les plaines de Champagne, les maréchaux Soult et Suchet avaient laissé garnison dans quelques places fortes, à Lerida, à Tarragone, à Saint-Sébastien et, en général, dans les citadelles de la région des Pyrénées : non pas qu'ils aient conservé l'espoir de jamais revenir dans la péninsule, mais c'était par amour-propre militaire et aussi pour donner à nos partisans et à nos soldats disséminés dans tout le pays quelques abris sûrs. Les Espagnols se contentèrent de bloquer la plupart de ces places. N'étaient-ils pas certains de les reprendre à la paix prochaine! Quelques impatients néanmoins voulurent se hâter de faire disparaître du sol national le drapeau dont ils considéraient la présence en Espagne comme un outrage, et se ruèrent sur les rares citadelles où il flottait encore. Ce fut ainsi que Mina, à la tête de 3 000 Espagnols, essaya d'enlever le fort de Monzon, dans le bassin de la Segura. Un garde du génie, Saint-Jacques, organisa la défense. Il n'avait sous ses ordres que 97 hommes de garnison, et ne possédait en fait d'outils que deux pelles, deux marteaux, deux scies, trois haches et trois pioches. Pas d'enclume, pas de charbon, pas même de chandelle! Ni ouvriers, ni mineurs! Saint-Jacques ne se laissa pas décourager. Il improvisa tout et réussit. Pour avoir du suif, on tua des bœufs, et avec leur graisse un gendarme réussit à couler des chandelles. Une bombe servit d'enclume, une peau de bouc de soufflet. On fit du charbon avec du bois. Comme outils, on se servit de ceux qu'on enlevait à l'ennemi, et, quand on put creuser les galeries pour aller à leur rencontre, on attendit qu'ils fussent à proximité, et on les ensevelit sous les ruines de leurs travaux. Dans la nuit du 15 décembre, ayant débouché dans une galerie commencée, et n'étant pas en force pour l'occuper, Saint-Jacques y lança une bombe, boucha le trou de communication et laissa l'asphyxie opérer son œuvre. Pendant ce temps, les femmes enfermées dans la citadelle déblayaient la terre des contre-mines, ou défaisaient les cartouches d'infanterie pour avoir de la poudre. Comme les munitions devenaient rares, elles se servaient de frondes pour lancer au loin des pierres ou des grenades, et, afin de repousser l'assaut, elles apportaient sur les murailles des blocs de rochers ou des pièces de bois. On ne vint à bout de cette poignée de héros que par la trahison. Les Espagnols avaient pris le cachet du maréchal Suchet. Ils s'en servirent pour fabriquer de faux ordres, qu'ils transmirent aux défenseurs du fort. Encore Saint-Jacques ne posa-t-il les armes qu'après s'être assuré que toute la contrée était au pouvoir des Espagnols. Pourquoi n'avons-nous pas eu à Soissons, ou même à Paris, un autre Saint-Jacques pour organiser et diriger la défense? Que de désastres, que de malheurs, que d'humiliations auraient été ainsi évités! Telle est pourtant l'injustice des jugements humains, qu'on a presque oublié ce fait d'armes héroïque.

La résistance de Davout à Hambourg a laissé plus de traces dans les souvenirs populaires. Il est vrai que Davout avait sous ses ordres une armée véritable, et qu'il disposait de ressources autrement importantes. Ce maréchal, depuis la campagne de Russie, était dans une sorte de demi-disgrâce. Napoléon n'avait pu se dispenser de lui donner un commandement, car il passait pour le meilleur de ses lieutenants, mais, au lieu de l'appeler à partager les périls et la gloire de la Grande Armée, il l'avait chargé d'une manœuvre secondaire. Davout devait en effet, prenant comme base d'opérations Hambourg et le Mecklembourg, inquiéter le flanc droit des ennemis et menacer Berlin. On lui avait confié le 13e corps d'armée, environ 40 000 hommes, dont 30 000 Français; mais c'étaient de jeunes soldats, dont la plupart ne connaissaient même pas le maniement des armes. Le colonel de Gonneville a raconté, dans ses curieux mémoires, que les neuf dixièmes des cuirassiers qu'il commandait n'avaient ni touché un cheval ni porté une cuirasse. Il fallut, quand ils arrivèrent au corps, que les officiers leur apprissent pendant la nuit à seller et à harnacher leurs montures. Dès le lendemain on les conduisait à l'ennemi. Un poste sur leur passage leur présenta les armes : aussitôt les chevaux s'emportèrent. « Presque tous les cavaliers furent renversés, et les chevaux, libres de leurs mouvements, et excités par les étriers qui leur battaient les flancs et par la carabine restée attachée au porte-crosse, parcouraient en tous sens les allées du faubourg Saint-Georges. » Davout ne se découragea point. Deux mois plus tard, ces soldats improvisés étonnaient par la précision et la sûreté de leurs manœuvres, et le comte de Lowendahl, chargé de les inspecter, avouait « que les Français seuls étaient capables de faire en si peu de temps de semblables progrès ».

Ces progrès étaient, en grande partie, l'œuvre de Davout. Dur pour les autres comme il l'était pour lui-même, inflexible même, mais dans l'intérêt de tous, le maréchal avait rapidement organisé ses jeunes recrues. Il leur avait inspiré le sentiment du devoir, le respect de la discipline, l'amour du drapeau, et, plein de confiance, les avait menés à l'ennemi. Une première fois la défaite d'Oudinot à Grossbeeren l'avait arrêté dans sa marche contre Berlin, et forcé de se retirer à Ratzbourg. La défaite de Leipzig l'obligea à reculer encore, mais au moins résista-t-il deux longs mois dans son camp retranché de la Stecknitz. Il voulait en effet se donner le temps d'achever les fortifications de Hambourg et d'assurer les approvisionnements et les subsistances de cette grande place de guerre, car il tenait à honneur de conserver intact le dépôt dont il avait la garde, et, comme il se savait isolé et à peu près abandonné, il prenait ses précautions pour ne pas être obligé de capituler.

A la fin de 1813, lorsque Bernadotte dirigea contre lui une armée d'environ 90 000 hommes, et que ses communications avec la France furent décidément interceptées, Davout se résigna à s'enfermer à Hambourg, mais bien décidé à s'y défendre à outrance. Il n'avait plus sous ses ordres que 30 000 soldats environ. Les Allemands et les Danois qui faisaient partie du 13e corps d'armée s'étaient en effet retirés. Quelques Lithuaniens étaient seuls restés fidèles; mais tous ses soldats étaient aguerris, et, grâce à la prévoyance de leur chef, ils n'avaient rien à craindre de la famine. Il y avait en effet à Hambourg pour dix-huit mois de blé et de farine, pour deux ans de viande salée, et une énorme quantité de vin, de rhum et d'eau-de-vie. Les 4 000 chevaux de l'artillerie et de la cavalerie ne manquaient pas d'avoine. Le fourrage seul faisait défaut. Le foin était avarié et on dut le jeter dans l'Elbe. Il est vrai que le comptable chargé de l'achat fut traduit en conseil de guerre et fusillé. Les hôpitaux étaient bien organisés et regorgeaient de médicaments. Les fortifications étaient en bon état. Les Français, en un mot, se trouvaient en mesure de résister. Quant aux Hambourgeois, qui n'avaient accepté notre domination qu'à contre-cœur, ils appelaient les alliés de tous leurs vœux et ne cachaient pas leur mauvaise volonté, mais Davout se souciait peu de leur amitié, et sa réputation de sévérité était si bien établie qu'il n'eut pas à réprimer de leur part même la plus légère velléité de révolte.

Les assiégeants avaient espéré emporter la place d'un premier élan, mais ils furent si rudement accueillis, qu'ils reconnurent bientôt la nécessité de recourir aux lenteurs d'un siège ou plutôt d'un blocus régulier. Ils investirent donc la place et en surveillèrent les approches avec tant de rigueur que, pendant plusieurs mois, aucune nouvelle de France ne parvint au quartier général. De temps à autre ils risquaient une attaque, mais elle était toujours repoussée, car nos soldats étaient sur leurs gardes, et le maréchal les ménageait

VUE DE HAMBOURG.

avec tant d'à propos que, dans tous ces engagements autour de la place, nos hommes eurent constamment la supériorité du nombre et des munitions. Pourtant, lorsque l'hiver arriva, et que la glace eut transformé en autant de passages et de routes non seulement l'Elbe, qui traversait la ville, mais encore les canaux et les fossés des remparts, notre situation s'aggrava : en effet, nous étions plus exposés aux attaques imprévues de l'ennemi. Les bivouacs devinrent pénibles et dangereux, car il était interdit d'allumer du feu, pour ne pas servir de cible à l'ennemi, et il fallait constamment ou déblayer la neige ou casser la glace. D'incessantes alertes fatiguaient nos troupes, d'ailleurs affaiblies par la rigueur de la température. Elles furent décimées par la maladie. « C'était un triste spectacle, a raconté le colonel Gonneville, de voir le fourgon faisant sa tournée pour enlever les morts et les porter à la fosse commune toujours ouverte, et où les corps, jetés nus, restaient exposés aux regards. Cette fosse, creusée dans les fossés de la ville, se trouvait loin de tout passage, mais la curiosité y conduisait les soldats, et ces lugubres promenades contribuèrent à amener la nostalgie, qui vint se joindre au typhus pour nous décimer. »

En ces pénibles circonstances, Davout redoubla de zèle. Il supprima tous les postes d'honneur et tous les services qui n'intéressaient pas la sûreté de la ville. Toujours le premier au feu, il ne se contentait pas de diriger les opérations. Il présidait lui-même aux rondes de nuit, visitait les hôpitaux et les postes, et prenait les soins les plus minutieux pour l'habillement et la nourriture du soldat. Sa conduite peut être proposée comme modèle à tous les chefs d'une place assiégée. Aussi bien ses soldats lui rendaient justice, et s'efforçaient de lui donner en dévouement et en bravoure ce qu'ils recevaient de lui en soins prévoyants et en habile direction.

Le 13 février 1814, les Russes dirigèrent une attaque furieuse sur l'île de Wilhemsburg. 25 000 d'entre eux, profitant des glaces de l'Elbe, essayèrent de s'emparer de cette île, afin de couper les communications entre Hambourg et Harbourg. La petite garnison de Wilhemsburg fut au premier moment culbutée, et les Russes se croyaient maîtres de la position. Davout accourt à la tête de 75 hommes du 15ᵉ régiment d'infanterie légère, rallie les fuyards, tient tête aux assaillants et donne aux renforts le temps d'arriver.

Aussitôt il reprend l'offensive et chasse au loin les assaillants. Ce fut la dernière bataille qui se livra sous les murs de la place. Les Russes, qui avaient déjà perdu près de 8 000 hommes dans ces diverses rencontres, ne sortirent plus de leurs cantonnements, et laissèrent au temps le soin d'accomplir son œuvre. Ils espéraient que la famine, les maladies, le découragement finiraient par leur ouvrir les portes de Hambourg ; or, au printemps, quand arriva le dégel, non seulement les fortifications n'étaient pas entamées, mais encore nos soldats, reposés de leurs fatigues, étaient sur le point d'entrer en campagne, soit pour disperser les assiégeants et donner la main aux garnisons qui tenaient encore sur l'Elbe et sur l'Oder, soit pour s'ouvrir un passage vers la France par la Hollande et la Belgique.

Il est vrai que Davout, pour se maintenir, avait déployé une rigueur nécessaire. Il avait brûlé dans le rayon de défense de la place bon nombre de maisons, dont quelques-unes somptueuses, et en avait chassé les habitants, qui d'ailleurs trouvèrent des secours tout près, en Danemark, à Altona. Usant des droits que lui conférait l'état de siège, il avait, pour assurer la solde de ses troupes et les services publics, emprunté treize millions à la banque de Hambourg. On l'accusa plus tard d'avoir pillé cet établissement, et d'avoir profité du désordre pour s'enrichir, mais il n'eut qu'à produire les comptes de l'administration militaire pour démontrer que pas un centime n'avait été détourné de sa destination, et ces calomnies rehaussèrent d'autant sa réputation d'honnêteté. Lorsqu'il quitta Hambourg, il laissait en caisse 1 718 250 fr. 93. Aussi eut-il le droit d'écrire, quand il crut devoir se justifier des actes arbitraires qu'on lui imputait : « J'ai pu, dans les grands commandements dont j'ai été chargé, favoriser des intérêts particuliers, mais jamais, de mon propre mouvement, je n'ai rendu le nom français odieux, et, dans toutes les circonstances difficiles où je me suis trouvé, j'ai toujours eu pour guide l'amour de la patrie et l'intérêt de l'armée. » En effet, calme et impassible devant les plaintes et les accusations, comme il l'était au milieu des boulets ennemis, il se contenta de faire son devoir et attendit stoïquement les ordres du seul chef qu'il reconnût, l'empereur Napoléon.

Benningsen, qui avait pris le commandement de l'armée assiégeante, se décida à lui apprendre les désastres de la campagne de France, ainsi que la chute et l'abdication de l'Empereur, et le somma de rendre Hambourg aux alliés. Davout lui répondit par l'article du décret relatif aux places assiégées, et ajouta que son souverain pouvait avoir subi des revers, mais que les revers ne dégageaient pas un homme d'honneur de sa parole. Officiellement averti de l'entrée aux Tuileries de Louis XVIII et de l'abdication de Napoléon, il ne refusa pas d'entamer de nouvelles négociations par l'intermédiaire des Danois, et consentit à envoyer en France un de ses lieutenants, le général Delcambre, pour chercher des nouvelles authentiques. Benningsen ayant alors demandé d'occuper par compensation un des ouvrages avancés de la place, Davout rompit les négociations. Il ne crut pas cependant pouvoir prendre sur lui d'arborer plus longtemps le drapeau tricolore, et fit prendre à ses troupes la cocarde blanche, mais en déclarant qu'il continuerait à occuper la place au nom du roi Louis XVIII.

Ce fut alors qu'une escadre anglaise se joignit à l'armée russe pour essayer une fois encore de surprendre la place. Benningsen avait fait prendre à ses soldats la cocarde blanche, espérant que Davout n'oserait pas ouvrir le feu. Le maréchal repoussa cette double attaque, ce qui fit dire plus tard qu'il avait tiré sur le drapeau blanc : imputation calomnieuse, puisqu'il n'avait tiré que sur des ennemis qui se servaient, pour masquer leurs desseins, des nouveaux insignes de la France.

Le gouvernement français triompha seul de cette résistance si honorable. Louis XVIII envoya le général Gérard prendre le commandement de l'armée de Hambourg et rendre la place aux alliés (12 mai 1814), et les soldats qui avaient si noblement fait leur devoir reçurent tous les honneurs de la guerre. Ils emportèrent avec eux leurs armes, leurs bagages, leurs archives, et se retirèrent enseignes déployées, par journées d'étapes, toujours logés chez l'habitant, et escortés par les régiments ennemis. Davout avait fait plus que son devoir. Il avait sauvé une armée, un immense matériel et l'honneur du drapeau. Il méritait une récompense : il ne récolta que d'injustes défiances et d'indignes calomnies. On aurait dû le recevoir à Paris et le traiter comme un héros : on lui intima l'ordre de ne pas approcher de la capitale. On n'osa pas l'exiler, mais il fut prié de se retirer jusqu'à nouvel ordre dans sa propriété de Savigny-sur-Orge. Telle est la justice des hommes ! Il avait fait son devoir, plus que son devoir : on le punissait de ne pas avoir compris qu'en temps de révolution ceux-là seuls arrivent aux honneurs qui savent opérer à temps ou faire acheter leur défection.

Carnot, de même que Davout, devait être bien mal récompensé de sa fidélité et de sa vaillance. On sait que Carnot, qui pendant tout l'Empire avait été laissé et s'était volontairement mis à l'écart, n'avait pas hésité, au moment du danger, à offrir ses services à Napoléon. L'Empereur répondit à cette proposition patriotique en confiant au grand citoyen un poste d'honneur. Il lui donna le commandement d'Anvers et le chargea de défendre cette place à la fois contre les convoitises anglaises et contre les attaques des alliés. Carnot courut aussitôt à Anvers, et y organisa la résistance, comme jadis il avait organisé la victoire. Il commença par rétablir l'ordre, s'efforça d'inspirer à la garnison un esprit de dévouement absolu, et, de concert avec l'amiral Missiessy, se prépara au bombardement. Une flotte magnifique était alors ancrée dans l'Escaut : c'étaient les splendides trois-ponts pour la construction et l'armement desquels Napoléon n'avait reculé devant aucun sacrifice, car il espérait bien s'en servir quelque jour contre les Anglais, et il n'avait rien épargné pour qu'ils fussent en état de soutenir la lutte. Carnot les fit démâter et couvrir de terre et de fumier, espérant qu'ils échapperaient ainsi à l'incendie. Il ordonna en même temps de blinder les magasins et les ouvrages menacés, et, dans le calme de la force, attendit les ennemis. Ils ne tardèrent pas, car ils avaient hâte de mettre la main sur une aussi riche proie. Combien furent-ils déçus dans leur avidité ! Non seulement Carnot repoussa dédaigneusement toutes les sommations, mais encore il se défendit avec une énergie dont était seul capable l'ancien conventionnel. Les assiégeants recoururent à l'atroce procédé du bombardement, et couvrirent de feux la ville et le fleuve. Carnot se contenta d'éteindre les incendies allumés par les projectiles, et attendit que les munitions fussent épuisées. Les assiégeants en effet furent bientôt obligés de convertir le siège en blocus. Pas un vaisseau n'avait été détruit, pas une brèche n'avait été ouverte, et les Anversois, enthousiasmés par la froide intrépidité de leur défenseur, s'associaient aux travaux de la garnison.

ANVERS : LA CATHÉDRALE.

Au même moment et tout près d'Anvers, le général Bizarret à Berg-op-Zoom et le colonel Schouller à Maubeuge remportaient de brillants succès sur les alliés. Bizarret n'avait qu'une garnison de 2 700 hommes pour défendre une place dont les ouvrages comportaient une armée de 12 000 hommes. En outre, les habitants étaient de connivence avec l'ennemi, et, lorsque le général Graham

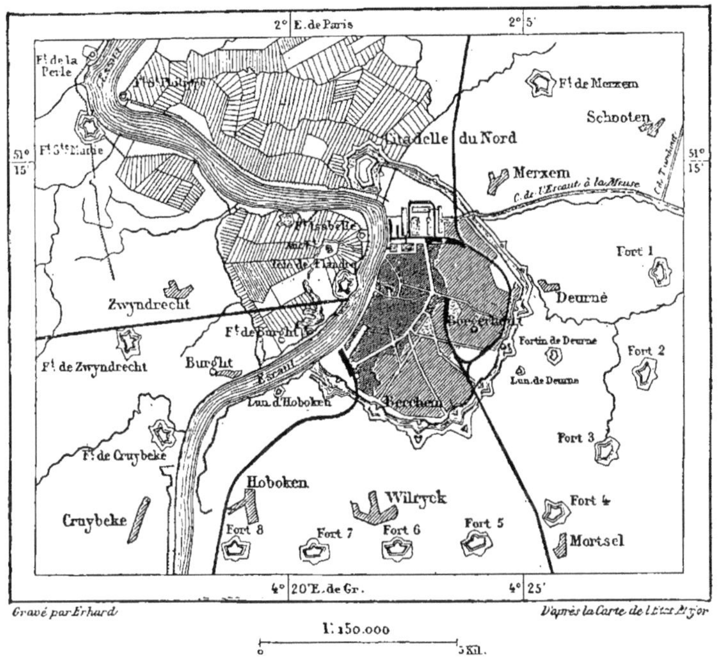

ANVERS : LES NOUVEAUX FORTS.

se présenta devant la ville, ils lui en ouvrirent les portes. Bizarret laissa les assaillants s'engager dans les rues, puis fondit sur eux avec sa petite colonne, leur tua 1 500 hommes, leur en prit 2 500 et les rejeta en désordre hors de la ville. Quant au colonel Schouller, qui n'avait à sa disposition que des douaniers et des gardes nationaux, il repoussa une tentative semblable faite contre Maubeuge par le grand-duc de Saxe-Weimar.

Ce triple échec des alliés permit au général Maison, chargé par Napoléon de la défense de nos départements du Nord, d'entrer en campagne avec 6 à 7000 hommes qui lui restaient. Depuis quelque temps déjà il se maintenait contre les forces bien supérieures de Saxe-Weimar, et, courant d'une place à l'autre, inquiétait l'ennemi par ses démonstrations multipliées, et l'empêchait d'avancer. Carnot lui ayant fait savoir que la garnison d'Anvers était trop considérable et qu'il mettrait volontiers sous ses ordres toute la division de Roguet, environ 4000 fantassins et quelques centaines de chevaux, Maison sortit de Lille, culbuta à Courtrai un détachement ennemi, feignit de le poursuivre dans la direction de Bruxelles, puis se rabattit sur Gand, où il avait donné rendez-vous à Roguet. Carnot avait fait sortir à temps ce dernier. La jonction s'opéra, et Maison eut, du jour au lendemain, ses forces doublées. C'était un vrai succès, mais tous les détachements ennemis qui couvraient les Pays-Bas s'unirent contre lui. Il allait être accablé par la concentration de ces troupes. Maison comprit le danger. Il se retourna contre Thielman qui le serrait de trop près, le battit à Courtrai, et rentra à Lille, déterminé à résister tant qu'il lui resterait un soldat.

Bernadotte avait le commandement général des troupes alliées éparses dans le Nord. Non seulement il lui répugnait de compromettre sa réputation militaire dans une guerre de sièges, qui lui réservait plus d'une déception, mais encore, comme il n'avait pas perdu tout espoir de jouer en France un rôle prépondérant, et au besoin de remplacer Napoléon, il voulait ménager ses anciens compagnons d'armes. Il entra donc en négociations avec Maison. Ce dernier, bien qu'il n'eût jamais été l'objet de faveurs impériales, avait honorablement rempli la mission dont il avait été chargé. Mis au courant des événements politiques, il proposa à son armée d'y adhérer. Tous ses lieutenants acceptèrent. Les soldats au contraire ne cachèrent pas leur fureur, et, s'ils n'entrèrent pas en révolte ouverte, au moins ils manifestèrent leur irritation en désertant en masse. En quelques heures 2000 d'entre eux avaient abandonné leur drapeau. Maison, qui comprenait la nécessité d'avoir une armée nationale, s'efforça d'enrayer le mal. Bien secondé par ses lieutenants, il réussit en effet à retenir la plupart de ses hommes et à garder pour la France les importantes citadelles qui assuraient sa sécurité dans la région du Nord.

Bernadotte s'était également adressé à Carnot. Il espérait que ce

GAND.

dernier lui remettrait Anvers; mais Carnot, aussi inflexible dans son entêtement patriotique que l'avait été Davout à Hambourg, se contenta de faire prendre la cocarde blanche à ses soldats, et continua de tenir fermées les portes de la ville confiée à son honneur jusqu'à la réception des ordres de Louis XVIII. Il ne pouvait en effet s'habituer à la pensée de renoncer à une ville qui avait été l'objet des attentions et des dépenses de la France depuis de longues années, et espérait bien que les alliés consentiraient à nous laisser une place que nous avions faite nôtre et par les dépenses que nous y avions accumulées, et par le sang versé pour la défendre. Son espoir allait être singulièrement déçu.

Aux portes de Paris, à Vincennes, un vétéran de nos guerres républicaines et impériales, le brave Daumesnil, s'illustra par son intrépidité et son sang-froid. Un article de la capitulation de Paris avait ordonné que tout le matériel se trouvant sur les hauteurs qui environnent la capitale serait remis le lendemain aux alliés. Daumesnil profita de la nuit, sortit avec 250 chevaux, ramena canons, caissons et fusils, et, au lever du jour, les introduisit dans la citadelle. Irrités de cette audace, les alliés lui envoient un parlementaire et le somment de restituer à l'instant ce qu'il a pris, le menaçant, s'il refuse, de le faire sauter. Pour toute réponse, Daumesnil montre au parlementaire un magasin rempli de poudre, et ajoute : « En ce cas, je commencerai le premier à vous faire sauter, et nous sauterons ensemble ». Ce ne fut qu'à Louis XVIII qu'il consentit à ouvrir les portes de la citadelle. Il avait ainsi sauvé un immense matériel.

En dehors de la France, il y avait encore toute une armée en Italie, armée dont la présence en Champagne aurait été bien utile lors de la campagne de 1814. Napoléon avait bien songé à la rappeler; mais, après les victoires de Montmirail, de Château-Thierry et de Montereau, il s'était imaginé pouvoir suffire à lui seul à chasser les alliés au delà de nos frontières. Le prince Eugène était donc resté en Italie, et, fort honorablement, avait tenu tête aux forces supérieures du maréchal autrichien Bellegarde. Lorsque la défection de Murat découvrit son flanc, il dirigea contre lui, sans se déconcerter, un de ses lieutenants, le brave Maucune, et réussit en effet à se maintenir à la fois contre les Autrichiens et contre les

Napolitains. Après la prise de Paris et l'abdication de l'Empereur, le prince Eugène ne pouvait plus songer à continuer la lutte. Il se résigna donc et signa l'armistice du 16 avril 1814, par lequel toutes les troupes françaises revenaient en France avec les honneurs de la guerre, emportant avec elles leur matériel et leurs archives. Quant aux troupes italiennes, elles attendraient dans la péninsule la décision des alliés. Le prince, avant de se séparer de ses soldats, qui l'aimaient, leur adressa de touchants adieux. Ce fut le général Grenier qui se chargea de ramener l'armée en France, recueillant sur sa route les garnisons des places fortes. L'évacuation de l'Italie, après tant de victoires, était une humiliation que nous n'avions pas méritée; mais la résistance était impossible. Là encore il ne restait plus qu'à nous résigner.

Une seule ville italienne nous témoigna des sentiments haineux, et c'était une des villes pour lesquelles Napoléon avait fait le plus de dépenses et de sacrifices. Gênes, qui se flattait de l'espoir de recouvrer son indépendance, s'était révoltée contre le général Frézia et la garnison française qui défendait la place contre les Anglais. Frézia prolongea la résistance jusqu'au 18 avril, jour où il conclut avec l'amiral Bentinck une capitulation des plus honorables. Nos soldats avaient les honneurs de la guerre, et revenaient en France, le long de la Corniche, avec armes et bagages.

L'Allemagne, la Hollande, la Belgique, l'Italie et l'Espagne étaient donc libres. Nous avions renoncé à toutes ces éphémères conquêtes qui nous avaient coûté si cher et ne nous avaient rapporté que des ressentiments et des haines. Paris et près du tiers de la France étaient occupés par les alliés. Notre ancienne armée avait été soigneusement dispersée : Marmont et le 5e corps à Rouen, Oudinot et le 7e corps, des troupes revenant d'Espagne, à Evreux, Macdonald et le 11e à Chartres, Gérard et le 2e à Nevers. Maison restait en Flandre, Augereau en Dauphiné, Suchet, avec les débris des armées d'Aragon et de Castille, dans le Midi. La garde impériale, dont on se défiait, avait été disséminée, la vieille garde à Fontainebleau, la jeune garde à Orléans, l'artillerie à Vendôme, la cavalerie à Bourges, à Saumur et à Angers. Les troupes de Davout et de Grenier revenaient de Hambourg et d'Italie. Nos prisonniers des campagnes de Russie et de Saxe n'étaient pas encore tous rentrés de captivité. A vrai dire, nous étions à la merci de nos ennemis; aussi plus d'un parmi eux regrettait-il déjà ses déclarations du début de la campagne, et aurait-il préféré confondre dans les mêmes revendications, afin de les mieux réduire à l'impuissance, et la France et l'Empereur.

Bien que vaincus, bien que désorganisés, nous étions pourtant redoutables encore; et si nos diplomates, mal inspirés, n'avaient pas agi avec une respectable précipitation, la paix, qui d'ailleurs s'imposait, aurait été moins humiliante; mais la France était lasse de tant de guerres. Elle avait besoin de calme, de repos. Les populations commençaient à souffrir de la présence des alliés. Des excès avaient été commis: pillages, incendies, viols, spoliations publiques et privées. Les souverains et les généraux avaient beau recommander la discipline, leurs ordres étaient souvent méconnus. Nous avions hâte de recouvrer notre indépendance momentanément asservie; aussi était-on disposé à tous les sacrifices pour l'obtenir. Certes jamais impatience ne fut plus fâcheuse, car nous avions en mains de sérieux éléments de compensation. Hambourg, Anvers, Berg-op-Zoom, Flessingue, le Texel, Mayence, Magdebourg, Luxembourg, Mons, Lerida, Tarragone, Figuiera, Girone, en tout cinquante-trois places fortes en territoire étranger, nous appartenaient encore, et ces places renfermaient un énorme matériel. Nous ne pouvions évidemment songer à garder toutes ces places, témoignage d'une politique tristement aventureuse, mais au moins ne fallait-il s'en dessaisir qu'en obtenant des améliorations à notre frontière de 1790. En négociant avec fermeté, en supportant quelques semaines l'occupation étrangère, on serait sans doute arrivé à un heureux résultat; car, si nous avions hâte de nous débarrasser des alliés, ceux-ci, de leur côté, ne demandaient qu'à rentrer en possession des postes que nous occupions encore, et surtout qu'à retourner chez eux pour y jouir à leur tour d'un repos bien mérité.

Talleyrand avait été chargé de conduire les négociations. On a trop vanté ce diplomate. Il eut de la finesse, mais il manqua de pénétration. L'intérêt du moment l'aveugla toujours sur les préoccupations de l'avenir. D'ailleurs il sacrifia trop aisément à ses convenances personnelles l'utilité générale. Comme il se rendait compte des aspirations nationales vers la paix, il crut se rendre populaire en signant à tout prix cette paix impatiemment attendue. Il ne comprit pas ou ne voulut pas comprendre que les alliés la désiraient autant que les Français, et que, par conséquent, il pouvait profiter de ces dispositions réciproques pour obtenir de meilleures conditions. Il se contenta de la vague promesse d'une rectification de frontières qui nous vaudrait un million d'âmes, au delà des frontières de 1790, et, d'un trait de plume, abandonna aux alliés, avec tout le matériel qu'elles contenaient, toutes les places situées en dehors de cette frontière et que nous possédions encore; c'est-à-dire que nous renoncions, de gaieté de cœur, à toutes nos garanties de compensation, et que nous achetions l'évacuation de notre territoire au prix de sacrifices réels, en retour desquels nous n'obtenions que des promesses sans précision.

Cette convention, dite du 23 avril, était désastreuse. Elle fut pourtant acceptée par tous, et sans objection, car on avait hâte de se plonger dans les délices d'une paix que l'on croyait durable; mais, à la réflexion, on s'aperçut bientôt qu'on avait tout donné et qu'on n'avait reçu aucune garantie de dédommagement. Les militaires, indignés, crièrent à la trahison. Les bourgeois, les paysans, les ouvriers, qui se sentaient sous la main de fer de l'étranger, n'osèrent pas exprimer trop haut leur ressentiment, mais le désappointement fut général, car on se doutait bien que les étrangers ne laisseraient à la France de sa grandeur que ce qu'ils ne pourraient pas lui enlever. Ces tristes prévisions allaient toutes se réaliser.

Les négociations pour la paix définitive s'ouvrirent à Paris. Talleyrand avait encore été chargé de les diriger, on lui avait adjoint comme auxiliaires Laforest et Osmond. De concert avec eux, et en vertu de la promesse faite, il prépara un avant-projet de délimitation de la frontière qui nous attribuait Neuport, Ypres, Courtrai, Tournai, Ath, Mons, Namur, Dinant, Givet, Arlon, Luxembourg, Kaiserslautern, Spire, Genève et la Savoie. Certes ce n'étaient pas là nos frontières naturelles, et, alors que nos ennemis avaient doublé leurs forces et augmenté si considérablement leur territoire, nous reculions bien au delà de nos limites de Campo-Formio et de Lunéville : mais enfin c'était une amélioration réelle et notre amour-propre national était sauvegardé. Quelle ne fut pas la juste indignation de nos plénipotentiaires lorsqu'ils se heurtèrent à l'étonnement simulé des plénipotentiaires ennemis, qui contestèrent l'augmentation promise! Talleyrand se chargea alors directement de la négociation et s'adressa en personne à Castlereagh, à Nesselrode et à Metternich, c'est-à-dire aux ambassadeurs de Grande-Bretagne, de Russie et d'Autriche. Les Anglais avaient formé le projet de réunir la Belgique à la Hollande et de fonder un royaume des Pays-Bas qui, dans leur pensée, servirait comme d'avant-garde contre la

M. DE TALLEYRAND.

France : ils ne pouvaient donc renoncer à des places telles que Tournai, Mons, Namur, Luxembourg. Aussi Castlereagh déclara-t-il nettement à Talleyrand qu'il ne contestait pas le principe, mais se refusait à l'application. La Prusse ne déguisait même pas son hostilité. Elle aurait voulu, dans son acharnement, continuer la guerre pour nous arracher de nouvelles provinces. Il était donc inutile de compter sur elle pour obtenir un adoucissement aux exigences des alliés. Talleyrand espérait un meilleur accueil de la

Russie et de l'Autriche; mais le tsar Alexandre avait à ce moment de sérieux griefs contre Louis XVIII : malgré la bonne volonté dont il n'avait cessé de nous donner des preuves, il était choqué de certaines prétentions et surtout de certaines maladresses du nouveau souverain. Sans doute il n'était pas opposé à nos légitimes revendications, mais il laissait faire. Quant à Metternich, très doux, très amical, il ne cherchait alors qu'à plaire à l'Angleterre, et, pour lui être agréable, était disposé à tous les sacrifices, surtout aux sacrifices qui n'intéressaient que la France. Il conseilla donc à Talleyrand de faire contre mauvaise fortune bon cœur et de se contenter d'accroissements du côté des Alpes. C'était un refus catégorique. La France se trouvait jouée et dupée par les alliés.

Il est surprenant que Talleyrand n'ait pas songé à en appeler au futur congrès de Vienne du manque de parole commis à l'égard de la France. Les souverains avaient en effet résolu de se réunir à Vienne pour y traiter toutes les questions en suspens et distribuer les territoires vacants. N'était-ce pas le cas de recourir à leur justice en invoquant la parole donnée? Un seul des membres du conseil royal, le général Dessolles, eut l'heureuse inspiration de songer à la ressource de cet appel au congrès. Ses collègues ne surent qu'échanger d'aigres récriminations et s'en prendre à la convention du 23 avril, mais ils éprouvaient une telle impatience de signer un accord définitif, qu'ils renoncèrent à la ligne belge, et se contentèrent de quelques cantons dans les anciens départements de Jemmapes et de Sambre-et-Meuse, de Saarbrück, d'une partie du département du Mont-Tonnerre qui reliait Landau au Bas-Rhin, de Montbéliard, d'Annecy, de Chambéry et d'Avignon. Il est certain que ces acquisitions étaient heureuses; elles bouchaient la trouée des Ardennes et rectifiaient notre position défensive sur le Rhin. Montbéliard fermait la trouée du Doubs. Annecy et Chambéry nous donnaient les Alpes pour frontière. Avignon, trop longtemps enclavée dans notre territoire, faisait retour à la patrie commune : mais qu'étaient ces annexions au regard des provinces superbes que nous abandonnions pour y installer nos rivaux et nos ennemis! Qu'étaient-elles au prix des torrents de sang que nous avions versés et des trésors que nous avions dépensés pour les acquérir! Qu'étaient-elles surtout en comparaison des territoires immenses où s'installaient nos vainqueurs!

Une dernière surprise, tout à fait inattendue, ou plutôt une dernière humiliation nous était réservée. L'Angleterre déclarait qu'elle consentait à restituer nos colonies, mais qu'elle entendait garder l'île de France et ses dépendances, Tabago et Sainte-Lucie. C'était une audacieuse dérogation au principe tant de fois mis en avant du

M. DE METTERNICH.

statu quo ante bellum. Castlereagh n'essaya même pas de le nier. Il reconnut que l'annexion n'était justifiée que par le désir qu'avait l'Angleterre de conserver une des clefs de la mer des Indes et d'augmenter ses possessions des Antilles; que nous avions à la possession de ces îles tous les droits possibles, mais que l'Angleterre ne se piquait pas de désintéressement et qu'elle entendait les garder. Il fallut en passer par ce honteux marchandage. Ce n'était pas assez d'avoir une frontière démantelée, nous devions encore renoncer à tout espoir de jouer de nouveau un rôle prépondérant dans ces mers indiennes et américaines, où notre pavillon avait été si fièrement déployé.

La Prusse, mise en goût par l'avidité anglaise, réclama à son tour une contribution de guerre énorme. Ne prétendait-elle pas être indemnisée de tous les frais des guerres soutenues par elle contre la France depuis Valmy! Cette fois la mesure était comble. Talleyrand opposa à ces prétentions un refus péremptoire, et Louis XVIII se déclara prêt à faire la guerre plutôt que d'accepter ces conditions onéreuses. Les alliés comprirent qu'il était imprudent de surexciter davantage le sentiment national. Ils firent entendre raison au roi de Prusse et écartèrent sa demande.

Une consolation nous fut au moins accordée. Napoléon avait accumulé à Paris dans nos divers musées des trésors artistiques. Les chefs-d'œuvre de la peinture et de la sculpture, des merveilles d'orfèvrerie, d'ameublement, de tapisserie formaient alors d'incomparables collections que les étrangers admiraient sans réserve. Un grand nombre de ces chefs-d'œuvre étaient le fruit de nos victoires. Il était donc à craindre que, profitant de nos défaites, les souverains alliés reprissent ce qui jadis leur avait appartenu, soit à eux, soit aux pays en possession desquels ils rentraient. Déjà bien des convoitises s'étaient allumées. Déjà bien des réclamations s'étaient produites; mais tel était le sentiment de respect qu'inspirait encore la grande vaincue, qu'on n'osa la dépouiller de cette couronne artistique, qui faisait sa gloire. Il fut donc convenu que, dans les articles du traité, il ne serait pas fait mention des richesses de nos musées. Elles nous furent conservées pour ainsi dire par prétérition, mais on eut grand soin de nous faire sentir que c'était une grâce qu'on nous accordait, et dont nous devions nous montrer reconnaissants.

Tel fut le traité de Paris, ou du 30 mai 1814. Il nous délivrait de l'occupation étrangère, et nous remettait en possession de nos frontières, légèrement améliorées, de 1790. C'était payer bien cher vingt-cinq ans de triomphes éclatants mais aussi de défaites inattendues. L'opinion publique en France fut douloureusement émue par ces sacrifices, dont on ne comprenait pas la nécessité. Les partis s'adressèrent, à cette occasion, d'injustes récriminations. L'Angleterre à cause de sa mercantile avidité, l'Autriche pour son peu de modération devinrent surtout l'objet des haines nationales. On en voulait moins à la Prusse parce qu'on excusait le sentiment de vengeance qui avait animé ses chefs. Quant à la Russie, comme il n'y avait entre elle et la France qu'une question d'amour-propre militaire, et que, de part et d'autre, l'honneur était sauf, on lui pardonnait presque son intervention; mais la grande masse de la nation, encore tout enfiévrée par les glorieux souvenirs de la période impériale, s'en prenait volontiers à son souverain du rôle effacé qu'il avait joué. Elle aurait réclamé plus d'énergie, plus de confiance. Ce grief ne fut pas un des moindres de ceux qui devaient, quelques mois plus tard, contribuer à la chute de Louis XVIII. On avait compris trop tard la faute commise en hâtant la signature de la paix, et on rendit responsable de ce fatal empressement le souverain qui pourtant avait cru se conformer aux désirs de la nation. N'est-ce pas ainsi que l'on commet en politique tant de fautes irréparables, et que l'histoire enregistre tant d'erreurs, dont les funestes conséquences pèsent ensuite sur bien des générations!

CHAPITRE IV

RETOUR DE L'ILE D'ELBE

Nous n'avons à raconter dans ce résumé des campagnes napoléoniennes ni l'histoire de la première Restauration, ni le règne éphémère du souverain relégué à l'île d'Elbe : il nous suffira de rappeler que le roi Louis XVIII, mal entouré, conseillé plus mal encore, accumula fautes sur fautes, et réussit à amasser contre lui en quelques mois une formidable coalition d'intérêts froissés, de rancunes irréconciliables et de mécontentements qui n'attendaient qu'une occasion pour faire explosion. Napoléon de son côté ne s'était pas habitué à sa royauté insulaire. Très au courant des moindres événements qui se passaient en Europe, informé que ses partisans en France et en Italie s'agitaient et que les souverains réunis à Vienne, inquiets de son voisinage, songeaient à le transporter hors d'Europe, il n'hésita plus et résolut de revenir en France pour s'emparer de nouveau du pouvoir.

C'était, à ne consulter que les apparences, une entreprise insensée. Non seulement les abords de l'île d'Elbe étaient soigneusement surveillés par les escadres alliées, mais encore n'était-ce pas de la folie que de se heurter avec une poignée d'hommes contre un gouvernement établi, contre une armée régulière, contre des fonctionnaires qui sans doute chercheraient à prouver leur zèle, et enfin contre une nation épuisée par vingt-cinq ans de guerres, et qu'épouvanterait la pensée de retourner à de nouveaux combats ! Mais

Napoléon était déterminé à jouer le tout pour le tout. Il savait d'ailleurs que Louis XVIII n'avait pas réussi à asseoir sa popularité. Il n'ignorait pas que la plupart des fonctionnaires se résigneraient facilement à servir un autre maître. Il espérait enfin que le peuple et l'armée, encore tout frémissants de haines patriotiques au souvenir de la campagne de France et de la triste paix de 1814, se jetteraient entre ses bras, et lui remettraient sans discussion, comme aux beaux jours du Consulat, la direction générale des affaires. Tout en faisant la part des illusions, il y avait du vrai dans ces calculs. Aussi bien Napoléon ne se dissimulait pas que les souverains alliés se défiaient de lui et se repentaient de l'avoir installé si près d'eux, à portée de la France et de l'Italie. Puisqu'ils le traitaient en ennemi public de l'Europe, avait-il donc à les tant ménager! N'était-il pas vis-à-vis d'eux comme en état de légitime défense! C'est pour cela que, fidèle à la tactique qui lui avait si souvent réussi dans ses campagnes, il résolut de prendre hardiment l'offensive et de déconcerter par la rapidité et l'imprévu de ses manœuvres les combinaisons de ses adversaires.

Le congrès de Vienne était alors réuni. Les alliés ne s'entendaient pas sur le partage des dépouilles. Deux partis s'étaient formés : la Russie et la Prusse d'un côté, l'Autriche et l'Angleterre de l'autre. Talleyrand avait habilement profité de la situation et promis l'appui de la France à Castlereagh et à Metternich. Une guerre générale était imminente, et la France, quelle qu'en fût l'issue, ne pouvait qu'y gagner. Tout à coup se répand un bruit étrange. Napoléon a quitté l'île d'Elbe et vient de débarquer à Cannes. Le bruit se confirme. Il paraît même que l'usurpateur, l'ogre de Corse, comme le nomment les journaux royalistes, est bien accueilli, que les populations se pressent sur ses pas, que les fonctionnaires l'acclament, et que les soldats envoyés pour le combattre se joignent à son escorte. Aussitôt, et comme par enchantement, disparaissent toutes les divisions intestines. La Russie se rapproche de l'Angleterre, et la Prusse tend la main à l'Autriche. Ne s'agit-il pas de se défendre contre l'ennemi commun, contre l'homme néfaste qui de nouveau porte le trouble en Europe ! Plus de dissentiments désormais, plus de discussions oiseuses. Un même danger menace tous ces souverains qui croyaient ne plus avoir à redouter le terrible général dont ils avaient appris à leurs dépens à connaître le génie. C'est le 11 mars 1815, au milieu d'une fête, qu'avait éclaté la nouvelle du débarquement de Napoléon sur les côtes de Provence. Deux jours plus tard, les rois alliés publiaient contre lui la fameuse déclaration par laquelle ils le mettaient en dehors du droit commun, et annonçaient leur résolution de ne pas déposer les armes avant de l'avoir réduit à l'impuissance :

« En rompant ainsi la convention qui l'avait établi à l'île d'Elbe, Bonaparte a détruit le seul titre légal auquel son existence se trouvait attachée. En reparaissant en France avec des projets de trouble et de bouleversement, il s'est privé lui-même de la protection des lois et a manifesté, à la face de l'univers, qu'il ne saurait y avoir ni paix ni trêve avec lui. Les puissances déclarent en conséquence que Napoléon Bonaparte s'est placé hors des relations civiles et sociales, et que, comme ennemi et perturbateur de la paix du monde, il s'est livré à la vindicte publique. Elles déclarent en même temps qu'elles emploieront tous les moyens et réuniront tous leurs efforts pour garantir l'Europe de tout attentat qui menacerait de replonger les peuples dans les désordres et les malheurs des révolutions. Et, quoique intimement persuadés que la France entière, se ralliant autour de son souverain légitime, fera incessamment tomber dans le néant cette dernière tentative d'un délire criminel et impuissant, tous les souverains de l'Europe, animés des mêmes sentiments et guidés par les mêmes principes, déclarent que si, contre tout calcul, il pouvait résulter de cet événement un danger réel quelconque, ils seraient prêts à donner au roi de France et à la nation française, ou à tout autre gouvernement attaqué, dès que la demande en serait formée, les secours nécessaires pour rétablir la tranquillité publique, et à faire cause commune contre tous ceux qui entreprendraient de la compromettre. »

Pendant que s'organisait à Vienne cette croisade des souverains contre un seul homme, Napoléon conquérait la France sans tirer un coup de fusil. Il n'y a peut-être pas d'exemple dans l'histoire d'une tentative aussi audacieuse exécutée avec plus de bonheur et moins d'efforts. Le 27 février, trois petits bâtiments de commerce avaient reçu 200 chasseurs corses, 100 chevau-légers polonais et 200 flanqueurs. L'Empereur s'installait avec 400 grenadiers à bord de l'unique navire de guerre qu'il possédait, l'*Inconstant*, brick de 26 canons. A l'exception des généraux Bertrand et Drouot, personne ne connaissait le but de l'expédition; mais, lorsque Napoléon se montra sur le pont, et jeta ces mots aux grenadiers : « Nous allons en France! à Paris! » de vives acclamations retentirent. La traversée fut heureuse. A maintes reprises on rencontra des navires de la croisière. L'un d'entre eux, le *Zéphir*, entra même en pourparlers avec l'*Inconstant*, mais on laissa passer la flottille impériale. Le 1er mars, à trois heures de l'après-midi, elle entrait dans le golfe Juan. Napoléon débarquait aussitôt, et, deux heures plus tard, tous ses hommes étaient à terre.

Deux routes s'offraient à lui pour arriver à Lyon : celle de la Durance et du Rhône par Draguignan, Avignon et Valence; celle de Grenoble par les Alpes. La première était plus directe et plus commode, mais elle traversait un pays hostile, et Napoléon se souvenait encore des insultes qui l'avaient accueilli l'année précédente quand il se rendait à l'île d'Elbe. La seconde était longue et pénible, mais les montagnards qu'on allait rencontrer avaient été de tout temps de chauds patriotes et s'étaient même signalés par leur dévouement aux institutions impériales. Napoléon se décida pour cette route. Laissant de côté Antibes, où pourtant vingt-cinq de ses compagnons qu'il avait détachés en avant-garde venaient d'être retenus prisonniers par le commandant de la place, il se dirigea sur Grasse, et, après un premier moment de surprise, y fut accueilli par les habitants comme il l'aurait été au temps de sa puissance. Précipitant sa marche à travers la montagne, il faisait le lendemain, 2 mars, une étape de vingt lieues, et couchait au village de Cérésier. Le 3 il était à Barme, le 4 à Digne, le 5 à Gap. Les fonctionnaires, effrayés, ne se montraient pas. Les généraux, redoutant les dispositions de leurs hommes, les ramenaient en arrière; mais le peuple se pressait en foule sur ses pas, saluant en lui le chef issu de la Révolution, sans lui ménager de rudes conseils, car chez lui l'amour de la liberté l'emportait sur ses sympathies pour l'Empire. Le 6 Napoléon couchait à Corps, mais son avant-garde, commandée par Cambronne, poussait le même jour jusqu'à la Mure, et s'y trouvait subitement arrêtée par un bataillon du 7e de ligne et deux compagnies de sapeurs. C'étaient les premières troupes contre lesquelles Napoléon allait se heurter.

DÉBARQUEMENT AU GOLFE JUAN.

Le lendemain 7 mars, l'Empereur, continuant sa route, arriva à la Mure, que les soldats venaient d'évacuer pour se porter à trois lieues en arrière, en avant de Vizille, près des lacs de Laffray. Un des aides de camp de Napoléon essaya de parlementer. Il fut très mal reçu. L'Empereur, comprenant que tout dépendait de cette première rencontre, ordonna de continuer la marche; puis, quand les deux troupes furent en présence, faisant mettre à ses grenadiers l'arme sous le bras, il descendit de cheval, et s'avança seul vers les troupes royales. Arrivé à vingt pas du front de bataille, il porte la main à son chapeau, et, d'une voix forte : « Soldats du 7e de ligne, s'écria-t-il, s'il en est un seul parmi vous qui veuille tuer son général, son Empereur, il le peut, me voilà ! » Il y eut un moment de silence, puis soudain éclata un immense cri de vive l'Empereur ! Les rangs des deux troupes sont alors confondus, les paysans qui bordaient la route se mêlent aux soldats, tous se pressent autour de Napoléon, serrant ses mains, baisant sa capote, lui jurant amour et fidélité.

On a prétendu plus tard que cette scène de Laffray avait été combinée à l'avance, et que l'Empereur était entouré de complices; mais ces soldats, la veille encore, ignoraient que Napoléon s'approchait de Grenoble; ces paysans n'avaient à gagner à son retour que la perspective de guerres prochaines et de nouvelles dépenses. Pas un d'entre eux pourtant n'avait hésité, et c'était bien un mouvement populaire, c'est-à-dire instinctif, non raisonné, qui jetait ainsi ce régiment aux bras de son ancien chef.

Napoléon fut invité à s'arrêter à Vizille, mais il voulait arriver à Grenoble avant la nuit. Talleyrand avait concentré dans cette ville une petite armée, en vue d'observer l'Italie, et spécialement Murat, dont Louis XVIII désirait la chute. Ces forces, sous le commandement du général Marchand, présentaient un effectif d'environ 6 000 hommes. Le hasard les mettait sur le passage de Napoléon S'il réussissait à les entraîner, si de plus il s'emparait de l'arsenal, des approvisionnements et de la citadelle de Grenoble, le succès de son entreprise était assuré. Aussi précipita-t-il sa marche. Il était neuf heures du soir quand il arriva sous les murs de la place. Les soldats ne cachaient point leur joie. Tout un régiment, le 7e de ligne, colonel en tête, c'était Labédoyère, l'avait rejoint en chemin, mais le général Marchand commandait encore, et les ponts-levis ne s'abaissaient pas. Le peuple perdit patience, et brisa les portes à coups de hache. L'Empereur fut littéralement porté par les soldats, ivres d'enthousiasme, jusqu'à l'hôtel où il devait passer la nuit.

Le lendemain 8 mars, après avoir reçu les autorités municipales et les corps constitués, après avoir passé la revue de la petite armée, au milieu d'une population qui l'accablait de ses protestations de fidélité, l'Empereur lança ses troupes à marches forcées dans la direction de Lyon. Le 9 il couchait à Bourgoin. Le 10 au soir il arrivait devant Lyon. Le 20e et le 24e de ligne et le 13e dragons franchissaient en masse le Rhône et couraient à sa rencontre. Précédé seulement de quelques cavaliers, Napoléon faisait aussitôt son entrée au milieu d'un véritable délire. Toute distinction de rang avait disparu. Bourgeois et ouvriers, soldats et paysans se prenaient la main, s'embrassaient, poussaient des cris, se jetaient sous les pieds des chevaux pour voir de plus près, pour entendre, pour toucher Napoléon. Ce fut à Lyon que l'Empereur reprit l'exercice du pouvoir souverain. Il avait alors sous ses ordres une armée véritable; la seconde ville du royaume lui appartenait; le règne des Bourbons était fini. Le sien recommençait.

Pendant ce temps, que devenait le gouvernement légal ? Comment Louis XVIII, comment ses ministres essayaient-ils de résister à ce courant populaire, qui, si on ne l'arrêtait, allait emporter la monarchie? Ce fut le 5 mars seulement que la nouvelle du débarquement au golfe Juan fut transmise à Paris par le télégraphe. Le comte de Vitrolles fut le premier averti. Il courut aux Tuileries et informa le roi, qui reçut la nouvelle avec une singulière indifférence. Évidemment il n'en comprenait pas la portée. « Allez voir le maréchal Soult, se contenta-t-il de répondre, et dites-lui de faire ce qui sera nécessaire. » Ses courtisans partageaient ses illusions. Quelques-uns d'entre eux craignaient même que la nouvelle ne fût controuvée, et qu'on ne perdît ainsi l'occasion de se débarrasser de « l'ogre de Corse ». « Vraiment, s'écria le directeur général de la police, d'André, ce coquin de Bonaparte aurait été assez insensé pour débarquer ! Il faut en remercier Dieu. On le fusillera, et on n'en entendra plus parler. » Soult lui-même, alors ministre de la guerre, se contenta de répondre à Vitrolles qu'il expédierait les ordres nécessaires, mais seulement le lendemain. Vitrolles seul ne perdit pas la tête, et fit décréter la

ARRIVÉE DE NAPOLÉON A LA MURE.

formation de trois corps d'armée destinés à enfermer Napoléon entre les Alpes, le Doubs, la Saône et le Rhône. Le comte d'Artois devait se transporter à Lyon à la tête du premier et du plus important de ces corps, et ses deux fils, les ducs d'Angoulême et de Berry, prendraient le commandement des deux autres, dont le quartier général était fixé à Marseille et à Besançon; mais ce n'étaient que des mesures de précaution qui, croyait-on, seraient au moins inutiles.

Le lendemain et les jours suivants les nouvelles devinrent mauvaises, mais le gouvernement affecta la plus imperturbable des confiances. Il se contenta de convoquer les Chambres et d'arrêter les dispositions d'une ordonnance relative à la poursuite et à la mise en jugement de Napoléon. Il est vrai que les termes et le ton de cette ordonnance étaient singulièrement comminatoires : « Napoléon Bonaparte est déclaré traître et rebelle pour s'être introduit à main armée dans le département du Var. Il est enjoint à tous les gouverneurs, commandants de la force armée, gardes nationales, autorités civiles, et même aux simples citoyens de lui courir sus, de l'arrêter, et de le traduire incontinent devant un conseil de guerre, qui, après avoir reconnu l'identité, prononcera contre lui l'application des peines portées par la loi. Seront punis des mêmes peines, comme coupables des mêmes crimes, tous les militaires et employés de tous grades qui auront accompagné ou suivi ledit Bonaparte,... tous les administrateurs civils et militaires, chefs ou employés, payeurs ou receveurs des deniers publics, même les simples citoyens qui prêteraient directement ou indirectement aide et assistance à Bonaparte... » Pendant ce temps et par un singulier contraste, les journaux officieux, *les Débats* entre autres, annonçaient que toutes les villes se fermaient devant Napoléon, et qu'il était obligé de se réfugier « sur la crête des montagnes ». Une dépêche de Grenoble était ainsi conçue : « La nouvelle du débarquement de Bonaparte a produit la plus vive indignation parmi les habitants de Grenoble et des campagnes voisines. Les chefs de la force armée viennent de se réunir à l'hôtel de la préfecture ; ils y ont combiné tous les moyens de défense dans le cas très improbable où le petit corps des brigands de Bonaparte songerait à se diriger sur cette ville. » Un post-scriptum du même journal ajoutait même : « Personne ne s'est réuni à Bonaparte. Par la marche de différents corps partis de divers points pour l'attaquer, il doit, dans ce moment, être entièrement cerné. On a sonné le tocsin dans tous les villages, et les paysans se sont armés pour lui courir sus. »

Napoléon, pendant que se débitaient ces fables ridicules, entrait à Grenoble, puis à Lyon. Les proclamations qu'il avait rédigées en abordant au golfe Juan parvenaient à Paris et se répandaient dans tous les quartiers. On les copiait, on les passait de main en main, et le gouvernement, qui n'ignorait pas les sentiments de la population, se contentait d'enregistrer dans le journal officiel les protestations emphatiques de dévouement et de fidélité que lui adressaient les corps constitués, et annonçait gravement que le comte d'Artois venait d'arriver à Lyon, « où il avait été reçu avec enthousiasme ». Il est vrai que le ministre de la guerre lançait à l'armée, comme ordre du jour, un violent factum rédigé, paraît-il, par Michaud, mais que le maréchal duc de Dalmatie n'aurait jamais dû signer. « Cet homme qui naguère abdiqua aux yeux de toute l'Europe un pouvoir usurpé dont il avait fait un si fatal usage, Bonaparte, est descendu sur le sol français qu'il ne devait plus revoir. Que veut-il? la guerre civile. Que cherche-t-il? des traîtres. Où les trouverait-il? Serait-ce parmi les soldats qu'il a trompés et sacrifiés tant de fois en égarant leur bravoure? Serait-ce au sein de ces familles, que son seul nom remplit d'effroi? Bonaparte nous méprise assez pour croire que nous pouvons abandonner un souverain légitime et bien-aimé pour partager le sort d'un homme qui n'est plus qu'un aventurier. Il le croit, l'insensé! Son dernier acte de démence achève de le faire connaître. Soldats, l'armée française est la plus brave de l'Europe, elle sera aussi la plus fidèle. »

Les journaux du 11 mars ne contenaient que des dépêches insignifiantes. Ceux du 12 parlaient vaguement d'une grande victoire remportée à Bourgoin par le duc d'Orléans. Or, à ce moment même, le duc d'Orléans et le comte d'Artois rentraient piteusement à Paris, et Napoléon, maître de Lyon, lançait une série de décrets, par lesquels il reprenait l'exercice du commandement suprême. Les princes avaient bien essayé d'organiser la résistance, et le maréchal Macdonald, qui leur avait été adjoint comme mentor militaire, avait tenté un simulacre de défense, mais les soldats, qui, même en présence des princes, avaient peine à ménager l'expression de leur mécontentement, s'unirent aux troupes de Napoléon dès que parut l'avant-garde. C'est à grand'peine que les princes parvinrent à s'enfuir par la route de Moulins. Macdonald lui-même fut entraîné dans la déroute, et il aurait couru de sérieux dangers sans les dragons de l'escorte, qui protégèrent sa retraite.

Napoléon passa à Lyon les journées du 11 et du 12 mars, et y reçut les corps constitués. Les neuf décrets qu'il y rendit avaient un caractère franchement révolutionnaire. Ils annulaient tous les changements opérés dans les cours et tribunaux, prononçaient la mise à la retraite de tous les généraux ou officiers de terre et de mer introduits dans l'armée depuis le 1er mars 1814, la suppression des ordres autres que celui de la Légion d'honneur, le rétablissement de la garde impériale, la suppression de la maison du roi et des corps étrangers, de la noblesse, des titres féodaux, la remise en vigueur des lois de la Constituante, la confiscation de tous les biens appartenant aux princes de la maison de Bourbon, l'expulsion de tous les émigrés non rayés par l'Empire et rentrés en France depuis le 1er mars 1814, la dissolution des Chambres, et la réunion pour le mois de mai suivant des collèges électoraux sous le titre d'Assemblée extraordinaire du Champ de Mai. Il semblait que l'Empereur, en recourant à ces sentiments de liberté et à cette passion de l'égalité qu'il avait pourtant comprimés sous son règne, voulait réveiller dans la nation l'énergie farouche qui lui avait permis vingt-trois ans auparavant de tenir tête à l'Europe entière. Ces décrets furent bien accueillis. Ils répondaient aux exigences de l'opinion publique. A vrai dire, Napoléon était déjà le maître de la France. Il n'avait plus qu'à marcher sur Paris. Les portes lui en étaient toutes grandes ouvertes.

Le 13 mars, l'Empereur quittait Lyon et arrivait à Mâcon, précédé et suivi par des masses populaires qui l'accablaient de promesses de dévouement et le saluaient comme le vengeur de la nation, comme le protecteur des droits conquis par la Révolution. Le 14 il était à Châlons-sur-Marne, le 15 à Arnay-le-Duc, le 16 à Avallon. « Il n'y avait plus besoin, comme à Grenoble ou à Lyon, a raconté un témoin oculaire, Fleury de Chaboulon, d'attendre aux portes des villes. Les magistrats accouraient à sa rencontre et se disputaient l'honneur de lui présenter les premiers leurs hommages et leurs vœux. » Le

17 il arriva à Auxerre, où il séjourna. Le capitaine Coignet a raconté dans ses *Mémoires* par quelle immense acclamation l'Empereur fut reçu dans cette ville. Ce fut à Auxerre que Ney rejoignit son ancien chef. Ney était un brave cœur, un incomparable soldat, mais il n'avait pas le jugement bien sûr, et se laissait parfois aller à des paroles compromettantes. Appelé par Louis XVIII pour prendre le commandement de la petite armée réunie à Besançon, et d'abord destinée au duc de Berry, il avait été touché de cette marque de confiance et avait promis au roi de faire plus que son devoir. Dans l'exagération de son zèle, il s'était engagé, raconte-t-on, à s'emparer de Napoléon et à le ramener dans une cage de fer. De fait, il partit de Paris avec l'intention sincère de servir la cause royale, mais il ne parvint pas à maintenir ses régiments dans l'obéissance. Travaillés par d'actifs émissaires, les soldats ne cachaient plus leur intention de se réunir à leurs camarades. Le maréchal se trouvait alors à Lons-le-Saunier. Ses deux principaux lieutenants étaient Lecourbe et Bourmont. Il les consulta et leur exposa la nécessité où il se trouvait de retourner seul à Paris ou de suivre ses soldats. Il leur lut même une proclamation, qu'on avait rédigée à l'avance, et qu'il devait signer. C'était un acte d'adhésion pleine et entière à l'Empire. Lecourbe et Bourmont ne présentèrent que des objections de pure forme. Ils accompagnèrent même le maréchal sur le champ de manœuvre, lorsqu'il se décida à lire aux troupes la fatale proclamation qui devait lui coûter la vie : « La cause des Bourbons est à jamais perdue. La dynastie légitime que la nation française a adoptée va remonter sur le trône. C'est à l'empereur Napoléon, notre souverain, qu'il appartient seul de régner sur ce beau pays. Que la noblesse des Bourbons prenne le parti de s'expatrier encore ou qu'elle consente à vivre au milieu de nous, que nous importe ! La cause sacrée de la liberté et notre indépendance ne souffriront plus de leur influence. Soldats, les temps ne sont plus où l'on gouvernait les peuples en étouffant tous leurs droits. La liberté triomphe enfin, et Napoléon, notre auguste empereur, va l'affermir pour jamais. Que désormais cette cause si belle soit la nôtre et celle de tous les Français. »

Quelques heures plus tard Ney prenait la route d'Auxerre. Immédiatement introduit auprès de l'Empereur, il essaya de se justifier, mais Napoléon ne voulut rien entendre. « Je n'ai pas besoin d'explication, lui dit-il, je vous ai toujours honoré et estimé comme le brave des braves » ; et comme le maréchal, inquiet et troublé par sa situation difficile, balbutiait quelques mots sur son dévouement à la patrie : « Vous avez raison, répliqua l'Empereur. C'est aussi le patriotisme qui me ramène en France. J'ai su que la patrie était

LE MARÉCHAL NEY A LONS-LE-SAUNIER.

malheureuse, et je suis venu pour la délivrer des émigrés et des Bourbons. Je lui rendrai tout ce qu'elle attend de moi. »

Le lendemain 19, sans autre escorte que trois aides de camp et quelques lanciers polonais, Napoléon traversait Joigny et s'arrêtait à Sens. Le 20, à quatre heures du matin, il arrivait presque seul à Fontainebleau. Quelques soldats résolus auraient suffi pour l'enlever, et on se demande comment le gouvernement royal n'a pas confié cette facile mission à quelques-uns de ses partisans les plus déterminés. Mais Napoléon avançait sans crainte. A Montereau, plusieurs détachements de la maison du roi avaient été envoyés pour garder les ponts. Le 6e lanciers, posté au delà de cette ville, apprenant que l'Empereur approchait, chargea les gardes du corps et s'établit sur cette importante position. Certes Napoléon pouvait se risquer sans escorte. L'armée lui appartenait. La nation était avec lui.

A cette marche triomphale, à cette prise de possession soudaine, irrésistible, que pouvait opposer le gouvernement royal? Ministres et courtisans, dès l'arrivée à Grenoble, avaient compris que de simples patrouilles ne suffiraient plus pour arrêter l'Empereur, mais ils croyaient encore au succès final. L'occupation de Lyon leur ôta toute illusion. Le danger était grave. Il fallait y parer à tout prix. On s'imagina tout d'abord que, pour déjouer ce qu'on persistait à appeler le grand complot bonapartiste, il était nécessaire de frapper ses chefs, et on crut avoir découvert le principal coupable, le maréchal Soult. On avait en effet remarqué que le ministre de la guerre avait donné tous les ordres, prescrit tous les mouvements militaires, et en quelque sorte envoyé au-devant de l'Empereur tous les régiments dont la défection successive permettait à Napoléon de s'avancer jusqu'aux portes de Paris. Soult fut donc destitué et remplacé par Clarke (11 mars). Dès lors, et sans transition, furent prises les mesures les plus graves. A la confiance des premiers jours succéda une véritable panique. Rappel de tous les soldats en congé, armement des gardes nationales du royaume, appel aux volontaires, c'était plus d'un million d'hommes que levait le gouvernement pour résister à ce proscrit, que les feuilles officielles persistaient à présenter comme traqué par les garnisons et poursuivi par les populations ameutées sur son passage. Proclamations au peuple et à l'armée, convocation des conseils généraux, autorisés à prendre toutes les mesures de salut public que comportaient les circonstances, conseils de guerre chargés d'appliquer les peines portées par la loi contre les déserteurs et les embaucheurs, récompenses accordées aux militaires ou aux familles des militaires tués en combattant Bonaparte, toutes ces mesures se succédaient avec une rapidité qui dénotait l'inquiétude gouvernementale.

Le *Journal officiel* pourtant continuait à enregistrer les protestations de fidélité venues de tous les coins de la France, et apprenait aux Parisiens surpris et railleurs que, « malgré tous les moyens employés par Bonaparte et sa séquelle, les dépêches télégraphiques étaient parfaitement rassurantes ». Le *Journal des Débats* insérait même, à la date du 18, la nouvelle suivante : « Aujourd'hui le ministre de la guerre, en traversant la salle des gardes du corps, aux Tuileries, leur a adressé les paroles suivantes : « Messieurs, « depuis huit jours vous ne dormez pas; maintenant vous pouvez « tirer vos bottes. Je dormirai cette nuit aussi tranquillement qu'il y « a trois mois. J'étais arrivé huit jours trop tard. En ce moment tout « est réparé. Les états-majors sont parfaitement composés, les offi- « ciers répondent de leurs régiments. Le général Marchand s'est em- « paré des derrières de Bonaparte et est entré dans Grenoble. » Le lendemain 19, on lisait encore dans le même journal : « La déser- « tion continue d'une manière étonnante dans la petite troupe de « Bonaparte, particulièrement dans la cavalerie, dont il paraît qu'il « ne lui reste plus que 3 à 400 hommes. Divers bruits donnent « lieu de penser que Lyon a secoué le joug de l'autorité momentanée « que Bonaparte a fait peser sur cette ville; les uns disent par un « mouvement spontané des habitants, d'autres par suite de l'entrée « d'un corps de troupes sous les ordres du maréchal Ney. » Au moment même où les rédacteurs de la feuille royaliste écrivaient ces niaiseries officielles, les gardes du corps, chassés de Montereau, étaient poursuivis jusque dans la forêt de Sénart par des cuirassiers ralliés à l'Empereur, et aux portes même de Paris les soldats sous les ordres directs du duc de Berry prenaient la cocarde tricolore. Il fallait bien se rendre à l'évidence : Napoléon allait arriver et il n'était que temps pour la famille royale de se mettre en sûreté.

Grâce à l'aveuglement du favori de Louis XVIII, le duc de Blacas, qui avait persisté à s'endormir dans une inconcevable insouciance, le roi ne soupçonnait même pas la gravité des événements. Blacas ne traitait-il pas de visionnaires ceux qui le prévenaient de l'approche de l'Empereur! « Vous croyez, répétait-il, que Bonaparte sera assez fou pour venir à Paris s'y faire écharper. » Et il rappelait à ses contradicteurs la séance royale du 16 mars, où Louis XVIII avait été en effet accueilli avec enthousiasme par les pairs et par les députés, qui avaient juré de mourir pour le défendre, comme si les assemblées n'étaient pas prodigues de ces témoignages qui ressemblent presque à des formules convenues de politesse. Il ne s'agissait pourtant plus de se payer de mots. L'heure était venue des graves résolutions. Il était nécessaire d'avertir le roi et de prendre en toute hâte des mesures décisives. Les Tuileries présentaient alors un spectacle extraordinaire. Ministres, généraux, courtisans, fonctionnaires, s'y rencontraient porteurs de nouvelles invraisemblables ou de plans impossibles. « Une double procession montait et descendait les escaliers du pavillon de Flore, a raconté Chateaubriand. On s'enquérait de ce qu'il y avait à faire : point de réponse. On s'adressait au capitaine des gardes, on interrogeait le chapelain, les chantres, les aumôniers ; rien. De vaines causeries ! » Tantôt on proposait de marcher au-devant de Bonaparte avec la garde nationale. Tantôt Marmont parlait de fortifier le Louvre et les Tuileries et d'y résister comme dans une citadelle. Blacas aurait voulu que le roi et les princes, accompagnés des pairs et des députés, sortissent de Paris en calèche découverte et attendissent avec ce cortège l'arrivée de l'usurpateur. Vitrolles seul conseillait une résolution pratique. Il aurait désiré que le roi quittât Paris et se rendît à la Rochelle, entre les provinces de l'Ouest et celles du Midi qui passaient pour dévouées à la monarchie. Protégé par le corps d'armée de Gouvion Saint-Cyr à Orléans, appuyé sur les volontaires de la Vendée et de la Guyenne, soutenu en arrière par les Anglais, le roi pourrait organiser et diriger la résistance. En cas de malheur, il serait toujours temps de se retirer en Espagne ou en Angleterre. Ce plan présentait de sérieuses chances : il effraya par sa hardiesse. Blacas, effaré par l'imminence du danger, prit sur lui d'avertir le roi, et l'engagea à se retirer à Lille, dont la garnison passait pour être animée des sentiments du royalisme le plus exalté, et qui, par sa proximité de la frontière belge, était comme une porte de sortie pour une seconde émigration. Louis XVIII s'attendait si peu à ce départ précipité, qu'il avait convoqué pour le lendemain 20 tous les membres du corps diplomatique à une importante réunion ; mais, quand son favori lui eut démontré la gravité de la situation, lorsque le ministre de la guerre lui avoua que tout était perdu, il se décida à un départ immédiat : seulement, pour ne pas être retardé dans ses préparatifs, il demanda le secret le plus absolu.

Le 19 mars, sur les neuf heures du soir, Louis XVIII fit prévenir les gardes du corps et les gardes nationales de service qu'il quitterait

LOUIS XVIII.

les Tuileries dans quelques heures. En effet, à minuit, plusieurs voitures de voyage venaient se ranger au pied de l'escalier de service du pavillon de Flore. Le temps était affreux, la pluie tombait par torrents. Le roi, appuyé sur les bras de Blacas et du duc de Duras, descendit lentement les degrés, jetant des paroles émues aux groupes qui se pressaient sur son passage. Il ne voulut point d'escorte. A minuit un quart il fuyait de toute la vitesse de ses chevaux vers la frontière du Nord. Une heure plus tard le comte d'Artois et le duc de Berry prenaient également la fuite. On remarqua, parmi ceux qui partaient, le ministre de la guerre, qui, se croyant l'objet de la haine particulière de Bonaparte, imagina, quand il fut arrivé à Dieppe, de se cacher dans un sac, et de se dérober, par ce stratagème renouvelé de Molière, à la vengeance de son ancien chef. Bourrienne, le ministre de la police, s'éloigna également, mais non sans laisser aux employés de l'octroi l'ordre comique de fermer les barrières à l'approche de Napoléon.

Le 20 mars, vers six heures se répandit dans Paris la nouvelle du départ de Louis XVIII. La foule se porta vers les Tuileries. Toutes les grilles étaient fermées. La garde nationale occupait à l'intérieur tous les postes. Un silence lugubre régnait dans le palais. Quelques groupes plus hardis essayèrent d'ouvrir les grilles. Les gardes nationaux résistèrent. Des cris menaçants commençaient à se faire entendre. Tout à coup se présente une colonne composée d'officiers à demi-solde, traînant à leur suite une batterie d'artillerie, et quelques pelotons de cuirassiers. Le général Exelmans, revêtu de son uniforme, et la cocarde tricolore au chapeau, la commandait. Il se fit aussitôt ouvrir la grille des Tuileries et s'installa au château. Quelques instants plus tard la foule saluait de ses applaudissements un drapeau tricolore arboré sur le pavillon de l'Horloge. Napoléon n'arriva que sur les huit heures du soir. Prévenu du départ de Louis XVIII par les courriers que lui avait envoyés Lavalette, son ancien aide de camp, qui avait repris la direction des postes, il s'était aussitôt mis en marche, mais il ne s'était frayé que difficilement un passage à travers les masses profondes de villageois qui couvraient les routes et le saluaient de leurs cris enthousiastes. Il entra par la barrière d'Italie, suivit les boulevards extérieurs jusqu'aux Invalides, traversa ensuite le pont de la Concorde, et longea le quai des Tuileries. La foule qui l'attendait était si compacte que les voitures purent à grand'peine franchir le guichet. Saisi, enlevé par les officiers et par les généraux qui se disputaient l'honneur de lui serrer la main, il fut littéralement porté jusque dans l'intérieur du palais.

Ainsi se termina l'étonnante révolution qui, en vingt jours, conduisit l'Empereur du golfe Juan à Paris sans que ses soldats eussent tiré un coup de fusil; mais les difficultés allaient commencer. Le peuple et les soldats avaient achevé leur œuvre : c'était maintenant aux fonctionnaires et au pays légal que l'Empereur devait s'adresser.

Le premier soin de Napoléon fut d'assurer le départ de la famille royale et de comprimer toutes les résistances qui pourraient se produire. La fuite de Louis XVIII avait été si précipitée qu'on n'avait pas eu le temps de prévenir tous les intéressés. Le roi avait même laissé sur sa table un portefeuille contenant sa correspondance avec sa nièce la duchesse d'Angoulême. Dans les tiroirs de son bureau étaient des lettres familières et nombre de documents qui auraient gravement compromis certaines personnes si l'Empereur n'avait déclaré qu'il ne voulait rien connaître de ce qui s'était passé depuis dix mois, et ordonné de brûler tous les papiers particuliers. Pendant toute la journée du 20 mars, divers fonctionnaires qui n'avaient pas été avertis se présentèrent aux Tuileries pour demander des ordres et présenter des rapports aux princes de la famille royale. On avait même oublié d'indiquer à la maison militaire la direction prise par le roi. Aussi les divers corps partirent-ils à la débandade. 4 000 hommes à peine suivirent le mouvement. Afin de hâter l'évacuation, Napoléon les fit poursuivre par Exelmans sur toutes les routes qui conduisent en Belgique. La résistance était impossible. Le comte d'Artois fut obligé de remercier tous ceux qui lui étaient restés fidèles, et de les engager à rentrer dans leurs foyers pour y attendre des jours meilleurs. C'est à Béthune qu'eut lieu la séparation définitive. Quelques officiers supérieurs continuèrent seuls à suivre la retraite. Quant au roi, après avoir couché le 21 à Abbeville, il arriva le 22 à Lille aux acclamations de la population et de la garde nationale, mais la garnison resta silencieuse; et le maréchal Mortier fut obligé de prévenir Blacas qu'il ne répondait pas de la sécurité du souverain, car ses soldats menaçaient de se soulever. Louis XVIII aurait voulu rester sur le territoire français, et se disposait à gagner Dunkerque ; mais, apprenant que sa maison militaire venait d'être dispersée et que son frère et ses neveux avaient gagné le territoire belge, il se mit en devoir de les rejoindre. Le 24 mars il entrait à Ostende, puis se rendait à Gand, qui venait de lui être assigné comme résidence par le roi des Pays-Bas. Il se trouvait dès lors protégé par les armées alliées et pouvait attendre les événements.

Un des princes de la famille royale, le duc de Bourbon, avait été envoyé dans les départements de l'Ouest pour y organiser la résistance contre le gouvernement impérial. Il avait d'abord été bien accueilli. Le comte de la Rozière, le général Canuel, de Sapinaud, Auguste de la Rochejaquelein, s'étaient déclarés ses lieutenants et s'étaient divisé les départements à insurger. Il comptait aussi sur Augereau, chargé du commandement de la Normandie, et qui s'était signalé par l'exagération furibonde de ses déclamations contre l'Empereur. Aucune de ses espérances ne se réalisa. Angers, Nantes et les autres villes de la Loire reconnurent le gouvernement impérial. Les soldats firent défection. Augereau lui-même eut l'audace de publier un ordre du jour où il essayait d'excuser son manque de parole en accablant de ses mépris le souverain auquel il venait de jurer fidélité éternelle. Seuls les chefs vendéens entrèrent en campagne et essayèrent de provoquer un mouvement. Le duc de Bourbon, découragé, renonça à se défendre. Il demanda des passeports pour tous ceux de ses officiers qui désiraient se retirer, en refusa pour lui, car il ne voulait rien devoir aux représentants de l'homme qui avait fait fusiller son fils, le duc d'Enghien, et se jeta dans la campagne. Il réussit après quelques jours de courses errantes à gagner Paimbœuf, et, de là, se rendit en Espagne.

Le duc d'Angoulême fut moins heureux. Lui aussi devait sortir du territoire, mais par une capitulation. Il était dans le Midi lorsque Napoléon débarqua de l'île d'Elbe. Il se porta aussitôt à Nîmes, puis à Marseille, où il rassembla un certain nombre de volontaires, et, à leur tête, remonta la vallée du Rhône avec l'espoir de reprendre Lyon, pendant qu'un de ses lieutenants, le général Ernouf, marcherait contre Grenoble. Aucun de ces mouvements ne réussit. Les montagnards du Dauphiné se levèrent en masse contre

Ernouf, qui, abandonné par ses soldats, fut obligé de se retirer à Marseille, après avoir perdu près de 150 hommes au passage de la Durance. Quant au duc d'Angoulême, il s'avança bien, sans rencontrer de résistance, jusqu'à Pont-Saint-Esprit, et son avant-garde entra à Montélimart, où elle remporta un léger succès sur les soldats du général Debelle envoyés à sa rencontre. La petite armée royale s'avança aussitôt jusqu'à Valence, où elle arriva le 3 avril, et à Romans, où elle s'empara du pont sur l'Isère (4 avril). Ce fut son dernier succès. Lyon, où les royalistes espéraient entrer le lendemain, fournit à lui seul et contre eux 9000 volontaires. La Bourgogne entière se leva, à tel point que Grouchy, nommé commandant des troupes opposées au duc d'Angoulême, fut obligé de suspendre le départ de ces bataillons de volontaires. En même temps, deux régiments sortaient de Grenoble et menaçaient de prendre en flanc la colonne royaliste. Le duc d'Angoulême, pour ne pas être pris entre deux feux, se replia sur Valence, puis sur Montélimart, et bientôt sur Pont-Saint-Esprit. Dans cette dernière localité il se vit tout à coup arrêté par le général Gilly, qui s'était porté sur ses derrières et coupait sa retraite sur Marseille. De trois côtés le duc était cerné. Il ne pouvait plus s'échapper que par le Rhône, et déjà le tocsin appelait aux armes les populations riveraines. La situation était désespérée. Le général Gilly consentit à laisser passer le duc, à condition qu'il licencierait ses soldats et s'embarquerait à Cette pour l'Espagne (8 avril). Le lendemain Grouchy arrivait, et, par excès de zèle, refusait de ratifier la capitulation, et retenait le duc prisonnier. Napoléon, qui ne se souciait pas de traduire en justice un membre de la famille royale, ordonna aussitôt à Grouchy de relâcher le prisonnier, mais non sans faire remarquer que les décrets de proscription lancés contre lui l'autorisaient à se montrer plus sévère.

La duchesse d'Angoulême, « le seul homme de la famille », comme disait l'Empereur, se trouvait à Bordeaux quand on y apprit le débarquement de Napoléon. Elle croyait pouvoir se maintenir dans cette ville compromise par l'exagération de ses sentiments royalistes. La garde nationale ne cessait en effet de lui prodiguer les témoignages du dévouement le plus absolu, et le colonel d'un des deux régiments en garnison dans la ville s'était écrié en apprenant le retour de l'Empereur : « Ah! tant mieux ! nous allons enfin être

LA DUCHESSE D'ANGOULÊME A BORDEAUX.

débarrassés de cet homme ! » Bientôt l'attitude de la troupe et même de la garde nationale fut plus réservée. On apprit que le général Clauzel, envoyé par Napoléon, se rapprochait de Bordeaux, et que, sur son chemin, les garnisons se ralliaient à lui. Les soldats firent disparaître les fleurs de lis placées à leurs schakos. La duchesse, inquiète, se rendit aux casernes pour essayer d'y réveiller l'enthousiasme. Elle fut accueillie dans la première par un silence respectueux et morne ; mais dans la seconde les cris frénétiques de Vive l'Empereur ! la forcèrent de se retirer. Triste et désolée, elle comprit l'inutilité de la résistance, et, dans la soirée du 1er avril, partit pour un nouvel exil. Ce ne devait pas être le dernier pour cette infortunée princesse, digne de tous les respects et condamnée par la fatalité à de si tragiques aventures.

En dehors des princes, quelques grands fonctionnaires avaient essayé d'organiser en province des centres de résistance. A Orléans, le maréchal Gouvion Saint-Cyr avait ordonné aux troupes de garder la cocarde blanche et fait arrêter le général Pajol, qui voulait au contraire arborer le drapeau tricolore. La ville avait été déclarée en état de siège et les fonds déposés dans les caisses publiques retenus pour faire face aux dépenses de la guerre contre l'Empereur ; mais le 1er régiment de cuirassiers, qui se trouvait aux environs, se fit ouvrir de force les portes de la ville, délivra Pajol et chassa le maréchal. Dupont, l'ex-ministre de la guerre, ne fut pas plus heureux à Chartres. Lui aussi dut chercher son salut dans la fuite, et, comme il était plus compromis que beaucoup d'autres généraux, il dut s'estimer fort heureux de se faire oublier. Vitrolles, plus énergique ou mieux secondé, réussit au contraire à organiser à Toulouse un véritable foyer de réaction. Maître de la force armée et de l'administration, il ouvrit une correspondance avec les préfets de vingt-sept départements, créa un *Moniteur*, et leva une armée de volontaires royaux. Il espérait être secondé par le duc d'Angoulême à Marseille, par la duchesse à Bordeaux, et maintenir sous le drapeau blanc tous les pays compris entre les Pyrénées, l'Atlantique, la Garonne et les Cévennes. Le maréchal Pérignon avait été investi par lui de pouvoirs extraordinaires, et était censé diriger la résistance ; mais de tous côtés les soldats firent défection. Le général Laborde n'eut pour ainsi dire qu'à se présenter pour faire rentrer Toulouse dans le devoir. Comme on jugeait, non sans raison, que Vitrolles était un adversaire redoutable, il fut retenu et dirigé ensuite sur Paris.

A l'exception de la Vendée, où quelques royalistes sont entrés en campagne, mais contre lesquels on a aussitôt dirigé des forces accablantes, la France tout entière est donc reconquise, sans effort et sans violence, par Napoléon. Fonctionnaires, corps constitués, soldats et paysans, tous l'ont acclamé, tous l'ont salué à son passage, tous ont juré de mourir pour le défendre. Jamais révolution ne fut plus rapide, ni moins sanglante. Il semble vraiment, pour parler comme l'Empereur, qu'il n'y ait eu, en rentrant aux Tuileries, qu'à changer les draps du lit; mais il est probable qu'il ne se faisait aucune illusion sur l'état moral du pays. Cet affaissement des volontés, cette déplorable facilité à changer de cocarde, ces démonstrations même, dont il dédaignait la banale chaleur, tout indiquait une profonde lassitude. « Mon cher, disait-il à Mollien, ils m'ont laissé arriver comme ils les ont laissés partir! » Le *Moniteur* du mois de mars est à ce sujet tristement instructif. Jusqu'au 20 mars ses colonnes sont remplies d'adresses emphatiques où généraux et fonctionnaires injurient à l'envi l'ogre de Corse. Du 20 au 21, d'autres adresses, signées des mêmes noms, proclament Napoléon le sauveur de la France, et traînent les Bourbons dans la boue. « Voilà bien les hommes! » s'écriait avec amertume l'Empereur en écoutant les plates adulations de ceux qui, la veille encore, l'accablaient d'outrages. Aussi n'avait-il aucune illusion. On l'acclamait parce qu'il était le maître, mais ce n'était qu'un dévouement de commande. D'ailleurs l'Europe entière s'était prononcée contre lui. S'il ne parvenait pas à briser la coalition des souverains, il était perdu. A la première défaite il tomberait aussi vite qu'il était monté. Tout donc dépendait de la guerre. Napoléon ne l'ignorait pas, et, dès le premier jour, il s'y prépara avec une sombre ardeur.

CHAPITRE V

LA SEPTIÈME COALITION

En arrivant en France, Napoléon avait espéré que les souverains alliés ne se déclareraient pas tous contre lui. Il n'ignorait pas les divisions qui, au congrès de Vienne, avaient déjà failli les mettre aux prises. En affirmant résolument son sincère amour de la paix, en acceptant la situation telle que l'établissait le traité de 1814, il pensait que l'Europe, désireuse de repos après tant d'années de guerres, accepterait ses protestations. L'empereur d'Autriche, son beau-père, n'avait-il pas déjà manifesté à plusieurs reprises tout son regret d'avoir contribué à détrôner son petit-fils, le roi de Rome? Alexandre n'avait-il pas conservé quelque sentiment d'amitié pour son allié de Tilsitt et d'Erfurt? Tous les souverains allemands, Bavière, Wurtemberg, Saxe, n'étaient-ils pas devenus rois par la grâce de Napoléon et ne lui en conserveraient-ils aucune reconnaissance? L'Angleterre elle-même, indifférente aux questions de personne, et soucieuse uniquement de ses intérêts matériels, ne préférerait-elle pas les avantages immédiats de la paix aux chances toujours douteuses d'une nouvelle guerre? La Prusse seule demeurait hostile avec ses convoitises et ses rancunes ; mais si les trois autres grandes puissances conservaient la neutralité, oserait-elle rentrer seule en campagne?

Napoléon connaissait ces dispositions des souverains. Il savait aussi que bien des motifs politiques, bien des jalousies particulières les divisaient. Aussi croyait-il sincèrement qu'en faisant appel aux sentiments de famille de l'empereur d'Autriche, à l'ancienne amitié du Tsar, à la passion du peuple anglais pour la paix, il réussirait à contenir la Prusse et à consolider, en évitant une guerre dangereuse et ruineuse, sa reprise du pouvoir. Il le disait à ses confidents; il ne cessait de l'affirmer dans ses proclamations; il voulait la paix et croyait qu'il jouirait de la paix.

Ses illusions ne durèrent pas longtemps. Nous avons raconté plus haut comment fut accueillie à Vienne la nouvelle du retour de l'île d'Elbe. Les souverains alliés ne se contentèrent pas de mettre Napoléon au ban de l'Europe par leur fameuse déclaration du 13 mars. Quelques jours plus tard, le 25 mars, l'Angleterre, l'Autriche, la Prusse et la Russie signaient un traité semblable à celui de Chaumont, par lequel elles s'engageaient « à mettre Bonaparte absolument dans l'impossibilité d'exciter des troubles et de renouveler ses tentatives pour s'emparer du suprême pouvoir en France ». Elles promettaient de tenir constamment en campagne chacune 150 000 hommes et de ne poser les armes que lorsque l'Empereur serait renversé. En outre, toutes les autres puissances étaient invitées à accéder au traité. Trois seulement ne répondirent pas à ces ouvertures : le Portugal et l'Espagne, épuisés par la lutte terrible qu'ils venaient de soutenir et qui avaient besoin de repos, et la Suède, dont le prince régent, Bernadotte, très mécontent des décisions du congrès et comprenant trop tard l'odieux du rôle qu'il avait joué, persistait à se tenir à l'écart; mais tous les autres souverains, d'Allemagne, des Pays-Bas, du Danemark, du Piémont, de Sicile, même ceux qui devaient leur couronne à Napoléon, n'hésitèrent pas à se prononcer contre lui. Six jours après la conclusion de ce traité, le 31 mars, une convention militaire conclue entre les mêmes États arrêtait la formation de trois armées : la première, de 250 000 hommes, commandée par Wellington et par Blücher; la seconde, de 340 000 hommes, aux ordres du prince de Schwarzenberg, et la troisième, de 200 000 hommes, fournis par la Russie et commandés par le Tsar. « Malheureusement, écrivait avec un sentiment qu'il est difficile d'analyser un émigré qui pourtant aimait son pays, le duc de Richelieu, il faut encore quelque temps avant que ces armées arrivent aux frontières de France. Les têtes de colonne sont en

Bohême, divisées en cinq grands corps d'armée de 50 000 hommes chacun, commandés par Sacken, Langeron, Doctoroff, Yermoloff et Raïewsky... L'armée autrichienne n'est pas reconnaissable. Elle est complète, surcomplète : plus de 300 000 hommes entreront en campagne. Tous les jours il passe ici (à Vienne) des régiments énormes et en parfait état. Il est impossible, à moins qu'on ne le fasse exprès, que la chose ne finisse pas bientôt et bien. »

Richelieu ne se trompait pas. La « chose allait finir bientôt et bien », car près de 800 000 combattants se mettaient alors en marche contre Paris. Pour la septième fois depuis 1792 l'Europe entière se déclarait contre nous, et, avec une redoutable unanimité, s'apprêtait à franchir nos frontières.

Le chargé d'affaires d'Autriche, baron de Vincent, était resté à Paris. Il eut une entrevue avec le ministre des affaires étrangères de Napoléon, Caulaincourt, et, sans lui dissimuler que les alliés s'opposeraient à ce que Napoléon gardât la couronne, lui laissa entrevoir que la souveraineté du roi de Rome ne rencontrerait pas sans doute la même répugnance. En effet, Metternich, discrètement interrogé, déclara que l'Autriche, tout en faisant la guerre à Napoléon, ne voulait prendre aucune résolution sur le futur gouvernement de la France. C'était une ouverture pour une négociation possible. Par malheur, au moment même où les négociations allaient s'engager, Murat, par un coup de tête fatal, et malgré les supplications de l'Empereur, entra en campagne contre l'Autriche. Metternich crut à la connivence de Napoléon. « Est-il possible, s'écria-t-il, de traiter avec lui quand il nous fait attaquer par Murat! » Malgré les protestations de l'Empereur, les négociations ne furent même pas ouvertes, et l'Autriche devint notre ennemie déclarée.

Napoléon ne réussit pas davantage auprès de la Russie. Il avait prié le chargé d'affaires russe, Boudiakin, de transmettre au Tsar le traité secret du 3 janvier 1815, conclu entre l'Angleterre, l'Autriche et la France contre la Russie et la Prusse. Il avait, en effet, trouvé une copie de ce traité aux Tuileries. Il lui avait également communiqué les lettres de Talleyrand à Louis XVIII, par lesquelles le malicieux diplomate tournait en ridicule la vie privée d'Alexandre. La lecture de ces documents indigna le Tsar. Ils suffisaient à le détacher violemment de la coalition; mais, lorsque lui parvinrent les pièces remises à Boudiakin, il venait de ratifier la convention du 25 mars et de donner à ses troupes l'ordre formel de marcher sur Paris. Il était trop tard. Le moment d'une rupture était passé.

Il n'y avait à compter ni sur l'Angleterre ni sur la Prusse, poussées l'une et l'autre, par haine nationale, à la guerre contre la France. Napoléon voulut cependant mettre les apparences de son côté, et, le 4 avril 1815, adressa à tous les membres de la coalition une lettre où il donnait à ses intentions pacifiques la consécration officielle : « Assez de gloire a illustré tour à tour les diverses nations; les vicissitudes du sort ont fait succéder de grands revers à de grands succès; une plus belle arène est aujourd'hui ouverte aux souverains, et je suis le premier à y descendre. Après avoir présenté au monde le spectacle de grands combats, il sera plus doux de ne connaître désormais d'autre rivalité que celle des avantages de la paix, d'autre lutte que la lutte sainte de la félicité des peuples. » Ces ouvertures pacifiques ne furent pas écoutées. Les souverains ne daignèrent même pas lire la lettre de celui dont naguère ils mendiaient les faveurs. Ainsi que le constatait Caulaincourt par son rapport publié le 14 avril dans le *Moniteur* : « Il était réservé à l'époque actuelle de voir une société de monarques s'interdire simultanément tout rapport avec un grand État, et fermer l'accès à ses amicales assurances. Les courriers expédiés de Paris pour les différentes cours n'ont pu arriver à destination. L'un n'a pu dépasser Strasbourg; un autre, expédié en Italie, a été obligé de revenir de Turin; un troisième, destiné pour Berlin et le Nord, a été arrêté à Mayence et maltraité par le commandant prussien. Ses dépêches ont été saisies. » On apprenait en même temps que divers convois de prisonniers français revenant de captivité avaient été arrêtés dans les Pays Bas, qu'une frégate française, la *Melpomène*, avait été arrêtée et capturée à Ischia par un navire anglais, et que plusieurs de nos bâtiments de commerce avaient été amenés dans les ports britanniques. Il n'y avait pas de malentendu possible sur ces agressions. La guerre était non seulement déclarée, mais encore commencée. La France et Napoléon n'avaient plus qu'à la subir.

Il aurait fallu ne pas perdre une heure, car les jours valaient alors des mois, et les mois des années. Avouer le danger et faire un suprême appel à la France menacée dans son existence nationale, agir, en un mot, comme avait agi la Convention, telle était la politique à suivre. La dictature aurait été légitimée par cet aveu de détresse. Par malheur, Napoléon revenait de l'île d'Elbe très assagi, très refroidi. Son grand tort fut de croire que tous avaient vieilli en même temps que lui. Il s'imagina que les moyens réguliers et

LE TSAR ALEXANDRE.

les voies administratives lui suffiraient. Au lieu d'improviser, il se reposa sur la routine. Lui, le créateur, l'innovateur, il crut qu'il pourrait, sans sortir de la légalité, faire face à toutes les difficultés. Au moment où ses ennemis, mieux inspirés, recouraient aux procédés révolutionnaires et lançaient contre lui des masses armées, il n'osait mettre en œuvre toutes les forces nationales et se contentait de ce qu'il trouvait sous la main. Certes ce n'est pas ainsi que la Convention avait sauvé la France ; et Napoléon allait, dans le naufrage de sa puissance, entraîner avec lui la patrie.

Davout avait été nommé ministre de la guerre. Le défenseur de Hambourg n'avait accepté qu'avec répugnance ces difficiles fonctions, mais il ne savait pas reculer devant l'accomplissement de ce qu'il croyait son devoir, et se voua sans réserve à l'œuvre de la défense nationale. Le plus important était de réorganiser et surtout d'augmenter l'armée. Cette besogne était à moitié faite, car le gouvernement de Louis XVIII s'était sérieusement occupé de constituer une force nationale capable d'entrer en ligne et d'imposer le respect. Avec les débris des régiments qui avaient fait la campagne de France, avec les prisonniers qui revenaient de Russie, d'Allemagne, d'Angleterre et d'Espagne, avec les conscriptions de 1811 à 1814, on avait réussi à refaire une armée solide, admirablement encadrée, et tout à fait à la hauteur de ses devancières. Ce qui avait déterminé Louis XVIII à hâter la reconstitution de nos forces nationales, c'est que le congrès de Vienne était à la veille de se dissoudre, qu'une guerre générale était imminente et qu'il fallait se tenir prêt à tout événement. 160 000 hommes environ avaient été réunis, habillés, armés : ils n'attendaient plus que le signal d'entrer en campagne. C'était en quelque sorte un premier fond à la disposition de l'Empereur. Mais ces forces ne pouvaient évidemment suffire à contenir les masses dirigées contre la France. Il y avait par bonheur d'énormes ressources à utiliser : d'abord tous les prisonniers rentrés de captivité, puis les conscrits de 1815, tous les retraités qui voudraient reprendre du service, les matelots des anciennes escadres et surtout la garde nationale, qui pouvait fournir des bataillons mobiles pour la garnison des places fortes et d'inépuisables réserves à l'armée de ligne. Certes Napoléon ne négligea aucun de ces moyens; mais il n'y recourut qu'avec hésitation et en quelque sorte avec timidité. Voici, du reste, l'énumération des divers décrets rendus par lui pour les troupes de ligne : le 21 mars, réorganisation de la vieille garde; le 9 avril, création de seize régiments de jeune garde; le même jour, rappel sous les drapeaux de tous les officiers et soldats qui les avaient quittés en vertu de congés réguliers. Le 13 avril, appel aux militaires en retraite ou réformés qui voudraient reprendre du service, et création de quatre régiments de gendarmes à pied, de huit escadrons du train d'artillerie et de huit bataillons du train des équipages. Le 21, création de soixante compagnies de canonniers garde-côtes. En mai, formation de vingt régiments de matelots; en juin, appel de la conscription de 1815; enrôlements volontaires et formation de sept régiments d'étrangers : un piémontais, un suisse, un polonais, un allemand, un belge, un espagnol, un irlandais. On arriva de la sorte à faire entrer dans les rangs 200 000 nouveaux soldats; mais tous n'étaient pas encore prêts lorsque l'armée entra en campagne.

Sans parler des 360 000 hommes destinés à former la troupe de ligne, Napoléon demanda à la population virile de l'Empire des forces nouvelles. Un décret du 10 avril organisa la garde nationale. 3 131 bataillons de 6 compagnies et de 720 hommes chacun furent créés : ce qui donnait le formidable total de 2 254 320 hommes; mais on ne requit que 417 bataillons, devant donner 300 240 hommes, et encore n'atteignit-on jamais que la moitié de cet effectif; car les autorités impériales semblaient n'exécuter qu'à regret leurs instructions relativement à la garde nationale. D'ailleurs plusieurs de ces soldats improvisés ne servaient qu'à contre-cœur. La correspondance du maréchal Suchet est instructive à cet égard : « J'ai à Aix, écrivait-il, 2 000 gardes nationaux qui n'ont ni giberne, ni sac, ni habillement. Je ne puis espérer de les faire habiller promptement qu'autant que Votre Excellence formera un atelier à Lyon de 8 à 10 000 habillements. Compter sur les préfets, c'est se faire illusion. L'enthousiasme d'une partie de la garde nationale ne peut tenir contre l'état de nudité dans lequel on les laisse. Déjà on leur fait craindre qu'ils ne soient pas traités en soldats, s'ils tombent au pouvoir de l'ennemi dans leurs habits de paysans.... L'état déplorable des gardes nationaux, auxquels, pour la plupart, il n'a rien été fourni absolument, accroît la désertion journalière, malgré les efforts qu'on fait pour l'arrêter. » Si pourtant Napoléon avait eu du temps à lui pour donner à ces hommes, en général bien intentionnés, les habitudes et l'esprit militaires qui leur manquaient, il est probable que ces gardes nationaux auraient fait aussi bonne figure sur les champs de bataille ou derrière les remparts des forteresses que leurs camarades à la Fère-Champenoise ou à Paris, mais ils ne reçurent jamais qu'un commencement d'organisation et n'eurent pas l'occasion de paraître devant l'ennemi.

Ce n'était pas tout que d'avoir des hommes : il fallait les armer, les habiller, les nourrir, pourvoir, en un mot, à toutes les nécessités matérielles. Or au 1er avril il n'y avait dans les magasins que 150 000 fusils, et le double à peu près à réparer ou en pièces de rechange. Les manufactures d'armes triplèrent leur production. Dix grands ateliers furent installés à Paris pour le montage des pièces de rechange, pour les réparations et pour la fabrication d'armes neuves. En juin, 6 000 ébénistes, horlogers, ciseleurs et mécaniciens étaient occupés à ces délicats travaux. On était arrivé à livrer jusqu'à 3 000 fusils par jour. Des ateliers d'habillement, de sellerie et de charronnage furent en outre installés sur tous les points du territoire. On avait des armes blanches en quantité suffisante. Le matériel d'artillerie était à peu près complet, cependant les forges, les fonderies et poudreries furent en activité jour et nuit, car l'Empereur était de plus en plus persuadé de l'importance de l'artillerie dans les guerres modernes, et il aurait voulu suppléer aux hommes qui lui manquaient par les canons qu'il se réservait d'utiliser sur les champs de bataille. Ainsi s'explique le soin extrême avec lequel il s'occupa des équipages et du train, dont les escadrons ne furent pas doublés, mais quintuplés. La remonte de la cavalerie était pénible, car les besoins étaient immenses. On prit les chevaux des gendarmes; on réquisitionna les chevaux de selle ou de trait, en sorte que, bien que le temps manquât pour dresser de nouvelles bêtes, nos régiments de cavalerie ne furent pas au-dessous de leur vieille réputation.

Comme il fallait prévoir que la guerre serait, au moins sur certains points, entièrement défensive, il était nécessaire de s'occuper des fortifications. Or, depuis que la France s'était si démesurément étendue au delà de ses frontières, on avait négligé les places qui jadis faisaient notre sécurité. Alors qu'Alexandrie, Anvers, Mayence, Hambourg étaient compris dans le territoire national, qu'était-il besoin de s'inquiéter de Lille, de Strasbourg et surtout de Paris? Si pourtant ces anciennes cuirasses de la France avaient été en bon état, les alliés, en 1814, n'auraient pas fait des progrès si rapides. Paris aurait pu tenir non pas quelques heures, mais quelques semaines, et bien des désastres auraient été évités. La Restauration, qui avait subi le traité de mai 1814, et livré d'un trait de plume cinquante-trois places fortes, garnies de canons, d'armes et de munitions, se rendait compte du délabrement des citadelles qui nous étaient rendues, mais elle n'avait rien fait pour rendre à nos places démantelées la sécurité qui leur manquait. Non seulement elle avait laissé vendre les approvisionnements et jusqu'au bois des palissades dont on les avait pourvues à la hâte en février et mars 1814, mais elle n'avait même pas songé à consolider les anciennes enceintes. A Paris, malgré la nécessité stratégique qui s'imposait de couvrir la capitale contre une attaque éventuelle, aucun travail n'avait été entrepris. Napoléon mesura le péril et se mit résolument à l'œuvre.

Il s'agissait avant tout de défendre Paris. Les généraux Haxo et Rogniat avaient proposé une ligne continue de fortifications, embrassant les collines du haut desquelles les alliés avaient en mars 1814 lancé leurs bataillons à l'assaut, Montmartre, Chaumont, Belleville, Père-Lachaise. Ils voulaient en outre construire des ouvrages détachés à Vincennes, à Bercy, à Saint-Denis, et achever le canal de l'Ourcq, de la Villette à Saint-Denis. Tous ces travaux étaient destinés à la rive droite. Ils n'avaient pas prévu le cas d'une attaque par la rive gauche, et n'avaient rien proposé pour l'autre côté de Paris. Les travaux ne furent commencés que le 7 mai, et un millier d'ouvriers à peine s'installèrent dans les chantiers. Le 15 il n'y en avait encore que dix-huit cents. Plus tard le nombre des travailleurs augmenta, mais il aurait été facile de mieux utiliser les énormes ressources que présentait la population de la capitale. En juin, lorsque les alliés arrivèrent dans les environs de Paris, on avait, il est vrai, achevé le canal de l'Ourcq, et à peu près terminé les ouvrages de campagne de Montmartre à Vincennes, mais Saint-Denis n'était pas encore défendu, aucun des ouvrages extérieurs projetés n'était commencé, et toute une moitié de Paris, toute la rive gauche, restait exposée aux insultes de l'ennemi. A peine 300 à 400 canons étaient-ils en batterie sur ces fortifications insuffisantes. A vrai dire, le gouvernement ne fit rien ou presque rien pour la défense de Paris.

On sait l'importance stratégique de Lyon. En 1814, si le maréchal Augereau avait mieux compris le grand rôle qu'il pouvait jouer, il aurait, en prenant Lyon comme base d'opérations, jeté le désordre dans le flanc des armées d'invasion, et sauvé la situation compromise; mais il s'acquitta piteusement de la mission que l'Empereur lui avait confiée, et livra Lyon aux Autrichiens. Napoléon ne voulut plus s'exposer à pareille déception. Comme il comptait sur le maréchal Suchet, auquel il avait confié la défense de la frontière du Sud-Est, il le chargea de fortifier Lyon. Le temps manqua pour exécuter ces ordres. On fit bien quelques mouvements de terrain à la Guillotière, et on installa sur ces remparts improvisés quelques canons fournis par les arsenaux de la marine; mais, si l'ennemi s'était présenté, Lyon aurait été incapable d'opposer une résistance sérieuse.

Convaincu de la nécessité d'opposer partout à l'ennemi, à défaut des hommes qui lui manquaient encore, des pierres et des canons, l'Empereur ordonna d'entreprendre partout à la fois d'importants travaux de défense et d'entretien. En effet dans le Jura, sur les Vosges, en Argonne, dans la forêt de Mormale, on ébaucha quelques ouvrages de campagne, et partout les populations travaillèrent avec empressement à cette œuvre de défense commune; mais on n'eut le temps de rien finir. Quant à nos anciennes places de guerre, bien que Napoléon ait encore ordonné de les réparer et de les approvisionner, malgré tous ses efforts et toutes ses dépenses, il n'avait réussi, quand il fut renversé, qu'à approvisionner pour quatre ou cinq mois nos places de première ligne, mais rien encore n'avait été entrepris pour nos places de seconde, et à plus forte raison pour nos places de troisième ligne.

En résumé l'armée régulière était bien organisée, mais peu nombreuse; l'armée de réserve n'existait que sur le papier; les fortifications étaient insuffisantes. On acceptait donc la lutte dans de mauvaises conditions, et, si l'on ne compensait pas cette infériorité par des prodiges de courage et par une direction intelligente, il n'était pas difficile de prévoir l'issue de la prochaine campagne.

Or le commandement de l'armée laissait à désirer. Sans doute l'Empereur était toujours là. On pouvait compter sur ses inspirations soudaines, et le danger allait sans doute lui rendre l'énergie et l'heureuse activité de la jeunesse; mais les terribles épreuves par lesquelles il avait passé, les défaites et les malheurs qu'il avait subis, l'avaient vieilli avant l'âge. « Le long exercice du pouvoir absolu, les efforts prolongés d'une ambition sans limites, le travail excessif du cabinet et de la guerre, les émotions, les angoisses de ces trois années de désastres inouïs, la chute soudaine de cet empire qu'il avait cru fondé à jamais, l'odieuse oisiveté de l'exil, une double maladie dont les crises se multipliaient en s'aggravant, avaient profondément altéré sa vigoureuse organisation. » (Charras.) Lui qui, naguère encore, savait si bien résister au sommeil, il en subissait maintenant les exigences. Les courses à cheval le fatiguaient. Sans doute il gardait toujours la même puissance de conception, mais il n'avait plus de persévérance dans ses plans, et, ce qui était plus grave, plus de fixité dans ses résolutions. Ainsi que l'a remarqué Benjamin Constant, « il interrompait les conversations les plus importantes pour se livrer à des entretiens qui ne touchaient en rien à ses destinées. Sa puissance d'attention semblait à son terme. » Il n'avait conservé de son ancienne ténacité que l'obstination, et comme il s'entêtait à voir les faits non pas tels qu'ils étaient, mais tels qu'il aurait convenu à ses intérêts qu'ils fussent, il se trompait souvent dans ses calculs. Ce n'était plus, en un mot, le Napoléon de Marengo ou même de Wagram, c'était un général usé, fatigué, mais dont le génie pouvait avoir de soudains réveils, et qui demeurait, malgré ses défaillances, le plus redoutable des conducteurs d'armée.

Le plus fâcheux, c'est qu'il était mal secondé par ses lieutenants. Sans doute Davout était toujours là, dont le ferme bon sens, la froide intrépidité n'avaient point varié ; mais sa présence à Paris était indispensable, et il ne pouvait accompagner l'Empereur à l'armée. On pouvait également compter sur Ney ; mais le Rousseau, comme l'avaient surnommé les soldats, n'était qu'un homme d'exécution, le plus brave des braves, et nullement un tacticien. Soult offrait aussi ses services ; mais on se défiait de lui. Il avait trop souvent varié dans ses opinions politiques. L'Empereur se décida pourtant à le nommer major-général de l'armée, espérant qu'il retrouverait en lui l'excellent manœuvrier d'Austerlitz ; mais Soult ne convenait pas à ces délicates fonctions : il n'était pas fait pour ces mille détails qui réclament une attention soutenue et une mémoire spéciale. Berthier, avec sa prodigieuse faculté d'assimilation et son étonnante mémoire, aurait été l'homme de la situation, mais il avait accompagné le roi à Gand. Marmont, le héros de la campagne de France, Gouvion Saint-Cyr et Victor avaient également cherché un refuge à l'étranger. Masséna, Augereau, Jourdan, Macdonald lui-même étaient vieillis et usés. Brune depuis trop longtemps avait été tenu à l'écart des grandes affaires. Grouchy, récemment nommé maréchal, ne s'était encore fait remarquer que par sa vaillance. Murat ne comptait plus. Suchet seul était capable de rendre de grands services, mais l'Empereur l'avait désigné comme son lieutenant dans la région des Alpes. Il y avait bien parmi les généraux de division des candidats au maréchalat : Gérard, Vandamme, Drouet d'Erlon, Clauzel, dont l'Empereur se réservait de récompenser les services en leur conférant cette dignité, mais la plupart d'entre eux étaient fatigués par vingt ans de guerre. Les uns étaient même découragés, et les autres éprouvés par des défaites. Certes tous étaient braves et intrépides, mais ils n'avaient plus l'audace et l'activité des premiers jours, et n'étaient plus à l'épreuve d'un revers.

Les officiers et les soldats valaient mieux que les généraux. Ils étaient pleins d'ardeur et de résolution patriotique, mais ils se défiaient de plusieurs chefs, surtout des hauts placés. Les proclamations du golfe Juan avaient contribué à répandre ces idées en attribuant à la trahison les malheurs de 1814. Aussi bien il ne manquait pas de Français, oublieux de leurs devoirs en face de l'ennemi, qui ne rougissaient pas de faire appel à la désertion. C'était surtout à la frontière de Belgique que se pressaient ces embaucheurs suspects. Quelques-uns d'entre eux n'avaient pas inutilement répandu leurs fatales calomnies, et c'était une croyance répandue dans l'armée que la cour de Gand y comptait des dévouements prêts à se manifester à la première occasion.

Un chef suprême vieilli avant l'âge, mais capable d'un suprême effort; des généraux énervés par le luxe et les jouissances, braves encore, mais n'ayant plus la confiance en eux-mêmes qui jadis leur assurait la victoire; des soldats résolus et déterminés, mais ne croyant plus qu'à l'Empereur, c'est-à-dire une armée solide, vaillante, mais nerveuse, impressionnable à l'excès, capable d'un grand élan mais sujette à d'irrémédiables défaillances, telle était notre situation militaire au moment où l'Empereur se décida à entrer en campagne.

Les alliés n'avaient pas seulement pour eux la supériorité du nombre et de l'armement, ils avaient aussi l'unité de direction et l'unanimité dans l'expression de leur haine contre la France. Richelieu, le futur ministre de Louis XVIII, se trouvait alors près du Tsar. Il a consigné, dans de curieuses lettres à son ami le comte de Rochechouart, l'impression qu'il éprouvait à la vue des soldats russes et autrichiens qui se préparaient à entrer en campagne : « La guerre se fera avec un extrême acharnement. Les armées alliées sont montées au dernier degré d'irritation contre une nation qui ne paraît jetée au milieu de l'Europe que pour faire son malheur. Je crains bien qu'il ne soit pas possible, quelque soin qu'on y apporte, d'user d'une aussi grande modération qu'à la campagne dernière. Tout cela et bien d'autres choses encore ne nous promet rien de bien heureux. Aussi faut-il vivre au jour le jour et nous résigner à notre sort (3 mai). » Dans une autre lettre, du 26 mai : « Les dispositions des chefs des armées alliées, écrivait-il, sont excellentes, mais il sera difficile de retenir dans une exacte discipline six ou sept cent mille hommes, excessivement animés, et qui devront d'ailleurs vivre aux dépens du pays. Que de maux de toute espèce vont fondre sur cette malheureuse France ! » Les Anglais, plus froids de tempérament, cachaient mieux leurs convoitises, mais leurs généraux proclamaient bien haut que l'heure était enfin venue de faire rendre gorge aux ennemis séculaires de la Grande-Bretagne. Quant aux Allemands, aux Prussiens surtout, ils ne variaient pas dans l'expression de leur haine, et c'est au grand jour qu'ils annonçaient leur résolution de partager et en tout cas de piller la France. « Braves camarades, osait écrire le gouverneur général des provinces du Rhin, Justus Grunner, ce n'est pas pour rendre à la France des princes dont elle ne veut pas, ce n'est pas dans l'intention de chasser encore ce guerrier dangereux qui s'est mis à leur place, que nous armons aujourd'hui ; c'est pour diviser cette terre impie que la politique des princes ne peut laisser subsister ; c'est pour nous indemniser, par un juste partage de ses provinces, de tous les sacrifices que nous avons faits depuis vingt-cinq ans pour résister à ses désordres. Guerriers, cette fois vous ne combattrez pas à vos dépens... Les princes et les sujets allemands trouveront à la fois dans les fruits de cette guerre contre la tyrannie, les premiers des vassaux que nos lois feront courber sous la discipline, les seconds des biens fertiles dans un pays que nos baïonnettes maintiendront dans la terreur nécessaire. » Voici comment le *Mercure du Rhin*, journal qui avait des allures officielles et passait pour être rédigé sous l'influence d'un des principaux ministres de la coalition, le baron de Stein, osait parler de la France et de l'armée française : « Il faut exterminer cette bande de 500 000 brigands : il faut faire plus, il faut déclarer la guerre à toute la nation, et mettre hors la loi tout ce peuple sans caractère, pour qui la guerre est un besoin. La France partagée ou les chaînes de la France, voilà notre alternative. Si nous avons de justes motifs pour vouloir que Napoléon disparaisse de la scène politique comme prince, nous n'en avons pas de moins grands pour anéantir les Français comme peuple. Il n'est pas besoin pour cela qu'on les égorge. Il suffira de leur donner beaucoup de princes au lieu d'un Empereur, et de les organiser à l'instar du peuple allemand. Le monde ne peut rester en paix tant qu'il existera un peuple français ; qu'on le change donc en peuple de Bourgogne, de Neustrie, d'Aquitaine, etc. ; ils se déchireront entre eux, mais le monde sera tranquille pour des siècles. »

Ce n'étaient pas là de vaines déclamations. Nos ennemis voulaient réellement le partage de la France et l'extermination de notre armée. Animés de la même fureur de haine qu'en 1813, ils confondaient dans le même anathème les Français et leur chef, et, tout pleins des souvenirs des humiliations passées, ne rêvaient que notre anéantissement. Aussi le peuple, avec son admirable bon sens, comprenait très bien qu'il s'agissait moins encore du renversement de la dynastie que de son indépendance nationale. Il se tenait debout dans les camps, dans les forteresses, à l'armée, prêt à tous les efforts, à tous les sacrifices. Ceux-là même qui avaient pris les armes pour les Bourbons, les Vendéens, firent savoir qu'ils étaient prêts à partir contre l'ennemi commun. De part et d'autre c'était donc une lutte à outrance qui se préparait, et l'on n'ignorait, ni d'un côté ni de l'autre, que les vaincus ne seraient pas épargnés.

Voici le plan d'invasion auquel les souverains alliés, réunis à Heidelberg pour être plus près des événements, s'étaient arrêtés. Paris était l'objectif commun. Trois grandes armées, parties de directions différentes, devaient se concentrer sous ses murs, refoulant devant elles les soldats de Napoléon. La première armée, Autrichiens et Allemands du Midi, commandée par Schwarzenberg, franchirait le Rhin sur deux colonnes, à Bâle et à Gemersheim, forcerait les passages des Vosges et filerait par Saint-Dizier et Châlons-sur-Marne vers Paris. La seconde armée, Russes commandés par Barclay de Tolly, franchirait la Sarre, la Moselle entre Thionville et Metz, la Meuse près de Verdun et se dirigerait sur Paris par Châlons-sur-Marne et Reims. La troisième armée, composée d'Anglais, de Belges, de Hanovriens et de Prussiens, passerait la frontière entre Maubeuge et Avesnes, et par Laon et Soissons marcherait sur Paris. Un immense arc de cercle était donc décrit d'Ostende à Bâle, qui devait se courber progressivement et enserrer Paris. Il avait été recommandé à tous les généraux de rester sur la défensive et d'éviter la bataille toutes les fois qu'ils auraient en face d'eux Napoléon, mais au contraire de résolument attaquer s'ils ne rencontraient que ses lieutenants. Comme il était difficile, à cause de l'éloignement des Russes et des Autrichiens, de commencer tous ensemble les hostilités, il avait été convenu de ne les ouvrir qu'au 1er juillet, alors que toutes les armées alliées seraient en ligne et occuperaient leur poste d'invasion. Une attaque excentrique avait de plus été résolue. Une armée austro-piémontaise, commandée par Frimont et Osaco, avec Lyon pour objectif, devait manœuvrer sur les Alpes, mais de façon à pouvoir, en cas de besoin, se relier à la gauche de Schwarzenberg. Enfin les Anglais se chargeaient de bloquer nos côtes et de neutraliser nos escadres. Tel était dans ses lignes principales le plan d'attaque des alliés.

Pour Napoléon, il avait à choisir entre deux systèmes bien tranchés, la défensive et l'attaque. Dans la première hypothèse, les alliés ne pouvant, selon toute vraisemblance, ouvrir les hostilités qu'en juillet, on avait devant soi plusieurs mois pour compléter les armements, augmenter les fortifications et faire de Paris et de Lyon deux immenses camps retranchés où se briseraient tous les efforts de l'ennemi, obligé de laisser derrière lui de nombreuses places fortes et de contenir à la fois nos corps de partisans et les paysans insurgés. Dans la seconde hypothèse, des trois armées qui devaient envahir la France une seule, l'armée anglo-prussienne, se trouvant en ligne, l'Empereur trouverait peut-être son avantage à l'attaquer. S'il était victorieux, la coalition était brisée, car, du coup, le ministère anglais était renversé, les Prussiens rejetés sur la rive droite du Rhin, et nous étions rejoints par nos anciens concitoyens, les Belges, et par nos anciens alliés, Hollandais, Bavarois, Saxons et Wurtembergeois. Dès lors, forts de notre nombre, maîtres de la Belgique et du Rhin, nous pourrions obtenir, avec une paix honorable, ces frontières naturelles de la France qu'on venait de nous arracher si durement.

Napoléon adopta l'un et l'autre système, mais en les combinant de façon à les fortifier l'un par l'autre. Il aurait voulu, une fois terminés les grands travaux destinés à rendre Paris et Lyon à peu près imprenables, concentrer ses forces actives et tomber sur l'armée anglo-prussienne. En cas de succès, il n'y aurait qu'à profiter de ses avantages. En cas de défaite, on se replierait sur Paris et Lyon, et le système défensif reprendrait le dessus. Sans doute il était dangereux de s'exposer, après un échec retentissant, à revenir à la défensive; mais si l'on était vainqueur, et on espérait bien le devenir, la coalition était comme brisée, et la guerre se trouvait du coup reportée au delà de nos frontières. Napoléon se décida donc à prendre l'initiative des hostilités. Aussi bien l'attaque semblait plus conforme non seulement à son génie, mais encore au caractère et aux traditions de la nation; et d'ailleurs, si on restait sur la défensive, n'abandonnerait-on pas aux ravages des armées alliées l'Alsace, la Lorraine, la Champagne, la Bourgogne, la Flandre, c'est-à-dire des provinces patriotiques et dévouées à la cause impériale? L'hésitation n'était pas possible : l'attaque fut résolue.

Aux premiers jours de juin, sans parler de deux corps d'armée dits du Rhin et des Alpes, forts le premier de 16 800 hommes, commandés par Rapp, et le second de 21 000 hommes, commandés par Suchet; sans parler de cinq corps dits d'observation du Jura, du Var, du Midi, des Pyrénées et de la Vendée, forts de 47 500 hommes et commandés par Lecourbe, Brune, Clauzel, Decaen et Lamarque, l'Empereur pouvait disposer d'environ 120 000 hommes. Il les répartit en sept corps. Les cinq premiers, comprenant l'armée proprement dite, étaient menés au feu par Drouet d'Erlon, Reille, Vandamme, Gérard et Lobau. La garde impériale formait le sixième avec Mortier pour commandant, et Grouchy commandait le septième, la réserve de cavalerie. On a prétendu que ces soldats se composaient des vieilles bandes de l'Empire : mais ces vieilles bandes avaient péri en Russie, en Saxe, en Champagne. L'armée qui allait combattre était composée surtout de conscrits. Moitié d'entre eux n'avaient jamais vu le feu. Il n'y avait de vieux soldats que dans la garde impériale, et encore, sur les 18500 hommes qui la composaient, comptait-on 4 à 5000 conscrits; mais ils étaient tous animés d'une résolution farouche. A la cérémonie du Champ de Mai, lorsque l'Empereur, après avoir prêté serment aux constitutions de l'Empire, distribua les aigles aux troupes qui assistaient à la cérémonie, il fut accueilli par des cris prolongés et formidables. Entraîné par cet élan, on raconte qu'il s'écria : « Ah! je puis conquérir le monde avec un tel peuple! » Ces acclamations se prolongèrent pendant le défilé, mais elles prirent un tel caractère de fureur patriotique que plusieurs témoins de cette scène grandiose furent agités de tristes pressentiments. Ils ont plus tard raconté qu'ils avaient cru entendre les cris poussés dans le cirque, devant les empereurs, par les gladiateurs qui allaient mourir : *Ave Cæsar, morituri te salutant!*

L'armée qui allait envahir la Belgique n'était donc pas une armée de grognards. A vrai dire, et ce fut un malheur, il n'y avait de fatigués et d'usés dans cette armée que les généraux. Dès 1813 Napoléon avait eu la pensée de les remplacer tous, en les laissant jouir des honneurs et des émoluments de retraites splendides, et de leur donner comme successeurs de jeunes divisionnaires, dont l'audace et la résolution auraient été surexcitées par l'espoir d'arriver, à leur tour, aux dignités suprêmes. Cette résolution, il n'eut pas le courage de s'y maintenir en 1814, et le temps lui manqua en 1815 pour l'exécuter. Lorsque approcha l'heure de la lutte, il n'osa pas confier la direction de l'armée à des chefs trop jeunes ou trop inexpérimentés. Étaient-ils donc tellement blanchis sous le harnois, tellement fatigués d'ans et de services, les généraux qui sauvèrent la France aux heures critiques de 1793 et 1794? Bonaparte lui-même avait-il donné tant de preuves de son génie militaire, quand on lui confia le commandement de l'armée d'Italie? L'Empereur eut le tort de ne pas se rendre compte de ce fait que les soldats, incessamment renouvelés, conservent l'ardeur habituelle, mais que les chefs, toujours les mêmes, se lassent vite, quand ils ne sont plus soutenus par l'ambition ou par l'énergie physique de la jeunesse. C'est ainsi que s'expliquent les revers éprouvés, à la suite de longues guerres, par des nations pourtant belliqueuses. Les soldats sont toujours aussi valeureux, aussi résolus, aussi dévoués, mais les chefs se montrent presque toujours inférieurs à leur passé.

Les deux armées ennemies qui nous étaient opposées se trouvaient dans de bien meilleures conditions. La première, commandée par Wellington, comptait 95 503 hommes (32 700 Anglais, 7 500 mercenaires allemands, 15 800 Hanovriens, 21 300 Hollando-Belges, 3 000 Nassoviens, 6 700 Brunswickois). Les Anglais et les Allemands étaient de vieux soldats éprouvés dans les guerres de la péninsule, fiers d'avoir porté le drapeau national du Tage à la Garonne, pleins de confiance en eux-mêmes et imbus du sentiment de la discipline. Les Hanovriens avaient presque tous fait les campagnes depuis 1812. Ils comptaientdans leurs rangs beaucoup d'officiers et de soldats de l'armée impériale. Les Hollando-Belges étaient tous d'anciens soldats français, assez inexpérimentés, car ils appartenaient aux dernières levées, mais résolus à maintenir leur indépendance nationale si chèrement acquise. On s'imaginait très à tort qu'ils étaient prêts à faire défection et à rejoindre leurs anciens camarades dont ils portaient encore l'uniforme. Ils étaient, au contraire, déterminés à faire honneur à leur nouveau drapeau. Quant au contingent du Nassau et du Brunswick, il partageait la fureur patriotique des autres Allemands, et ce n'était certes pas lui qui faillirait devant l'ennemi. Wellington était le digne chef de cette excellente armée. Bien que Napoléon ait cru le diminuer en l'accablant d'injures dans le *Moniteur*, disant de lui que c'était un présomptueux, un téméraire, destiné à essuyer de grandes catastrophes, bien qu'il ait changé ses succès en désastres, et n'ait pas voulu qu'on fît même allusion à la grande bataille de Vittoria, qui nous avait coûté l'Espagne, Wellington était le seul des généraux ennemis dont il redoutât le bon sens, la méthode, l'obstination dans l'adversité, la constance qui lui permettait de tirer parti même de ses fautes. Il le savait soigneux du bien-être de ses soldats, ménager de leur sang; aussi hésitait-il en quelque sorte à se mesurer contre lui, et le généralissime anglais, âme de fer dans un corps de fer, n'allait que trop justifier ces hésitations. Que dire de ses lieutenants? Tous avaient fait leurs preuves : Hill, Picton, Colville, Uxbridge, Ponsomby, vétérans d'Espagne, glorieux officiers qui avaient lutté à Talavera, à Torres Vedras, à Fuentès d'Onoro, aux Arapiles, à Vittoria, à Toulouse. Le prince d'Orange passait pour un tacticien consommé. Le duc de Brunswick était ce jeune homme qui, en 1809, avait osé presque seul se soulever contre la tyrannie impériale, et, par une

WELLINGTON.

étonnante campagne, avait réussi à se dérober à la poursuite des lieutenants de Napoléon. Chassé et Perponcher, les commandants de l'armée hollando-belge, avaient appris la guerre sous nos drapeaux. Tous étaient certes les dignes adversaires des généraux qu'ils avaient déjà rencontrés sur d'autres champs de bataille. Aussi bien Napoléon leur rendait justice à tous quand il disait à ses soldats qu'un Anglais valait un Français.

Il est vrai que, pour leur donner du courage, l'Empereur leur disait en même temps qu'un Français valait deux Prussiens. Cette appréciation était peut-être justifiée au temps d'Iéna et de Friedland, mais les vieilles troupes que commandait Blücher étaient tout à fait à la hauteur des nôtres. Animés jusqu'au fanatisme par l'amour de la patrie et retrempés dans leurs revers, les Prussiens poussaient à l'extrême la haine de Napoléon et de la France, et ils étaient bien résolus à montrer une fois de plus qu'ils n'étaient plus les soldats de Valmy et d'Auerstædt. Quant à leurs chefs, ils partageaient leurs passions, surtout Blücher, esprit peu cultivé, nature rude mais exaltée et aimant sincèrement son pays. Il était plein de résolution et d'audace. Il s'était habitué à la tactique de Napoléon, avec lequel il ne craignait plus de se mesurer, et tenait à justifier le surnom que lui avaient donné les soldats : *Marschall Vorwärts*, maréchal En Avant. C'était donc un adversaire de réelle valeur, et Napoléon avait grand tort de le dédaigner. A eux seuls les 124 000 Prussiens de Blücher, répartis en quatre corps sous le commandement de Ziethen, de Pirch I, de Thielman et de Bulow, étaient certes capables de tenir tête aux Français. Napoléon allait donc engager une partie bien redoutable dans les plaines de la Belgique, puisqu'il allait se heurter à deux armées excellentes, bien commandées, et dont la réunion le constituait en état marqué d'infériorité numérique; mais il espérait les surprendre, les séparer et les battre l'une après l'autre. Cette tactique audacieuse lui avait déjà réussi. A l'heure du danger suprême il comptait retrouver ses inspirations et son génie d'autrefois : aussi le 12 juin 1815 entra-t-il en campagne plein de confiance et de résolution. Il s'acheminait, hélas ! vers le champ de bataille de Waterloo !

CHAPITRE VI

LIGNY ET LES QUATRE-BRAS

Napoléon, parti de Paris le 12 juin à 3 heures du matin, vint coucher à Laon et arriva le 13 à Avesnes. En avant de cette ville, sur la partie de la frontière comprise entre Maubeuge et Philippeville, se concentraient les troupes destinées à opérer contre les Anglo-Prussiens. Tous les ordres avaient été donnés dans le plus grand secret, masqués par des opérations secondaires, des marches et des contre-marches. Ils furent habilement exécutés. Le 14 au matin l'armée se trouvait réunie à une lieue environ de la frontière, si bien cachée par des monticules et des bois, que l'ennemi ne soupçonnait pas sa présence. Le moment était venu de se jeter sur les coalisés, de les déconcerter par une irrésistible attaque et de terminer par une éclatante victoire la mêlée où l'Empire avait une première fois failli disparaître. Fidèle à ses habitudes, l'Empereur fit mettre à l'ordre du jour une proclamation toute vibrante d'indignation patriotique. Il ne se contentait plus de faire appel aux gloires passées : il exposait les périls de l'heure présente. « Marchons à leur rencontre, s'écriait-il, eux et nous ne sommes-nous plus les mêmes hommes ? Soldats, à Iéna, contre ces mêmes Prussiens aujourd'hui si arrogants, vous étiez un contre trois, à Montmirail un contre six. Que ceux d'entre vous qui ont été prisonniers des Anglais vous fassent le récit de leurs pontons et des maux affreux qu'ils ont soufferts. Pour tout Français qui a du cœur, le moment est arrivé de vaincre ou de périr. » Les soldats accueillirent avec transports la lecture de la proclamation. Une fois de plus Napoléon avait trouvé le langage qui convenait aux circonstances.

Les Anglais étaient alors disséminés depuis la mer jusqu'à Nivelles. Le quartier général de Wellington était à Bruxelles, mais il avait désigné à toutes ses divisions, en cas d'attaque soudaine, la position des Quatre-Bras comme point de concentration. Quant aux Prussiens, cantonnés autour de Charleroi, de Namur, de Ciney et de Liège, ils avaient leur quartier général à Namur et leur point de concentration en avant de cette ville. L'Empereur pouvait, à son choix, ou se porter à gauche contre Wellington, ou à droite contre Blücher; mais, en ce cas, les armées ennemies restaient réunies, et celle des deux qui ne serait pas attaquée viendrait forcément au secours de l'autre. Au contraire, en perçant la ligne ennemie à son point de jonction, vers Charleroi, il séparait les Anglais des Prussiens, et pouvait facilement faire tomber son premier effort contre les uns ou contre les autres. Ce fut à ce dernier parti qu'il s'arrêta et il se résolut en même temps, dès qu'il aurait isolé les deux généraux, à attaquer tout d'abord Blücher. Il connaissait son caractère entreprenant. Il était bien certain, s'il ne l'attaquait pas le premier, de l'avoir bientôt sur ses derrières; tandis que Wellington, plus froid, plus méthodique, viendrait, lui aussi, au secours de son collègue, mais plus tard, quand il serait écrasé dans une première bataille que Napoléon se réservait de gagner. Ces calculs étaient justes. Ils étaient fondés sur la connaissance du tempérament des deux armées et du caractère des deux généraux. S'ils ne réussirent pas, c'est qu'il est impossible de lutter contre la fatalité, et que la France était condamnée.

Il s'agissait avant tout de passer la Sambre. Tous les ordres avaient été donnés avec une grande précision. Le 15 au matin les divisions s'ébranlèrent dans trois directions, Marchiennes, Charleroi, le Châtelet. Tout à coup des cris furieux éclatent dans une des divisions du 4e corps, celle que commandait Bourmont. Ce général en effet, sous prétexte d'observer les avant-postes, s'était porté en avant de ses soldats, avec cinq officiers et quelques cavaliers d'escorte. Il avait congédié ces derniers en leur donnant une lettre pour le général Gérard, et au grand galop s'était, avec cinq de ses aides de camp, jeté dans les rangs ennemis, qui s'étaient ouverts pour le laisser passer. Cette désertion accomplie au milieu d'un mouvement stratégique et par un général qui avait reçu communication de l'ordre de mouvement produisit un effet désastreux. Non seulement le moral de l'armée en fut affecté, mais encore, comme résultat matériel, les dispositions de l'Empereur pour dérober sa marche à Blücher devenaient inutiles. On avait espéré le surprendre à Charleroi dans la nuit du 15 au 16, et dès le 15 au matin, grâce à cette déplorable défection, il se trouvait averti ; c'est-à-dire que, par ce seul fait que les Prussiens étaient sur leurs gardes, Napoléon perdait le bénéfice de son entrée en campagne. D'imprudents apologistes ont essayé d'excuser la conduite de Bourmont. Elle est d'autant plus inexcusable que cette trahison paraît avoir été préméditée. On se défiait de Bourmont. Davout avait durement, et à plusieurs reprises, refusé de le rappeler à l'armée avec un emploi de son grade. Bourmont avait fait agir sur l'entourage de l'Empereur. Labédoyère, le comte de Flahaut, Gérard avaient en vain sollicité sa réintégration. Ney lui-même s'était porté garant de son honorabilité. Napoléon se laissa fléchir, mais Davout fut inexorable. Il se laissa demander quatre fois cette nomination, et ne se décida à la signer qu'après une scène violente. « Prenez garde, Sire, aurait-il dit à l'Empereur, les bleus sont les bleus et les blancs sont les blancs. » Pour mieux marquer que c'était contre son gré qu'il acceptait la mise en activité de Bourmont, Davout avait ainsi rédigé ses ordres de service : « L'intention de l'Empereur étant que », etc. Les préventions du ministre de la guerre n'étaient que trop fondées. Dès qu'il fut en présence des Prussiens, Bourmont passa à l'ennemi. Le fait est indéniable. Aussi bien les Prussiens eux-mêmes rougirent de leur auxiliaire inattendu. On raconte que Blücher accueillit plus que froidement le traître, que Ziethen s'était hâté de lui envoyer à son quartier de Sombrefe. Un de ses aides de camp lui ayant fait remarquer que Bourmont portait déjà la cocarde blanche, le vieux soldat répondit sans s'inquiéter de savoir si Bourmont comprenait l'allemand : « Qu'importe la cocarde ! Un coquin reste toujours un coquin ! »

Gérard, averti de la défection, se porta en avant de la division que Bourmont venait d'abandonner, et, par quelques mots énergiques et indignés, essaya de ramener le calme dans les esprits : mais le coup était porté. De plus en plus les soldats virent partout des traîtres et attribuèrent à la trahison tous les malheurs de la campagne. Le lendemain, lorsque les premiers coups de fusil furent tirés à Saint-Amand, un vieux caporal se présentait à l'Empereur : « Sire, lui dit-il, méfiez-vous du maréchal Soult. Il nous trahit. — Sois tranquille, j'en réponds comme de moi. » En pleine bataille, lorsque Vandamme se porta, pour la reconnaître, à la rencontre de la division Drouet d'Erlon, ses soldats crurent qu'il passait à l'ennemi. Sur le soir, un dragon, le sabre tout dégouttant de sang, vint annoncer à l'Empereur que le général Maurin haranguait ses troupes pour les mener à l'ennemi, et cela au moment même où ce brave général essayait de les entraîner en leur adressant quelques paroles vibrantes. Ces préoccupations devaient, pendant toute la campagne, troubler et bouleverser l'armée, et c'est au cri de trahison! sauve qui peut! que commencera la débandade de Waterloo.

Napoléon aurait voulu, dans cette première journée, occuper, en arrière de Fleurus, le plateau désigné comme point de concentration des quatre corps prussiens. Ziethen, dont le quartier général était à Charleroi, se présentait le premier à ses coups. Ses postes, surpris à Thuin et à Lobbes, furent culbutés et rejetés sur Marchiennes. Quelques bataillons prussiens essayèrent de tenir en avant de cette ville, mais ils furent rompus et obligés de se retirer en désordre sur Charleroi. Pendant ce temps la cavalerie légère du général Pajol balayait tous les postes entre la frontière française et cette ville, s'avançait sur Charleroi, s'emparait de cette ville après un vigoureux combat et rejetait Ziethen sur Gilly. Vandamme avait reçu l'ordre d'appuyer ce mouvement, mais l'officier porteur de cet ordre s'était cassé la jambe en tombant de cheval et n'avait pas été remplacé : aussi Vandamme, qui aurait dû se trouver à Charleroi dès neuf heures du matin, n'y arriva qu'à deux heures de l'après-midi et ne put commencer l'attaque de Gilly qu'à six heures du soir. Ziethen ne cherchait qu'à gagner du temps et à rejoindre le gros de l'armée prussienne. Il sacrifia quelques bataillons, mais opéra sa retraite en bon ordre. Impatienté par ces retards, l'Empereur envoya quelques escadrons de cavalerie précipiter le mouvement. Ce fut dans cette charge que fut frappé à mort le général Letort, un de ceux qui avaient supporté avec le plus de peine la présence des ennemis en France.

La Sambre passée, 12 à 1500 hommes tués ou pris, les Anglais séparés des Prussiens, les Prussiens disséminés et s'offrant séparément aux coups de l'Empereur, en un mot tout ce qui prépare et annonce un succès définitif, tel était le résultat de cette première journée. On se demande avec étonnement pourquoi Napoléon n'a pas mieux profité de ce brillant début. Les quatre corps prussiens étaient alors isolés : Ziethen entre Ligny et Saint-Amand, à 5 ou 6 lieues en arrière de la ligne qu'il occupait le matin, Pirch I à Mazy à 2 lieues de Ziethen, Thielman à Namur à 7 lieues de Ziethen, et Bulow à Liège à 20 lieues. Ils s'offraient séparément aux coups de Napoléon, et ne pouvaient attendre aucun appui les uns des autres. Pourquoi les a-t-il laissés se concentrer ? Pourquoi ne s'est-il pas jeté sur Ziethen et Pirch qu'il tenait pour ainsi dire entre les mains ? Thielman arrivant de Namur n'aurait pu rejoindre ses collègues. Il aurait partagé leur sort, et les débris des trois divisions prussiennes n'auraient pu que se réunir péniblement à Bulow, pour tenter un dernier combat, qui probablement leur eût été funeste. Les apologistes de l'Empereur prétendent que les Français étaient en marche depuis le matin, et que les têtes de colonne se trouvaient seules en face de l'ennemi. Ils rejettent volontiers les lenteurs de la manœuvre sur les hésitations de Vandamme encore sous le coup du désastre de Külm, sur Reille et Drouet d'Erlon mal remis de la journée de Vittoria. Le plus certain, c'est que les généraux n'osaient pas agir quand Napoléon était absent, et surtout que l'Empereur n'était plus le tacticien de 1807 ou de 1809. Il n'avait plus les audaces de la jeunesse, et voulait n'agir qu'à coup sûr et d'après toutes les règles. Il aurait mieux fait de s'inspirer des circonstances, et de profiter de la bonne volonté et de l'entraînement de ses soldats. Blücher fut plus audacieux et plus heureux.

Surpris par cette irruption subite des Français dans ses lignes, le généralissime prussien avait tout de suite compris la nécessité de tenir tête, non seulement pour ne pas être détruit en détail, mais aussi pour donner à l'armée anglaise le temps de le rejoindre. Pendant toute la nuit ses troupes manœuvrèrent pour se rapprocher et se concentrer. Il ne fallait pas compter sur Bulow encore trop éloigné, mais Thielman d'un côté, Ziethen de l'autre, opérèrent leur jonction avec Pirch I, et près de 80 000 hommes se trouvèrent réunis entre les mains de Blücher. Avec une hardiesse qui l'honore, Blücher résolut aussitôt non seulement de livrer bataille, mais aussi de prendre l'offensive. Il est vrai qu'il comptait sur la coopération de Wellington.

Le généralissime anglais avait reçu le 15, à quatre heures après midi, à Bruxelles, une première dépêche de Blücher, mais il se persuada très à tort que les Français marchaient contre lui, et ne changea rien à ses dispositions. Une seconde dépêche, à dix heures du soir, lui apprend le passage de la Sambre et les combats en avant de Charleroi. Ce n'étaient pas les Anglais qui étaient attaqués, mais les Prussiens. Wellington donna aussitôt l'ordre de concentration à ses divisionnaires : mais, soit qu'il ne crût pas à l'imminence du danger, soit qu'il affectât une sécurité qu'il croyait indispensable, il se rendit à un grand bal donné par la duchesse de Richmond. A minuit, troisième dépêche, très explicite. Les Français débouchent en masse sur leur extrême droite. Wellington quitte aussitôt le bal, et ordonne à ses troupes de courir en avant de Bruxelles, à la position des Quatre-Bras, puis il rejoint Blücher au moulin de Bussy, et lui promet pour la journée du 16, vers les quatre heures, le concours de son armée. Dès lors Blücher n'hésite plus, et, fort de la promesse de son collègue, se dispose à livrer bataille.

Les Anglais avaient perdu bien du temps à toutes ces fausses manœuvres. Si Napoléon, profitant de ces retards et de la longueur de la journée, s'était précipité sur Blücher avec toutes ses forces, il l'aurait accablé. Par malheur il ne crut pas à la témérité des Prussiens. Il ne s'imagina pas qu'ils oseraient l'attendre et même le provoquer. Ce fut seulement à dix heures du matin, le 16 juin, qu'il quitta Charleroi et s'avança vers Fleurus, non pas pour livrer bataille, mais pour examiner et reconnaître les lieux. Il lui suffit de gravir un moulin en avant de Fleurus pour apercevoir l'armée prussienne rangée en bataille. Le doute n'était plus possible : Blücher était disposé à livrer bataille. Il n'était que temps de relever le défi, car nous pouvions, d'un instant à l'autre, être pris entre deux feux.

L'Empereur, dans la prévision de la marche des Anglais au secours des Prussiens, avait détaché de son armée les corps de Reille et de Drouet d'Erlon, et en avait confié le commandement au maréchal Ney. Comptant sur la solidité tant de fois éprouvée de son lieutenant, il lui avait enjoint de se porter à la position des Quatre-Bras, de s'y fortifier, et de tenir de fortes avant-gardes sur les routes de Bruxelles et de Nivelles. Il ignorait alors que cette position était justement le point de concentration indiqué par Wellington à ses lieutenants, et ne se doutait pas par conséquent qu'il exposait Ney à

LIGNY — LES QUATRE-BRAS — WATERLOO.

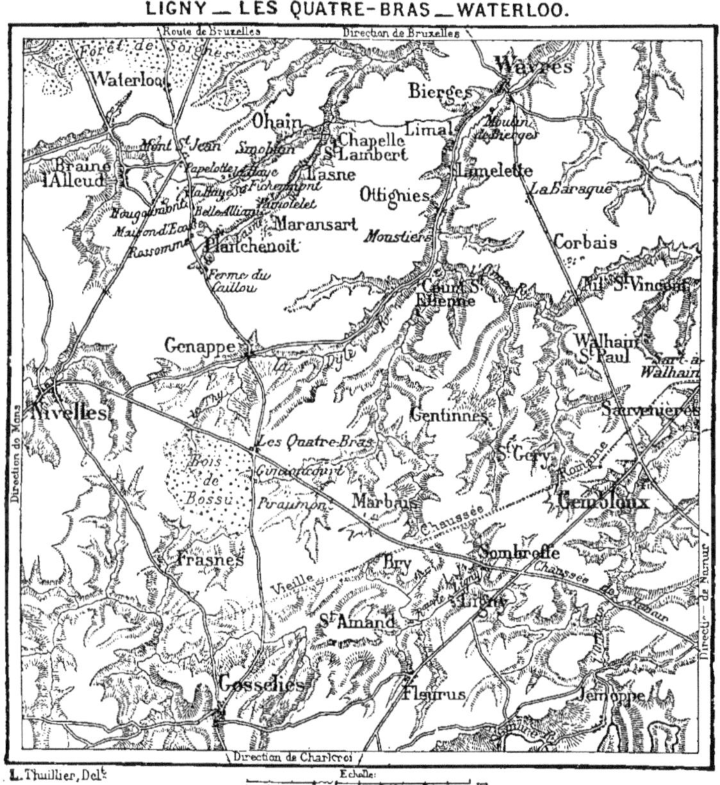

un grand danger; mais, eût-il connu ce danger, qu'il l'aurait tout de même bravé, car il fallait à tout prix contenir au moins vingt-quatre heures l'armée anglaise pour se donner le temps d'écraser l'armée prussienne. Avec les corps de Vandamme, de Gérard et de Lobau, avec la garde impériale et la réserve de cavalerie, Napoléon s'était chargé de Blücher, mais il devait se hâter, car, si les Prussiens résistaient plus que de raison, si les Anglais profitaient de ce répit pour accabler Ney, la situation devenait critique, et, après avoir eu tous les avantages de l'offensive, on allait être réduit à une bataille défensive et dans de déplorables conditions, pressé et comme cerné entre deux armées ennemies. Il était donc nécessaire de livrer bataille sans plus tarder, et plus nécessaire encore de gagner cette bataille.

La plaine où allaient s'entre-choquer les deux armées française et prussienne ressemble à toutes les plaines de Belgique. C'est un immense champ, où les moissons ondulaient alors à perte de vue, et qui était propre aux embuscades. Dans ces vastes espaces où l'on croit tout voir d'un coup d'œil, des milliers d'hommes peuvent, en effet, se dérober derrière un mur de quelques pieds ou dans un bouquet d'arbres. César ne se laissa jamais surprendre à la guerre que sur les bords évasés de la Sambre. Luxembourg à Steinkerque faillit être enlevé par Guillaume d'Orange. Napoléon n'ignorait pas cette disposition des lieux, et il avait pris toutes ses précautions. Deux plans inclinés l'un vers l'autre et coupés par un ruisseau au cours lent et incertain, le Ligny, étaient alors occupés, le premier, le plus élevé, par nos soldats, et le second, celui que masquaient à droite le village de Saint-Amand, au centre dans un pli de terrain celui de Ligny, à gauche le gros bourg de Sombref, par les Prussiens. Saint-Amand et Ligny étaient plutôt des réunions de fermes isolées que des villages, mais les maisons étaient bâties en grosses pierres, toutes protégées par des cours avec de hautes murailles, qui pouvaient, entre les mains de soldats résolus, se transformer en autant de bastilles. Le caractère principal de la journée allait donc être l'attaque de ces villages : de toutes les opérations la plus meurtrière, car des régiments fondent, des brigades disparaissent, des divisions s'anéantissent dans ces terribles engagements corps à corps, où tous les coups portent, où la résistance est aussi acharnée que l'attaque, et où la victoire reste toujours à celui qui a su se ménager une réserve.

Afin de rendre impossible la jonction projetée de Wellington et de Blücher, et malgré les obstacles accumulés, Napoléon se décida à attaquer les Prussiens à droite et sur le centre, c'est-à-dire à Saint-Amand et à Ligny. Il se contenta d'une démonstration sur

Sombref : il y porta en effet sa réserve de cavalerie comme pour faire croire à un grand effort, mais uniquement pour retenir Thielman dans cette direction. Sa réserve d'infanterie était massée vers Fleurus et soigneusement dissimulée, de façon à ne s'ébranler qu'au dernier moment pour se porter au centre. La conception de ce plan de bataille était excellente, et tout à fait digne des meilleures inspirations de l'Empereur. Son grand tort fut d'en différer trop longtemps l'exécution. Puisque, d'après son expression, il trouvait les Prussiens en flagrant délit de formation, il aurait dû ne pas attendre jusqu'à trois heures de l'après-midi avant de commencer la bataille. Etait-il souffrant comme à la Moskowa ? Voulait-il donner à Ney le temps de battre les Anglais et de tomber sur le flanc de Blücher ? On l'ignore : peut-être a-t-il livré lui-même son secret quand il écrivit plus tard à Sainte-Hélène : « Il est sûr que, dans ces circonstances, je n'avais plus en moi le sentiment du succès définitif. Ce n'était plus ma confiance première. Il est certain que je sentais qu'il me manquait quelque chose. » En effet l'adversité rend timide. Napoléon avait le sentiment de son immense responsabilité. Il ne voulait plus jouer qu'à coup sûr, mais les joueurs heureux ne sont-ils pas toujours ceux qui ne craignent pas de risquer leur enjeu !

Vandamme et Gérard ont enfin reçu l'ordre de se porter sur Saint-Amand et sur Ligny. Les soldats accueillent avec de longs cris de joie la nouvelle, et s'avancent à pas rapides. Vandamme arrive le premier. Dispersés dans les maisons et les jardins, la main sur la détente de leurs fusils, les Prussiens les attendent immobiles. Tout à coup éclate un long feu de mousqueterie. Nos soldats ne se laissent pas arrêter, et, d'un premier élan, emportent l'église, le cimetière et les maisons voisines. Alors s'engagent, autour de chaque arbre, de chaque fossé, de chaque clôture, de furieux combats à l'arme blanche. Point de quartier. On se tue dans les chambres, dans les caves, à travers les blés, au milieu des fleurs. Les Français réussissent pourtant à occuper le ruisseau de Ligny, et déjà posent le pied sur le plateau de Bry, lorsque Blücher accourt de sa personne à la tête de plusieurs bataillons de réserve, et rejette nos régiments sur le bord opposé.

Au même moment Gérard s'élançait sur Ligny. Les Prussiens avaient crénelé toutes les maisons qui bordent le ravin, mais ils ne purent tenir contre l'impétuosité de l'attaque. Ce fut une épouvantable mêlée. Corps à corps et pied à pied les deux armées se disputent avec acharnement chacune des positions occupées par les troupes. Rien ne les arrête. Les obus avaient enflammé plusieurs maisons, mais on continuait à se battre au milieu des flammes. Des blessés se relevaient pour achever d'autres blessés. « Il semblait, a raconté un témoin oculaire, que chacun d'eux eût rencontré dans son adversaire un ennemi mortel et se réjouît de trouver enfin le moment de la vengeance. » Ligny fut pris et repris quatre fois. « Ce combat peut être considéré comme un des plus acharnés dont l'histoire fasse mention », a écrit Blücher dans son rapport sur cette journée.

Malgré l'acharnement de la lutte, rien encore n'était décidé. Il est vrai que l'artillerie française, placée au-dessus des villages, faisait éprouver des pertes énormes aux réserves prussiennes laissées à découvert, tandis que les nôtres étaient soigneusement masquées par des plis de terrain; mais il pouvait y avoir du péril à laisser plus longtemps les troupes de Vandamme et de Gérard aux prises avec des forces triples. Napoléon se décida à faire intervenir sa gauche qu'il avait soigneusement ménagée, espérant la faire concourir, avec les régiments de Ney, dont il attendait toujours l'arrivée sur le champ de bataille, à la destruction de l'armée prussienne; mais Ney n'arrivait pas. On ne recevait aucune de ses estafettes. On n'entendait même aucun bruit. Le jour s'avançait. Il était déjà cinq heures et demie. Napoléon donna des ordres, et la garde se mit en mouvement.

Tout à coup Vandamme aperçoit en arrière tout un corps d'armée qui accourait. L'éloignement ne permettait pas de distinguer les uniformes. Étaient-ce les Français de Ney? Étaient-ce les Anglais de Wellington ou les Prussiens de Bulow? Il était difficile de renouveler l'attaque sur Saint-Amand avant d'être fixé. Vandamme s'arrêta donc incertain, et Napoléon suspendit le mouvement de la garde. On sut bientôt que c'étaient des Français, tout le corps de Drouet d'Erlon, qui courait au canon. L'occasion se présentait d'accabler les Prussiens en jetant contre eux toute cette armée. Ainsi que Desaix à Marengo, ainsi que Davout à Eylau, ces 20 000 hommes survenant inopinément pouvaient convertir en désastre la défaite des Prussiens. Napoléon n'avait qu'un mot à dire, et ces soldats, pleins d'ardeur, ne demandant qu'à se battre, se ruaient sur les Prussiens. Leur attaque aurait été irrésistible. Ce mot, Napoléon ne le prononça pas, et bientôt, à la surprise de tous, on vit ces soldats faire volte-face et disparaître à l'horizon. Ils avaient sans doute reçu des ordres impératifs qui les rappelaient en arrière.

Sur ces entrefaites la nuit descendait sur ce champ de bataille, si vivement disputé, et les Prussiens n'étaient pas encore délogés de leurs positions. A sept heures du soir Napoléon reprit la manœuvre qu'il avait interrompue, et lança ses réserves : l'infanterie de la garde et une partie des cuirassiers sur Ligny, le reste de la cavalerie sur Saint-Amand. Rien ne résista. Abordés à la baïonnette par les grenadiers, sabrés par les cavaliers, les Prussiens lâchent pied et se retirent en désordre sur Sombref. Blücher, toujours intrépide, rassemble quelques escadrons, mais ils sont vivement ramenés par nos cuirassiers, qui, dans la charge, renversent Blücher et lui passent sur le corps. « A moi, Nostiltz! crie-t-il à son aide de camp. Je suis perdu ! » En effet, pendant un quart d'heure, Blücher tout meurtri, tour à tour foulé par nos cavaliers et par les siens, reste au pouvoir de nos troupes, et ne réussit à se dégager que quand elles se retirent. A ce moment un adjudant français quitte son rang et s'élance au galop. Le général Delort lui crie à pleine voix de revenir. « Que faites-vous là? — Regardez, mon général », répond à regret l'adjudant, et il lui montrait Blücher, qui se relevait à l'aide de quelques dragons prussiens et se sauvait au plus vite.

La bataille était gagnée. Près de 20 000 Prussiens restaient étendus morts ou blessés. Nous avions de notre côté perdu près de 7 000 hommes. L'acharnement de la lutte avait été effroyable. Le ravin de Ligny était littéralement comblé de cadavres. Ceux-là même qui étaient le plus habitués à contempler de sang-froid les horreurs de la guerre frémissaient de pitié. Peu ou point de prisonniers. De part et d'autre on n'accordait pas de quartier. Si Napoléon, profitant de ses avantages, eût ordonné la poursuite sans rémission, les vaincus couraient grand risque d'être exterminés. Il y eut un moment de trouble et de désarroi dans l'armée prussienne. Gneisenau, le chef d'état-major de Blücher, ne savait trop, en l'absence de son chef, quels ordres donner pour la retraite. Abandonnerait-il la ligne de Namur? Se réfugierait-il sous Anvers ? Il prit enfin sur lui d'indiquer la direction de Wavres, afin de ne pas perdre le contact avec l'armée anglaise. C'était une résolution hardie qui ranima les espérances et releva le moral de l'armée vaincue. Bulow était d'ailleurs annoncé. Il accourait de Namur à marches forcées. Pendant toute la nuit les trois corps à demi rompus de Ziethen, de Pirch et de Thielman se rallièrent vers Gembloux. Le lendemain matin, 17 juin, toute l'armée prussienne se trouvait de nouveau réunie et prête à recommencer la lutte.

Napoléon, trop sûr de la victoire, n'avait donné aucun ordre pour la poursuite. Il avait laissé Vandamme à Saint-Amand, Gérard et Lobau à Ligny, Grouchy à Sombref et s'était lui-même arrêté à Fleurus. D'où vient cette inexplicable inaction ? On a prétendu qu'il était inquiet sur ce qui se passait aux Quatre-Bras. Il n'avait reçu aucune nouvelle de Ney, et craignait de voir les Anglais déboucher sur ses derrières. Ce sont là de mauvaises raisons. Napoléon n'était plus secondé par ses lieutenants, et pourtant il ne pouvait tout faire par lui même. Ni Soult, ni Grouchy, ni Vandamme n'osèrent prendre sur eux de compléter la victoire en achevant la désorganisation des corps prussiens rompus et culbutés. Ce fut une grave faute, à ajouter à celles qu'on avait déjà commises en commençant la bataille beaucoup trop tard, et en ne profitant pas du renfort inattendu qu'on avait eu à sa portée avant l'attaque suprême. Ligny, en un mot, était une victoire, mais ce devait être une victoire stérile.

Le même jour et aux mêmes heures, Ney, de son côté, engageait une lutte formidable, et, s'il ne parvenait pas à rester maître du champ de bataille, au moins arrêtait-il l'armée anglaise et empêchait-il Wellington d'arriver au rendez-vous qu'il avait assigné à Blücher.

On se souvient que Napoléon avait donné à Ney le commandement des deux corps de Reille et de Drouet d'Erlon, et lui avait fixé comme position de combat les Quatre-Bras. On nomme ainsi le point de rencontre des quatre routes qui conduisent à Charleroi, Nivelles, Bruxelles et Namur. Ce point est marqué par un léger mouvement de terrain dominant au loin une immense plaine, où l'on ne rencontre comme obstacles que quelques fossés dans les prés, quelques grosses fermes éparses, Pierrepont, Gémioncourt, Pyraumont, et, de loin en loin, quelques bouquets d'arbres, décorés du nom de bois, dont le plus important était le bois de Bossu. C'est le croisement des routes qui fait l'importance stratégique des Quatre-Bras. En tout autre pays, ce ne serait même pas une position à occuper.

Ney était arrivé en poste de Paris à Charleroi le 15 juin, sans officiers, sans équipages et même sans chevaux, pour obéir aux ordres impératifs de Napoléon. Pris à l'improviste, et chargé du commandement en chef de deux corps d'armée, il avait été obligé de choisir presque au hasard ses aides de camp. Il connaissait à peine ses lieutenants, et ne savait rien ou presque rien de l'emplacement qu'occupaient ses soldats. De là des tâtonnements, des lenteurs et des retards qui devaient nous être bien funestes. Ce fut seulement dans la matinée du 16 qu'il mit ses troupes en mouvement, et encore n'engagea-t-il l'action que lorsqu'il entendit le canon de Ligny. Il venait de perdre, sans s'en douter, un temps précieux, que Wellington au contraire allait mettre à profit. Le généralissime anglais, en effet, avait de tous côtés expédié ses ordres de concentration, et à toutes ses divisions il avait fixé comme rendez-vous les Quatre-Bras. Le prince d'Orange arriva le premier, mais il n'amenait avec lui que quelques détachements. « Si l'ennemi a plus d'une division, lui dit alors Wellington, nous ne pourrons jamais tenir », et, examinant avec plus de soin nos troupes : « C'est un maréchal qui commande, ajouta-t-il; s'il nous attaque, nous sommes perdus. N'importe, il faut tenir ici jusqu'au dernier homme; c'est la clef de la position. » A ce moment Ney avait à sa disposition tout le corps de Reille, 15 780 fantassins, 1865 cavaliers et 38 canons. Le corps de Drouet était encore en arrière. En face, le prince d'Orange, avec la division hollando-belge de Perponcher, seulement 6 832 hommes et 16 canons; mais il avait eu la précaution de montrer partout de fortes têtes de colonne, comme si, de tous les côtés de l'horizon, débouchaient des masses considérables. Ney se laissa prendre à ces démonstrations. Lui, si plein de fougue et d'ardeur, se montra d'une circonspection singulière. Depuis ses emportements de Fontainebleau et sa palinodie de Lons-le-Saunier il avait pris une telle défiance de lui-même qu'il n'osait plus rien hasarder. Il se décida pourtant et lança ses tirailleurs contre les soldats du prince d'Orange. A ce moment nous avions pour nous toutes les chances, et le prince n'avait qu'une seule tactique à suivre, jeter au feu les renforts à mesure qu'ils lui arrivaient hors d'haleine, régiments par régiments, bataillons par bataillons. Les ennemis sont partout refoulés. Bachelu s'empare de Pyraumont, Foy occupe le bois de Bossu. Encore un effort, les Quatre-Bras sont à nous, et la bataille est gagnée.

A trois heures moins un quart arrivent au pas de course les trois brigades anglaises de Picton, puis Wellington en personne à la tête de la cavalerie hollando-belge, puis Brunswick et son corps d'armée, en tout 18 000 fantassins, 2 000 cavaliers et 28 canons. Les ennemis ont déjà reconquis la supériorité du nombre et ne sont plus réduits à la défensive. L'action reprend avec un acharnement extraordinaire; mais Ney a retrouvé au feu toute son énergie. Elle grandit même avec le nombre de ses adversaires. Il culbute les régiments de Nassau, jette le 1er chasseurs et le 6e lanciers sur les Brunswickois et les taille en pièces. Dans la charge le duc régnant est tué. A ce moment la cavalerie légère de Piré arrive jusqu'aux Quatre-Bras. Kellermann appuie le mouvement avec ses cuirassiers, et enfonce les bataillons de Picton formés en carrés. Quelques-uns résistent : Kellermann recommence ses charges et parvient à rompre la solide infanterie qui lui est opposée. Nous sommes alors vainqueurs sur toute la ligne. Nos fantassins, sur les deux ailes, ont pénétré sur les routes de Nivelles et de Namur. Nos cavaliers, au centre, ont triomphé de toutes les résistances et fait d'affreux ravages dans les rangs ennemis. Il est cinq heures du soir, Ney se croit le maître du champ de bataille.

A ce moment arrivent par la route de Bruxelles trois brigades anglaises, Kempt, Pack, Alten, et deux batteries. On annonce par la route de Nivelles les batteries de Lloyd et de Cleeve. Les Anglais sont maintenant près de 27 000. Quelques minutes plus tard accourt toute la division de Cook, 5000 hommes de renfort, et Ney est toujours réduit aux 18000 soldats, qui se battent depuis plusieurs heures. Le maréchal avait déjà envoyé à Drouet d'Erlon, qu'il croyait en route pour le rejoindre, l'ordre d'avancer en toute hâte, et, de fait, avec 20 000 hommes de troupes fraîches, il aurait non seulement repoussé toutes les attaques de Wellington, mais encore aurait repris les Quatre-Bras. Quelle n'est pas sa douleur lorsque son chef d'état-major, le général Delcambre, lui annonce que Drouet d'Erlon ne viendra pas, et même qu'il est appelé par l'Empereur, et doit se trouver à plusieurs lieues du champ de bataille. Ney se voyait privé de la moitié de ses forces. Il n'avait plus un seul fantassin en réserve, et, de minute en minute, grossissait le nombre des ennemis. « Vous voyez ces boulets, s'écria-t-il dans un beau mouvement de fureur patriotique. Je voudrais qu'ils m'entrassent tous dans le corps », puis, courant à Kellermann : « Mon cher général, lui dit-il, il s'agit du salut de la France ! prenez votre cavalerie, et jetez-vous au milieu de l'armée anglaise ». Kellermann tire alors son épée, et se plaçant à la tête de ses cuirassiers : « Chargez ! » leur cria-t-il. Ce fut comme un éclair qui traversa l'horizon. En un instant ces braves arrivent sur le 69e d'infanterie anglaise, et l'enfoncent. Ils culbutent les batteries, ils passent à travers deux lignes d'ennemis, et arrivent jusqu'à la ferme des Quatre-Bras. Nos fantassins, électrisés par cette charge magnifique, s'élancent à leur suite, et pour la seconde fois touchent aux Quatre-Bras ; mais les réserves anglaises, hollandaises et belges les accueillent par un feu si meurtrier qu'ils sont obligés de se replier. Le cheval de Kellermann est tué, et le général se sauve à grand'peine en se suspendant au mors des chevaux de deux de ses cuirassiers.

La nuit arrivait. De nouveaux régiments anglais accouraient au pas de course, et rien encore n'était signalé du côté de Drouet d'Erlon, malgré les ordres impératifs que Ney lui avait envoyés. La lutte n'était plus possible. Wellington, profitant de sa supériorité numérique, reprenait partout l'offensive. Nos généraux étaient refoulés sur leurs positions du matin, Ney se décida à donner l'ordre de la retraite, mais lentement et comme à regret, n'abandonnant que lambeau par lambeau ce champ de bataille si glorieusement disputé. A neuf heures du soir Drouet d'Erlon arrivait enfin ; il passa aussitôt en première ligne, et, par cette simple manœuvre, arrêta la poursuite. Nous avions perdu 3400 hommes. La perte des Anglais s'élevait à 9000 hommes. Cette disproportion entre le nombre des morts de chaque parti s'explique par ce fait que Ney disposait d'une artillerie excellente, tandis que les Anglais n'avaient guère pu lui opposer que des fantassins.

Telle fut cette terrible journée des Quatre-Bras. Était-ce une défaite pour la France ? Assurément oui, si celui-là seul est vainqueur qui garde le champ de bataille. Assurément non, si l'on songe au résultat obtenu. Qu'avait voulu en effet Napoléon? Contenir les Anglais pour avoir le temps de battre les Prussiens. Ney n'avait-il donc pas réussi à empêcher la jonction de Wellington et de Blücher? N'avait-il pas donné à l'Empereur le temps dont il avait besoin pour vaincre et pour profiter de la victoire? Sans doute il avait cédé la position des Quatre-Bras, mais ce point n'avait qu'une importance stratégique de circonstance. Ce qui était nécessaire n'était pas de se maintenir aux Quatre-Bras, mais d'y arrêter les Anglais. Ney, par sa résistance, avait détruit la combinaison des alliés. N'était-ce pas l'essentiel, et sa mission n'était-elle pas remplie?

Il est vrai que cette glorieuse défaite aurait pu se convertir en triomphe éclatant, si Ney avait eu à sa disposition les 20 000 hommes de Drouet d'Erlon, qui, pendant toute cette journée du 16, s'étaient promenés d'un champ de bataille à l'autre sans tirer un coup de fusil, et étaient restés également inutiles à Ligny et aux Quatre-Bras. Qui donc était le coupable en cette circonstance? Ney qui avait négligé d'appeler à lui son lieutenant, ou Napoléon qui avait donné des ordres contraires à ceux de Ney, ou Drouet d'Erlon qui, par une fausse manœuvre, avait stérilisé la victoire de Napoléon et compromis l'armée de Ney? C'est là un des problèmes les plus graves et les plus difficiles qu'aient eu à discuter les historiens militaires. L'opinion s'est à peu près enracinée dans les esprits, accréditée plus tard par le récit légèrement fantaisiste du *Mémorial de Sainte-Hélène*, que Ney avait oublié tout le corps de Drouet d'Erlon à deux lieues en arrière, et qu'il ne le rappela que lorsqu'il était déjà aux prises avec l'ennemi. Certes, en ce cas, Ney serait coupable de négligence, et sur lui seul devrait retomber la responsabilité de la faute commise; mais voici en réalité, et d'après les témoignages les moins suspects, ce qui aurait eu lieu :

Le vendredi 16 juin, vers les cinq heures du matin, Drouet d'Erlon reçut de Ney l'ordre de le rejoindre aux Quatre-Bras. Il obéit et était déjà arrivé à Frasnes, lorsque Labédoyère, aide de camp de l'Empereur, lui apporta une note écrite au crayon, lui assignant de diriger ses divisions sur Ligny. L'ordre était formel. Drouet d'Erlon fit aussitôt volte-face, et courut à Saint-Amand. On sait comment il parut sur les derrières de Vandamme, tout prêt à prendre les Prussiens à revers et à les accabler par l'arrivée soudaine de ses 20000 hommes. A ce moment il reçut l'appel suprême et l'ordre impératif de Ney lui prescrivant de voler à son secours pour empêcher un désastre. Si Napoléon avait persisté à l'appeler à lui, Drouet d'Erlon n'aurait pas hésité ; mais l'Empereur ne donnait aucun ordre. Il hésitait en quelque sorte à profiter de la présence de tout ce corps à portée de sa main. Pris entre son devoir, qui le poussait dans la direction des Quatre-Bras, et son expérience militaire, qui lui démontrait l'utilité de son irruption sur le champ de bataille de Ligny, l'infortuné général crut pouvoir prendre sur lui de laisser à la disposition de l'Empereur toute la division Durutte et trois régiments de cavalerie, puis il fit pour la seconde fois volte-face et courut aux Quatre-Bras. Il arriva trop tard, mais au moins assez à temps pour arrêter la poursuite des Anglais et donner aux soldats de Ney le temps de reprendre haleine. Sans doute Drouet d'Erlon aurait bien pu ou bien ne pas obéir à Labédoyère l'appelant à Ligny, ou bien se ruer franchement sur les Prussiens quand il déboucha sur le champ de bataille : mais était-il possible à un lieutenant de l'Empereur de ne pas exécuter les ordres reçus, ou de prendre une initiative qui d'ailleurs pouvait ne pas réussir? Drouet d'Erlon fut la victime non pas de ses hésitations, mais des ordres vagues et même contradictoires qu'il reçut. L'accuser de trahison serait inique. Il fit son devoir et tout son devoir. Ceux-là seuls sont coupables qui ne surent ni le retenir à Ligny quand il y arriva très à propos en pleine bataille, ni le maintenir aux Quatre-Bras où sa présence aurait été si utile.

Ces hésitations déplorables, ces retards que rien n'expliquait, ces fautes et ces malheurs allaient se renouveler dans la journée du 17 juin. Napoléon avait eu un premier tort : celui de ne pas ordonner la poursuite de nuit. Seul le général Pajol fut envoyé en reconnaissance sur la route de Namur. Il ramassa quelques traînards, mais n'essaya même pas d'entamer l'armée prussienne, qui se retirait en bon ordre. Quand se leva le jour, il était encore possible de réparer le temps perdu : mais personne ne bougeait au quartier impérial, aucun ordre n'arrivait. Ces retards étonnaient tout le monde. Vandamme se promenait à grands pas, exhalant son dépit en termes peu mesurés. « Le Napoléon que nous avons connu n'existe plus, s'écria-t-il. Notre succès d'hier va rester sans résultats. » Gérard, plus circonspect, ne pouvait s'empêcher de déplorer « d'incompréhensibles et d'irrémédiables lenteurs ». Quant aux soldats, ils ne cachaient pas leur surprise. La vue du champ de bataille les avait exaspérés. Les rues de Ligny étaient encombrées de débris humains, broyés par les roues de l'artillerie qui avait passé au galop sur les morts et les mourants. Une odeur nauséabonde s'exhalait des guérets, tout imbibés de sang humain. On piétinait sur place au milieu de ces cadavres défigurés, et à l'exaltation du combat commençait à succéder un morne abattement. Les habitants de Saint-Amand ont raconté que, dans cette lugubre matinée, un groupe de généraux ayant traversé le village, les soldats les poursuivirent de leurs cris : « Nous avons fait la soupe à la pointe du jour, disaient-ils, afin d'entrer plus tôt en danse. Pourquoi ne se bat-on pas ? Il y a encore quelque chose là-dessous. » A dix heures un roulement de tambours se fait entendre. On va donc se mettre en marche. Nullement, c'est l'Empereur qui passe les troupes en revue et leur distribue des récompenses. Il est accueilli comme d'ordinaire par des acclamations frénétiques, mais les soldats murmurent de ce repos dont ils ne comprennent pas les motifs. Ils interrogent fiévreusement leurs officiers, qui ne peuvent leur répondre. Le mot de trahison circule dans tous les rangs. Encore quelques heures d'attente, et l'armée se désorganise.

Napoléon ne prit une décision qu'à midi. Il ignorait en effet la position des Prussiens et des Anglais, et ne voulait marcher qu'à coup sûr. Il avait dirigé un fort détachement de cavalerie vers les Quatre-Bras et chargé plusieurs officiers d'aller s'informer auprès des généraux détachés contre les Prussiens. Quand il apprit que les Prussiens continuaient leur mouvement de retraite, mais que les Anglais étaient toujours concentrés aux Quatre-Bras et semblaient le défier à une lutte prochaine, il n'hésita plus. Renversant son ordre de bataille, il chargea le maréchal Grouchy avec le 3e et le 4e corps, Vandamme et Gérard, et les cavaliers d'Exelmans et Pajol de poursuivre les Prussiens et de compléter leur défaite. Il se porta lui-même dans la direction des Quatre-Bras avec la garde, avec le 6e corps (Lobau) qui n'avait pas tiré la veille un seul coup de fusil, avec le reste de la cavalerie, et rallia en passant les corps de Reille et de Drouet d'Erlon. Les Français se trouvaient dès lors séparés en deux armées, et comme ils suivaient des directions différentes, la distance qui les séparait allait toujours grandir entre eux : d'un côté Grouchy, avec environ 40 000 hommes, contre les Prussiens; de l'autre Napoléon, avec 65 000 hommes, contre les Anglais. Suivons-les dans cette double direction.

Lorsque Grouchy reçut l'ordre de se mettre à la poursuite des Prussiens, ses soldats, démoralisés par une longue attente, n'étaient plus en état de partir. Les fantassins avaient démonté et nettoyaient leurs fusils, les cavaliers avaient dessellé leurs chevaux, les artilleurs réparaient leurs fourgons. Il fallut du temps pour s'apprêter de nouveau. Les premiers régiments n'arrivèrent à Gembloux, que les Prussiens venaient d'évacuer, qu'à quatre heures du soir. Il était nuit close quand nos derniers détachements entrèrent dans cette ville. Il est vrai que la marche avait été retardée par une pluie d'orage qui avait défoncé les chemins et paralysé les mouvements des éclaireurs chargés d'observer l'ennemi. Le seul résultat de cette journée fut de porter nos soldats sur les positions occupées la veille par les Prussiens, mais ils ne s'étaient avancés que de deux lieues environ.

Pendant ce temps, Blücher non seulement avait réorganisé et concentré son armée, rallié les traînards, reconstitué les cadres et refait les munitions, mais encore il s'était mis en rapport avec Wellington, et, sur la prière que lui avait adressée ce dernier de le rejoindre, ne serait-ce qu'avec quelques milliers de soldats, il lui avait répondu avec une audace que justifie le succès : « J'irai vous rejoindre non pas seulement avec deux corps, mais avec mon armée tout entière, et si l'ennemi ne vous attaque pas le 18, nous l'attaquerons ensemble le 19. » Aussi bien ce fut le grand mérite de Blücher de persister dans sa résolution de rejoindre Wellington. On croyait pourtant autour de lui que la retraite allait commencer dans la direction du Rhin. Des bandes de fuyards, composées en majorité de soldats de la landwehr, surtout Saxons et Westphaliens, couvraient déjà les routes. On voyait de longues files de bagages se diriger précipitamment sur Maestricht. A Namur, à Liège, dans toutes les villes sur la rive droite de la Meuse, on s'attendait à voir déboucher les Prussiens en retraite. Mais Blücher s'obstina à combattre, et il réussit à faire passer sa résolution au cœur de ses soldats. Au moment même où, péniblement et comme à regret, Grouchy le cherchait à Gembloux, à deux lieues seulement de Ligny, Blücher avait déjà concentré près de 90 000 hommes, acheminé Ziethen et Pirch sur Wavres, et rallié Bulow. Les Français croyaient n'avoir qu'à pousser devant eux des fuyards, et ces prétendus fuyards manœuvraient déjà pour opérer leur jonction avec les Anglais et nous prendre entre deux feux. On ne peut s'empêcher de comparer cette décision à nos lenteurs intempestives. Blücher nous a certes fait bien du mal, mais à quoi bon se complaire dans la stérile admiration de nos mérites? Ne vaut-il pas mieux rendre justice à ses ennemis, et s'efforcer de les dépasser? Dans toute cette journée du 17, n'hésitons pas à le reconnaître, le bon général ne fut pas Napoléon, qui gaspilla sans motif un temps bien précieux, mais Blücher, qui répara sa défaite de la veille et prépara sa victoire du lendemain.

Pendant ce temps Napoléon marchait contre les Anglais. Wellington ne l'avait pas attendu. Il s'était replié sur Bruxelles par Genappe, laissant comme arrière-garde aux Quatre-Bras un corps de cavalerie et quelques batteries d'artillerie légère sous les ordres d'Uxbridge. Après un léger engagement de cavalerie, les Français s'établirent sur cette position, si vivement disputée la veille, mais qui perdait toute son importance depuis que les Anglais s'étaient retirés en arrière. Napoléon se contenta de lancer à leur poursuite la cavalerie légère du général Subervie. La température était lourde, le ciel pesant. L'orage éclata, et bientôt les grasses terres que l'on traversait furent converties en marécage. Les chevaux s'abattaient, de moment en moment la poursuite devenait plus difficile. D'ailleurs les Anglais ne fuyaient pas. Ils manœuvraient comme pour se rendre sur un champ de bataille depuis longtemps étudié, et, quand ils étaient serrés de trop près, comme ils le furent à Genappe, ils se retournaient et acceptaient le combat. Nos cavaliers se lassèrent les premiers de cette lutte sans résultat et se contentèrent d'escorter plutôt que de harceler l'armée anglaise. Sur les six heures du soir l'Empereur arriva en vue de la forêt de Soignes. L'ennemi s'était arrêté. Napoléon voulut s'assurer si c'était bien là le terrain choisi par Wellington. Les cavaliers de Milhaud se déployèrent comme pour charger, sous la protection de quelques batteries d'artillerie légère. Les Anglais ripostèrent aussitôt par le feu de soixante pièces de canon, et leurs têtes de colonne se montrèrent pour les appuyer. Dès lors toute hésitation disparut. Les deux armées étaient en présence. La grande bataille allait se livrer.

Napoléon a dit plus tard qu'il aurait voulu pouvoir arrêter le cours du soleil pendant deux heures, afin d'engager tout de suite les hostilités. Par là il reconnaissait la grave faute qu'il avait commise en n'attaquant pas dès le matin, alors que les Prussiens étaient encore sous le coup de leur défaite, et qu'il suffisait pour ainsi dire de monter à cheval pour rallier l'armée de Ney, pour occuper les Quatre-Bras et pour commencer l'attaque de ces positions, si fortement occupées, au pied desquelles allait échouer la fortune impériale : mais la faute était commise : Napoléon et la France avec lui en subiront les conséquences.

Wellington, dès qu'il eut l'assurance que la bataille ne serait livrée que le lendemain, établit son quartier général à Waterloo, gros bourg à une demi-lieue en arrière de sa ligne de bataille. Nos soldats prirent position en avant de Planchenoit. La pluie continuait à tomber par torrents. Sur certains points de la chaussée, les fantassins avaient de l'eau jusqu'à mi-jambe. L'artillerie ne passait qu'avec peine. La cavalerie était comme immobilisée. Ce fut dans ces conditions que les soldats s'établirent comme ils le purent dans les fermes de la plaine, sous les arbres et dans les seigles détrempés pour y passer la nuit. Quant à l'Empereur, il se transporta à la petite ferme du Caillou, au-dessus de Maisons-le-Roi. Ce devait être le dernier de ses bivouacs.

On raconte qu'à une heure du matin, ne pouvant dormir, il sortit à pied avec le général Bertrand, et marcha jusqu'aux grand'gardes. Tout était tranquille. Il crut cependant entendre au loin le bruit d'une cavalerie en marche; mais, bientôt rassuré, il regagna avant le jour la ferme du Caillou. Pourquoi dans cette reconnaissance de nuit n'a-t-il pas eu, comme à la veille d'Austerlitz ou d'Iéna, une de ces illuminations soudaines qui assurent la victoire? Pourquoi ne comprit-il pas que ces cavaliers, dont il avait entendu le bruit, étaient les cavaliers prussiens courant au rendez-vous de Wellington? Pourquoi s'obstina-t-il à croire que les Anglais seuls engageraient avec lui la bataille du lendemain, et que les Prussiens se laisseraient contenir par son lieutenant? Ainsi que l'a écrit un historien contemporain, Quinet, « il faut bien reconnaître dans cet aveuglement les ténèbres soudaines qui s'amassent dans l'esprit de l'homme le plus clairvoyant lorsque son moment approche et que la fortune veut en finir avec lui ».

A ce moment, le major prussien von Falkenhausen, envoyé en reconnaissance par Blücher, observait l'armée française et constatait qu'aucune précaution n'avait été prise du côté de Frichermont et d'Ohain, c'est-à-dire du côté par lequel pouvait s'opérer la jonction des Prussiens et des Anglais. Évidemment Napoléon ne prévoyait même pas une attaque prussienne sur son flanc et croyait n'avoir affaire qu'aux Anglais. Aussitôt informé, Blücher met toutes ses divisions en marche. Les Prussiens prendront tous part à la lutte qui se prépare, et, puisque Napoléon ne paraît pas redouter leur irruption dans ses lignes, ils sauront bien lui prouver qu'ils ont profité de ses leçons, et qu'ils savent, eux aussi, faire des marches de flanc en présence de l'ennemi et risquer tout pour obtenir beaucoup.

CHAPITRE VII

WATERLOO

« Arrête! c'est la poussière d'un empire que tu foules aux pieds. Ici sont ensevelis les débris d'un tremblement de terre. C'est ici que l'aigle prit son dernier essor et fondit sur ses ennemis; mais la flèche des nations abat soudain l'oiseau orgueilleux, qui traîne après lui quelques anneaux brisés de la chaîne du monde. » Ainsi parlait en visitant le champ de bataille de Waterloo, un an seulement après la terrible lutte qui l'avait ensanglanté, l'auteur de *Childe Harold*, le grand poète anglais dont le patriotisme fut assez éclairé pour rendre justice même aux ennemis de son pays. Byron pouvait encore étudier sur le terrain les péripéties du combat. Là s'élevait le mont Saint-Jean avec ses talus gazonnés et ses pentes raides. En arrière, la forêt de Soignes cachait à demi dans ses ombrages le village de Waterloo. Ici le château de Hougoumont dressait ses murs criblés de balles et ses toitures éventrées par les obus. Plus loin on distinguait : Rossomme, où se tint Napoléon au début de la bataille; Planchenoit, où Lobau s'illustra par son héroïque défense; Papelotte, par où débouchèrent les cavaliers de Ziethen. Aujourd'hui d'importantes modifications ont altéré la physionomie de ces lieux, célèbres entre tous, et qu'on aurait dû respecter. Wellington lui-même, qui visita le champ de bataille quelques années après 1815, avait de la peine à retrouver les divers points où la lutte avait été le plus acharnée. Les bois avaient été défrichés, les maisons et les fermes détruites ou rebâties. Le plateau du mont Saint-Jean avait été nivelé, et le ravin qui le protégeait à demi comblé. Enfin on avait dressé une colline artificielle, immense cône de 50 mètres de hauteur, recouvert de gazon, et qui servait de piédestal à un lion gigantesque, placé là comme monument de la victoire. Il est cependant nécessaire, avant de raconter les divers épisodes de la lutte terrible qui allait s'engager sur ce terrain, de se le figurer tel qu'il existait en juin 1815, alors que plus de 200 000 hommes s'y entre-choquaient pour terminer dans un suprême effort vingt-cinq ans de guerres inexpiables.

En avant de Bruxelles, au sud de cette ville, s'étendait alors la vaste forêt de Soignes, traversée par une grande route et par quelques chemins peu nombreux et mal entretenus. Cette route et ces chemins débouchaient sur le plateau du mont Saint-Jean, qui s'abaissait en pente douce vers les fermes de Papelotte, de la Belle-Alliance, de la Haie-Sainte et d'Hougoumont. Le long du plateau, un chemin creux, bordé de haies vives et fort encaissé à certains endroits, allait d'Ohain à Braine. On aurait dit une sorte de fossé creusé pour la défense de cette forteresse naturelle. Les Anglais s'étaient installés sur le plateau et occupaient les deux chaussées qui s'y réunissent, celle de Charleroi à Bruxelles, et celle de Nivelles à Bruxelles. Leur position était toute défensive, mais ils étaient adossés à la forêt de Soignes, et, en cas de défaite, n'avaient pour se sauver que l'unique route du mont Saint-Jean à Bruxelles et les mauvais chemins qui traversent cette forêt, c'est-à-dire qu'ils s'exposaient de gaieté de cœur à un grand danger. Aussi Napoléon n'avait-il qu'une crainte, celle de les voir se dérober devant lui pour se réunir aux Prussiens, non plus en avant, mais en arrière de la forêt. Wellington, de son côté, était bien déterminé à attendre sur ces positions soigneusement étudiées la jonction des Prussiens, et il avait pris toutes ses dispositions pour livrer une bataille défensive.

Avec un adversaire aussi redoutable que Napoléon, il était nécessaire de ne négliger aucune précaution. Dans la crainte d'être tourné vers sa droite, c'est-à-dire du côté de la mer, il avait envoyé vers Hall un gros détachement d'environ 15 000 hommes. Il n'avait plus sous ses ordres directs que 75 000 soldats environ. A sa droite, entre les deux chaussées de Nivelles et de Charleroi, il avait porté des gardes anglaises, les divisions Alten, Clinton et Micholl. En seconde ligne était le corps de Brunswick avec la majeure partie de la cavalerie alliée. Au centre, c'est-à-dire sur la chaussée de Charleroi à Bruxelles, il avait pratiqué un abatis à l'endroit même où elle débouche sur le plateau, et laissé en réserve la brigade anglaise Lambert. A sa gauche était établie la division Picton, les Hanovriens, la division Perponcher et les troupes de Nassau. Cette aile gauche avait été laissée la plus faible, parce que Wellington comp-

LA PLAINE DE WATERLOO (ÉTAT ACTUEL).

tait pour la renforcer sur la coopération des Prussiens. En avant de la ligne de bataille, le général anglais avait en outre occupé quelques postes détachés qui semblaient les bastions de cette immense citadelle. A Hougoumont, à la Haie-Sainte, à Papelotte, les plus solides de ses soldats avaient été postés pour amortir en quelque sorte le premier élan de l'armée française et ne lui permettre l'accès du plateau que déjà brisée et à demi rompue. Par le site choisi, par l'habile distribution des forces, par le nombre et la qualité des combattants, Wellington avait donc justifié sa réputation de tacticien, et c'était contre de formidables obstacles qu'allaient se ruer nos soldats. Ce qui augmentait encore sa confiance, c'est que rien ne bougeait dans l'armée française et que lui au contraire recevait à tout instant l'annonce de la prochaine arrivée des Prussiens. Déjà même, sur les dix heures du matin, un régiment de hussards prussiens, commandés par le major von Lutzow, s'était approché en silence de la lisière du bois de Frichermont et avait remplacé les avant-postes anglais sans rencontrer un seul homme pour l'inquiéter. Wellington n'osait croire à son bonheur. Non seulement Napoléon ne se doutait pas de la prochaine irruption des masses prussiennes, mais encore il ne donnait pas le signal de l'attaque, et augmentait d'autant les chances de la jonction des deux armées.

Napoléon n'avait alors qu'une crainte : celle de voir les Anglais se dérober devant lui. Il aurait commencé tout de suite l'attaque si le terrain avait été plus résistant, mais les pluies diluviennes de la veille et de la nuit l'avaient si fortement détrempé que la manœuvre des canons et les mouvements de la cavalerie étaient à peu près impossibles. Drouot consulté demanda quelques heures, car le soleil venait de reparaître. Napoléon songeait si peu à l'attaque possible des Prussiens, et les croyait tellement éloignés du champ de bataille, qu'il crut pouvoir disposer de ces quelques heures et attendre, pour frapper avec plus de sûreté un coup retentissant, que le terrain fût mieux préparé. Ce retard le perdit.

Une autre considération poussait l'Empereur à prolonger ces heures d'attente : il comptait sur la coopération de Grouchy. Dès la veille, à dix heures du soir, il lui avait expédié un officier chargé de l'informer qu'une grande bataille serait probablement livrée le lendemain 18 juin. En conséquence il lui ordonnait de détacher de son corps d'armée une division de 7 000 hommes qui occuperaient les défilés de Saint-Lambert. Ces défilés commandent toutes les communications entre Wavres et Waterloo. En s'y établissant, ces 7 000 hommes non seulement rendraient impossible la jonction projetée des Anglais et des Prussiens, mais encore relieraient les deux armées françaises. Grouchy devait encore, selon les circonstances, marcher avec la majorité de ses troupes pour appuyer le détachement sur Saint-Lambert. Vers cinq heures du matin un second officier fut dépêché à Grouchy pour confirmer l'ordre de la veille. A dix heures un troisième officier, le Polonais Zancowicz, fut encore expédié. Napoléon avait donc le droit d'espérer, ayant pris toutes ses précautions, que la manœuvre indiquée serait exécutée. Il y comptait d'autant plus que Grouchy, de son côté, avait fait parvenir un rapport daté de Gembloux, dix heures du soir 17 juin, où il était dit textuellement : « Si la masse des Prussiens se retire sur Wavres, je les suivrai dans cette direction, afin qu'ils ne puissent gagner Bruxelles, et pour les séparer de Wellington ». Ainsi s'explique la confiance de l'Empereur. S'il n'avait pas couvert son flanc droit, c'est qu'il s'attendait à voir d'un moment à l'autre déboucher les soldats de Grouchy. Tous ses efforts, toute son attention, il les avait concentrés en face de lui, sur les hauteurs où s'étageaient les régiments anglais.

A l'inspection du terrain, Napoléon avait ordonné l'ordre de bataille suivant : déployer l'armée au pied du mont Saint-Jean, enlever les trois ouvrages avancés de Hougoumont, la Haie-Sainte et Papelotte, porter son aile droite renforcée de toutes ses réserves sur l'aile gauche des Anglais, les culbuter sur le centre vers la chaussée de Bruxelles et la forêt de Soignes et pousser l'armée britannique vers cette forêt mal percée et dangereuse pour des soldats en déroute. Donc fausse attaque à gauche, grand effort sur la droite. De la sorte, non seulement les Français attaqueraient la partie la plus faible du front ennemi, mais encore ils la sépareraient des Prussiens, dont le voisinage était présumable. D'après la forme des lieux et la répartition des forces ennemies, ce plan était le meilleur auquel on pût s'arrêter. L'Empereur en ordonna aussitôt l'exécution.

A notre gauche, entre les routes de Nivelles et de Charleroi, vis-à-vis d'Hougoumont, se déploya le corps de Reille, soutenu à l'extrême gauche par la cavalerie légère de Piré. A notre droite, de l'autre côté de la chaussée de Bruxelles, le corps de Drouet d'Erlon soutenu à l'extrême droite par les cavaliers de Jacquinot. Quatre-vingts canons couvraient cette première ligne d'attaque. La seconde ligne était formée à gauche, par conséquent derrière Reille, par les cavaliers de Kellermann, à droite, par conséquent derrière Drouet d'Erlon, par les cavaliers de Milhaud, au centre par le corps de Lobau distribué sur les deux côtés de la chaussée de Bruxelles. En troisième ligne était la garde, flanquée à gauche par les grenadiers à cheval de Guyot et à droite par les chasseurs et lanciers de Lefebvre-Desnouettes. Toute notre armée était donc rangée en éventail. Ce redoutable déploiement de sabres, de baïonnettes et de cuirasses étincelant au soleil, ce sourd frémissement des foules dans l'attente d'un grand événement, ces allées et venues d'un brillant état-major, et, par contraste, le silence des lignes anglaises, présentaient un spectacle des plus saisissants, surtout lorsque l'Empereur, afin de surexciter la fureur patriotique de ses soldats, parcourut leurs rangs. « Il serait difficile, a-t-il écrit plus tard, dans le calme de l'exil, d'exprimer l'enthousiasme qui animait tous les soldats : l'infanterie légère avait ses schakos au bout des baïonnettes, les cuirassiers, les dragons et la cavalerie légère leurs casques ou schakos au bout de leurs sabres. La victoire paraissait certaine. Les vieux soldats qui avaient assisté à tant de combats admirèrent ce nouvel ordre de bataille ; ils cherchaient à pénétrer les vues intérieures de leur général, ils discutaient le point et la manière dont l'attaque devait avoir lieu. » Les régiments étaient si pleins d'ardeur que, malgré la mauvaise nuit qu'ils avaient passée dans la boue et la pluie, n'ayant pris aucune nourriture, puisque les convois de vivres avaient été arrêtés par la tourmente et le mauvais état des chemins, ils ne firent entendre aucune plainte. Ils ne songeaient qu'à se venger de leurs privations sur les Anglais. Napoléon lui-même se croyait tellement sûr du succès, qu'il se plut à préciser mathématiquement les chances de la journée. Elles étaient, selon lui, de quatre-vingt-dix sur cent en faveur de la victoire.

Après avoir expédié un nouveau courrier à Grouchy pour lui dire que la bataille va s'engager, et qu'il le prie instamment de diriger ses mouvements sur Wavres, « afin de se rapprocher de nous, de nous mettre en rapport d'opérations, et de lier les communications », après lui avoir recommandé d'envoyer très souvent de ses nouvelles, Napoléon se transporte sur la hauteur de Rossomme, près d'une maison isolée nommée la maison d'Écosse, d'où il peut embrasser tout le champ de bataille. En face de lui, le mont Saint-Jean, à sa gauche Hougoumont, à sa droite le chemin qui de Wavres conduit à Planchenoit après avoir traversé les défilés de Saint-Lambert. En arrière Planchenoit. C'est par ce village que Grouchy doit déboucher. On apporte de la maison d'Écosse une petite table et une chaise de paille. L'Empereur déroule ses cartes. Il est onze heures un quart. L'action vient de s'engager.

Après une violente canonnade qui dure une demi-heure et dont les feux bien dirigés portent la mort au plus épais des masses ennemies, bien qu'on ait eu soin de les dissimuler sur les revers du plateau, les soldats de Reille, conduits par Bachelu, par Foy et par le roi Jérôme, se lancent contre le bois d'Hougoumont et l'emportent. Arrêtés tout à coup par une haie formée d'arbres très gros et fortement entrelacés, ils s'y frayent un passage la hache à la main, et tuent à coups de baïonnette tous ceux qui n'ont pas eu le temps de fuir. Arrêtés encore par un gros mur crénelé et par un corps de ferme très solide, ils s'acharnent à le prendre. Quelques-uns d'entre eux réussissent à pénétrer dans une cour, mais ils sont massacrés. D'autres arrivent jusqu'à un verger, mais les masses solides du château et ses dépendances rurales opposent une invincible résistance aux balles de nos tirailleurs. Napoléon, pour en finir, ordonne de couvrir de bombes le château. L'incendie s'allume, les flammes dévorent tous ceux qui se sont obstinés à la défense, mais le combat continue à travers les haies et les vergers. Dans la pensée de l'Empereur cette attaque n'était qu'une feinte, et voici qu'elle devient un combat acharné. Il est vrai que Wellington envoie de ce côté d'importants renforts qui désorganisent d'autant sa gauche, contre laquelle Napoléon veut justement porter son dernier effort.

Pendant que notre aile gauche s'engage de la sorte, Napoléon prépare la grande attaque sur la droite par le feu de 74 canons, qui foudroient l'ennemi en avant de la Belle-Alliance. Drouet d'Erlon se plie en quatre colonnes allongées sur les hauteurs d'où il se précipitera dans la vallée pour gravir la pente opposée. Quiot, Donzelot, Marcognet et Durutte, qui commandent ces quatre colonnes, étudient les approches du point qu'ils doivent aborder. Ney, placé sur la grand'route, surveille et dirige le mouvement. On n'attend plus que le signal de l'attaque.

Tout à coup l'attention de l'Empereur est détournée du côté de Saint-Lambert, à une grande lieue du champ de bataille, par une sorte d'ombre qui semble s'avancer. Comme le temps était brumeux, les objets se distinguaient mal à une certaine distance. Napoléon conjectura aussitôt que c'étaient des troupes en marche, Grouchy ou Blücher. Il appelle à lui le général Domon, commandant une brigade de cavalerie légère, et le charge, avec son collègue Subervie, d'aller reconnaître les troupes qu'on aperçoit à l'horizon. Si ce sont des Français, il les ralliera. Si ce sont des Prussiens, il les contiendra. Napoléon ne s'inquiéta pas outre mesure de cet incident. Il supposait en effet que Grouchy, même en admettant qu'il eût laissé échapper quelque colonne prussienne, se serait aussitôt mis à sa poursuite, et dès lors la colonne, prise entre deux feux, serait inévitablement détruite. Ce mystère fut bientôt éclairci. Un sous-officier prussien venait d'être fait prisonnier. Il portait une lettre de Blücher à Wellington, lui annonçant son arrivée et demandant ses ordres. La révélation était sérieuse, mais non alarmante, puisque Grouchy ne devait pas être bien éloigné. Néanmoins, par mesure de précaution, Napoléon ordonne à Lobau d'aller choisir un terrain vers la Dyle, où il pourra, de concert avec les cavaliers de Domon et de Subervie, se défendre longtemps pour donner à Grouchy le temps d'arriver. C'était 10 000 hommes dont il se privait pour la grande attaque préméditée sur la gauche des Anglais, mais la garde impériale comblerait les vides. Seulement, au lieu de 75 000 hommes on en aurait 105 000 à combattre. Les chances étaient moindres, mais rien encore n'était compromis. « Nous avons encore soixante chances contre quarante », dit alors Napoléon, et il donne le signal de la grande attaque sur la gauche et le centre des Anglais.

Il était alors environ une heure et demie. Ney et Drouet d'Erlon se lancent sur la Haie-Sainte, et descendent dans le vallon qui les séparait des Anglais. Un furieux combat s'engage dans les jardins et les vergers de cette ferme. Le prince d'Orange envoie un bataillon hanovrien au secours du bataillon allemand qui forme la garnison de cette citadelle improvisée. Ney le laisse approcher et lance contre lui les cuirassiers, qui le sabrent et l'anéantissent. Pendant ce temps, cheminant dans les terres grasses et détrempées, les quatre colonnes de Drouet d'Erlon se rapprochent de l'ennemi : Quiot et Donzelot traversent le chemin d'Ohain et culbutent à la baïonnette les bataillons de Kempt et de Bylandt. Marcognet franchit à son tour le chemin d'Ohain et prend pied sur le plateau. A ce moment, les Écossais de Picton, cachés dans les blés, se lèvent à l'improviste et font une décharge meurtrière. Les Anglais, ralliés par Picton, se lancent sur nos colonnes surprises et les ébranlent. Elles résistent pourtant et

HOUGOUMONT.

LA HAIE-SAINTE.

LA BELLE-ALLIANCE.

regagnent même du terrain, quand tout à coup éclate sur elles un orage imprévu. Ce sont les 1 200 dragons écossais de Ponsomby, dits les Écossais gris, à cause de leurs chevaux, qui, lancés à propos par Wellington, et abordant par le flanc les masses profondes de notre infanterie, qui ne peut se déployer sans se rompre, y jettent la confusion. Les dragons culbutent jusqu'au fond du vallon les divisions Quiot et Marcognet. Ils lui enlèvent leurs drapeaux. Ils réussissent même à s'emparer de deux des batteries qui protégeaient nos fantassins et, ne pouvant emmener les canons, les renversent dans la boue, dispersent les artilleurs et tuent les chevaux. En peu de temps 4 ou 5 000 de nos fantassins sont pris ou tués. C'était le tiers de l'infanterie du corps entier. Aussi bien, quelle avait été cette malencontreuse idée de former l'infanterie en colonnes épaisses, qui, de même que la phalange antique, avaient bien pour elles l'avantage de leur masse, mais ne pouvaient ni se couvrir de feux, ni se rompre pour se former en carrés! Cette multitude ainsi ramassée ne pouvait manquer d'être labourée par l'artillerie et écharpée par la première charge de cavalerie dirigée sur ses flancs. C'est ce qui était arrivé. Nos soldats avaient été rejetés au fond de la vallée et ne pouvaient plus se servir de leurs armes. Quand ils eurent regagné les hauteurs d'où ils étaient partis, ils ne présentaient plus qu'une masse confuse, désorganisée, découragée.

Les cavaliers anglais payèrent cher leur triomphe. Napoléon se jette à cheval, court à la grosse cavalerie de Milhaud, et lance sur les dragons écossais le 7e et le 12e cuirassiers. Le général Jacquinot, de son côté, dirige sur leurs flancs le 4e lanciers. En un instant les dragons gris sont exterminés. Leur chef Ponsomby tombe percé de sept coups de lance. Nos cavaliers, furieux, poursuivent les Anglais et en font un horrible carnage.

Wellington n'en avait pas moins atteint son but. Le champ de bataille lui restait. Nos canons de réserve étaient hors de service, et des quatre divisions de Drouet d'Erlon, la seule division Donzelot se tenait en ligne. Les trois autres avaient été si maltraitées qu'elles ne purent rien entreprendre de décisif jusqu'à la fin de la journée. C'était donc un premier revers. La grande attaque sur la gauche des Anglais avait manqué, et elle ne devait pas se renouveler. Napoléon, en effet, venait de se décider à changer son plan de bataille et à porter dorénavant sur le centre et sur la droite des ennemis tout l'effort de ses troupes.

L'Empereur commençait, il est vrai, à s'inquiéter de ce qui se passait à l'extrême droite, du côté de Saint-Lambert et de la Dyle. Les Prussiens, commandés par Bulow, accentuaient leur mouvement. Ils venaient de traverser sans difficulté, car ils n'étaient pas gardés, les défilés de Saint-Lambert. Quelques troupes bien postées auraient cependant dans ces bois épais, sur ce terrain argileux et dans ces sables mouvants, arrêté toute une armée : mais on n'avait pris aucune précaution. Ne pensait-on pas que, de ce côté, ne pouvait arriver que Grouchy ! Déjà les premiers soldats de Bulow commençaient à échanger des coups de sabre avec les cavaliers de Domon et de Subervie; déjà leurs boulets venaient mourir en arrière de notre flanc droit, sur la route de Charleroi; mais Lobau venait d'arriver avec ses 10 000 hommes, et s'était établi parallèlement à cette route, formant un angle droit avec la ligne de bataille, la droite à la ferme d'Hanotelet, la gauche au château de Frichermont et le centre à Planchenoit. L'Empereur comptait sur sa solidité maintes fois éprouvée. Il voulut néanmoins ralentir l'action contre les Anglais, sauf à la reprendre pour la rendre décisive, quand il aurait réussi à contenir les Prussiens. D'ailleurs il continuait à espérer que Grouchy allait enfin arriver et prendre ces mêmes Prussiens entre deux feux. Tous ces calculs allaient être déjoués!

Déterminé à porter dorénavant ses coups contre le centre de l'armée anglaise, au mont Saint-Jean, Napoléon devait s'emparer à tout prix et du château de Hougoumont et de la citadelle rustique de la Haie-Sainte, qui en défendaient les approches. A Hougoumont nous avions réussi à pénétrer dans la cour du château, mais Wellington avait envoyé de tels renforts que nous en avions été délogés et repoussés dans les bois voisins. L'acharnement de la lutte sur ce point avait été si extraordinaire que, par un accord tacite, les soldats des deux armées suspendirent le combat et se donnèrent quelques minutes de répit. A la Haie-Sainte, Ney avait été plus heureux. Avec deux bataillons de la division Donzelot il s'était précipité sur les bâtiments de la ferme, s'en était emparé et avait massacré le bataillon allemand qui la défendait. La légion allemande, alors placée le long du chemin d'Ohain, se porta au secours, mais nos cuirassiers ne lui laissèrent pas le temps de se former et sabrèrent un second bataillon. Ney se croyait dès lors en mesure de déboucher sur le plateau du mont Saint-Jean par la chaussée de Bruxelles. Plein d'une ardeur héroïque, et croyant que le moment était venu de livrer un assaut définitif, il déclare à Drouot, qui lui apporte des ordres, que, si l'on met quelques troupes à sa disposition, il va remporter un triomphe éclatant. De fait, un certain désordre commence à se manifester dans les lignes anglaises. Les caissons et les voitures de bagages s'engouffrent dans l'unique route de la forêt de Soignes, bientôt suivis par les fuyards, que sabrent nos cavaliers. Ils jettent leurs armes et répandent partout le bruit de la défaite. A Bruxelles, une véritable panique s'empare de tous ceux des Anglais qui y résidaient encore. Hôpitaux, magasins militaires, tout est évacué. La route d'Anvers est bientôt couverte de fonctionnaires apeurés et de bourgeois éperdus qui vont chercher un refuge jusque sur les navires stationnés dans ce port. Le vieux prince de Condé s'enfuit jusqu'à Malines. Le duc de Berry, qui occupait Alost, à mi-chemin entre Bruxelles et Gand, emmène à travers champs jusqu'à Anvers les 3 à 4000 gardes du corps et volontaires composant la petite armée royale. Louis XVIII lui-même, à Gand, fait ses préparatifs de départ et n'attend qu'un dernier avis pour gagner Ostende. Si Napoléon avait eu alors à sa disposition les fantassins de Lobau, occupés contre les Prussiens, si seulement les divisions de Drouet d'Erlon avaient pu se remettre de leur premier échec et de nouveau courir au feu, la victoire était gagnée; Wellington était rejeté sur Bruxelles, et Napoléon pouvait se retourner contre Blücher.

Il était alors quatre heures et demie. Napoléon venait d'apprendre le succès de Ney à la Haie-Sainte et la ferme contenance de Lobau en face des Prussiens; mais on lui signalait d'autres colonnes prussiennes, qui venaient soutenir les premières, et quelques-unes même qui cherchaient déjà à nous envelopper. L'Empereur avait encore sous la main toute sa garde et sa réserve de cavalerie. Il ordonne au général Duhesme de se porter avec huit bataillons de la jeune garde au secours de Lobau, et, malgré les instances de Ney, garde auprès de lui les quinze bataillons de la vieille garde et toute la réserve de cavalerie, car il veut ménager ces forces redoutables pour frapper le coup décisif sur les Anglais, lorsque les Prussiens seront définitivement repoussés et que Grouchy, qu'il attend toujours, sera enfin arrivé sur le champ de bataille. Seulement il envoie à son fidèle lieutenant les cuirassiers de Milhaud afin de relier ses troupes à celles de Reille à Hougoumont, et lui recommande d'attendre ses ordres pour la grande attaque.

Lorsque s'ébranlèrent ces superbes cavaliers, huit régiments et quatre brigades, on crut arrivé le moment suprême. Leurs camarades les saluèrent du cri de Vive l'Empereur! auquel ils répondirent par les mêmes acclamations. A ce moment Milhaud passait près de Lefebvre-Desnouettes qui commandait la cavalerie légère de la garde, sept escadrons de lanciers et douze de chasseurs. Il le salue de la main. « Je vais attaquer, lui dit-il, soutiens-moi. » Lefebvre croit que c'est l'ordre de l'Empereur. Il suit le mouvement des cuirassiers et prend rang derrière eux. Qui d'ailleurs songeait à rester en réserve, alors qu'on était persuadé qu'il ne s'agissait plus que de poursuivre l'ennemi et de ramasser des prisonniers? Ney, en voyant arriver cette masse imposante de cavalerie, quarante escadrons, se sent en mesure d'en finir à lui seul, comme il l'avait dit à Drouot, avec l'armée anglaise. Il se met à leur tête, et fond sur l'artillerie qui lui était opposée.

Ce fut un moment solennel. Wellington venait de ranger son infanterie en carrés sur le plateau du mont Saint-Jean. Ces carrés se soutenaient mutuellement et croisaient leurs feux. En avant, une ligne de canons pour arrêter le premier élan des assaillants. En arrière, la cavalerie toute prête à profiter de la confusion pour achever la victoire. Silencieux, immobiles, la crosse à l'épaule, couchant en joue tout ce qui allait venir, les Anglais attendaient la terrible attaque. Le sabre haut, nos escadrons gravissent la pente extérieure du plateau à travers un nuage de mitraille crevant sur eux. « Ils montaient graves, menaçants, imperturbables. Dans les intervalles de la mousqueterie et de l'artillerie on entendait ce piétinement colossal. On croyait voir de loin deux immenses couleuvres d'acier. Cela traversa la bataille comme un prodige. Rien de semblable ne s'était vu depuis la prise de la grande redoute de la Moskowa par la grosse cavalerie. Murat y manquait, mais Ney s'y retrouvait. Il semblait que cette masse était devenue monstre et n'eût qu'une âme. Chaque escadron ondulait et se gonflait comme un anneau du polype. On les apercevait à travers une vaste fumée déchirée çà et là. Pêle-mêle de casques, de cris, de sabres, bondissements orageux des croupes de chevaux dans le canon et la fanfare, tumulte discipliné et terrible, là-dessus les cuirasses, comme les écailles de l'hydre ». (V. Hugo.)

A peine arrivés sur le plateau, nos cavaliers enlèvent les canons qui en garnissent les talus, puis fondent sur les carrés de la division Alten. Plusieurs de ces carrés sont enfoncés et cette première ligne est culbutée. Quelques bataillons hanovriens et allemands sont à leur tour foulés aux pieds et sabrés. Nos cuirassiers assouvissent leur rage en n'accordant aucun quartier. Wellington, toujours maître de lui, lance alors sur nos cavaliers, ébranlés par leur impétuosité même, les escadrons qu'il gardait auprès de lui en réserve. Profitant du désordre inévitable de nos soldats, ces nouveaux venus refoulent d'abord nos cuirassiers, mais Ney envoie à leur secours les lanciers de Lefebvre-Desnouettes. Les cuirassiers se rallient, et bientôt toute cette cavalerie lutte corps à corps. Mille combats isolés s'engagent. Les Français ont le dessus et forcent les cavaliers ennemis à chercher un refuge derrière leurs carrés. Emportés par leur ardeur, cuirassiers et lanciers veulent de nouveau rompre ces carrés, mais ils sont arrêtés une seconde fois par leurs feux destructeurs. Ney a déjà eu deux chevaux tués sous lui. Son habit et son chapeau sont criblés de balles, mais il reste invulnérable, et veut achever ce qu'il a si bien commencé. Voyant au bas du plateau les 3000 cuirassiers de Kellermann et les 2000 grenadiers à cheval et dragons de Guyot qui n'ont pas encore donné, il demande qu'on les lui confie pour achever la victoire. Napoléon hésite. Son instinct militaire lui révèle que l'attaque de Ney est prématurée. « C'est trop tôt d'une heure », s'écrie-t-il ! — « Ce diable d'homme, ajoute Soult, est toujours le même. Il va tout compromettre comme à Iéna, comme à Eylau. » Il est pourtant bien difficile de ne pas continuer une telle œuvre, si bien commencée. L'Empereur se décide et envoie à Kellermann l'ordre d'appuyer Milhaud et Lefebvre-Desnouettes.

Nos cavaliers se précipitent et gravissent avec Ney le fatal plateau où sont tombés tant de leurs camarades. Les grenadiers à cheval et les dragons de Guyot étaient demeurés un peu en arrière, dans un pli de terrain. Assistant de loin à ce combat de géants, ils ne peuvent résister à l'entraînement de l'exemple, et, sans qu'on leur ait donné aucun ordre, s'ébranlent à leur tour. Vainement l'Empereur essaye d'arrêter ce mouvement intempestif. Les officiers de service qu'il envoie porter ces ordres sont entraînés à leur tour. Cuirassiers de Milhaud et de Kellermann, lanciers de Lefebvre-Desnouettes, grenadiers et dragons de Guyot, tous s'élancent en poussant des cris de fureur. Ils étaient près de 7000 !

> Montez sur le plateau, centre de l'ennemi !
> A vous, soldats de Ney, cuirassiers de Valmy,
> Cavaliers de Milhaud ! Partez, la charge sonne !
> La voyez-vous passer, l'accablante colonne?
> Ces centaures massifs, aux gigantesques flancs,
> A la tête de fer, aux pieds étincelants,
> D'hommes et de chevaux épouvantable trombe !
> En bloc elle s'élève, en bloc elle retombe,
> Retentit sur les champs de son passage empreints
> Comme un son prolongé de tambours souterrains.
> Le cou tendu, le sabre au niveau de la tête,
> Tous, du profond ravin, remontent sur la crête,
> Et près de les couvrir de leur immense vol,
> Sous les pieds des Anglais font palpiter le sol.
>
> (Barthélemy et Méry).

Nos cavaliers tombent d'abord sur de longues files de dragons qu'ils voient rangés devant eux et qui semblent les provoquer. Ceux-ci se replient et démasquent une batterie de 60 canons qui vomit la mort sur nos braves soldats. Ils n'en sont pas ébranlés, courent aux canons, et se ruent à l'assaut des carrés d'infanterie formés en arrière. Sous cette tempête les Anglais commencent à plier. Wellington et ses lieutenants courent d'un carré à l'autre, encourageant leurs soldats, annonçant la prochaine arrivée des Prussiens. « Tenez ferme, mes garçons, s'écrie le généralissime anglais. Que dira-t-on de nous en Angleterre si nous quittons d'ici ? » Mais nos cavaliers chargent sans relâche. A onze reprises différentes ils se ruent sur les carrés anglais, en détruisent quelques-uns, mais sont repoussés par d'autres. Couchés à terre, les Anglais se relèvent, se reforment, et tirent encore. Les Français de leur côté sillonnent le plateau dans tous les sens, et s'acharnent dans leur œuvre de destruction. Ce fut un combat de géants. « Toutes les faces des carrés anglais furent attaquées à la fois. Un tournoiement frénétique les enveloppa. Cette froide infanterie resta impassible. Le premier rang, genou en terre, recevait les cuirassiers sur les baïonnettes. Le second rang les fusillait; derrière le second rang les canonniers chargeaient les pièces ; le front du carré s'ouvrait, laissait passer une éruption de mitraille et se refermait. Les cuirassiers répondaient par l'écrasement. Leurs grands chevaux se cabraient, enjambaient les rangs, sautaient par-dessus les baïonnettes et tombaient, gigantesques, au milieu de ces quatre murs vivants. Les boulets faisaient des trouées dans les cuirassiers, les cuirassiers faisaient des brèches dans les carrés. Des files d'hommes disparaissaient broyées sous les chevaux. Les carrés rongés par cette cavalerie forcenée se rétrécissaient sans broncher. Inépuisables en mitraille, ils faisaient explosion au milieu des assaillants. La figure de ce combat était monstrueuse. » (V. Hugo.)

Ney tout écumant, ayant perdu son quatrième cheval, commençait à désespérer. Il lui fallait des fantassins pour achever l'infanterie anglaise épuisée; mais Napoléon n'en avait plus à sa disposition. Il avait envoyé contre les Prussiens tout ce qu'il avait sous la main. Il ne lui restait plus que la vieille garde, et il voulait la garder pour le moment où, ayant repoussé définitivement Bulow, il pourrait enfin appuyer Ney. Peut-être eût-il mieux fait de tout risquer, car le moindre effort aurait alors suffi pour décider la victoire. Wellington sentait approcher l'heure fatale où cesse la résistance et où commence la déroute. Ses fantassins jusqu'alors si solides tourbillonnaient sur eux-mêmes. Un de ses régiments de cavalerie avait tourné bride sans oser se mesurer avec nos intrépides cavaliers. Derrière lui s'encombrait l'unique route qui assurait sa retraite à travers la forêt de Soignes. « Mon Dieu, s'écriait-il avec désespoir, me faudra-t-il voir tailler en pièces tous ces braves gens ! » Et comme on lui demandait des ordres : « Il n'y a qu'à tenir avec moi jusqu'au dernier homme, répondit-il. Il n'y a que la nuit ou Blücher qui puissent nous sortir d'ici. »

Ce sont les Prussiens qui le sauvèrent. A ce moment, vers les quatre heures du soir, Blücher débouchait sur le champ de bataille avec les deux corps de Pirch I et de Ziethen, environ 30 000 soldats pleins d'ardeur et ne demandant qu'à courir au feu. Apercevant de loin les furieux assauts du mont Saint-Jean, et comprenant la nécessité de dégager à tout prix les Anglais, il leur envoie par Ohain 15 000 hommes, tout le corps de Ziethen, et ordonne aux 30 000 soldats, déjà en ligne, de Bulow de s'emparer coûte que coûte du poste sur lequel s'appuyait la droite de l'armée française vers Frichermont et Planchenoit. Lobau luttait depuis longtemps déjà et ne s'était pas laissé entamer. Tantôt lançant les cavaliers de Domon et de Subervie, tantôt arrêtant par des charges à la baïonnette l'infanterie de Losthin, qui attaque Frichermont, et celle de Hiller, qui attaque Planchenoit, il met en déroute les assaillants. Les Prussiens, excités par le patriotisme et par la haine, convaincus d'ailleurs qu'ils ont pour eux la supériorité du nombre, cherchent alors à nous déborder. Ils arrivent en effet à 400 mètres environ au delà de la maison d'Écosse, où l'Empereur était établi, et lancent leurs boulets sur les derrières de l'armée, jusque sur la chaussée de Charleroi. A la vue de ce grave danger, Napoléon détache la division Durutte du corps de Drouet d'Erlon et l'envoie vers les fermes de la Haye et de Papelotte pour soutenir l'attaque sur Frichermont. Il dirige sur Planchenoit le général Duhesme avec huit bataillons de la jeune garde et 24 bouches à feu de la réserve. Duhesme loge aussitôt ses fantassins dans les maisons du village, place avec habileté ses canons et se maintient avec énergie, malgré la furieuse attaque de près de 20 000 hommes Il était alors six heures du soir. Blücher ayant donné l'ordre d'enlever à tout prix Planchenoit, Hiller lance à l'assaut six de ses bataillons. Ils sont refoulés et rejetés dans le ravin de Lasne, où nos canons les prennent en écharpe et en font un affreux ravage. Hiller revient à la charge, cette fois avec quatorze bataillons qui s'enfoncent dans le ravin, bordé de chaque côté par nos soldats, et, bien que tombant par centaines, finissent par entrer à Planchenoit, et commencent à déboucher sur la chaussée de Charleroi. Napoléon a tout vu. C'est à la vieille garde qu'il confie le soin de venger la jeune garde. Il appelle le général Morand, lui donne un bataillon de grenadiers et un bataillon de chasseurs, et lui prescrit de reprendre Planchenoit. Passant à cheval devant ces vieux soldats, « Mes amis, leur dit-il, voici le moment suprême ! Il ne s'agit pas

ATTAQUE DES CARRÉS ANGLAIS AU MONT SAINT-JEAN.

de tirer. Il faut joindre l'ennemi corps à corps et avec la pointe de vos baïonnettes le précipiter dans ce ravin d'où il est sorti ; et d'où il menace l'armée, l'empire et la France. » Grenadiers et chasseurs se forment en colonnes et abordent avec tant de résolution les Prussiens, que tout cède à leur approche. Ils renversent et mettent en déroute les fantassins de Hiller. Tantôt à la baïonnette, tantôt à coups de crosse, ils percent ou frappent les fuyards. On remarqua le tambour-major des grenadiers, qui, avec la pomme de sa canne, assomma tous ceux qu'il put joindre. Entraînés par leur ardeur, nos soldats franchissent à leur tour le ravin, et remontent jusqu'au village de Maransart, où ils s'arrêtent enfin. Ils venaient de coucher sur le terrain près de 2 000 Prussiens. La redoutable attaque de flanc tentée par Blücher était donc repoussée, et le rôle actif de cette seconde armée ennemie semblait achevé.

A ce moment, vers les sept heures du soir, la victoire semblait assurée. Nos cavaliers parcouraient librement le plateau du mont Saint-Jean, et les derniers carrés anglais étaient rejetés sur la forêt de Soignes. Les Prussiens étaient battus. 65 000 Français privés de nourriture et luttant dans la boue venaient de triompher de 120 000 hommes. La joie était sur les visages, l'espoir renaissait dans les cœurs. Il ne restait plus qu'à porter la vieille garde, désormais libre, au mont Saint-Jean, afin d'achever l'écrasement des Anglais. Si quelque incident nouveau survenait, ce ne pouvait être que l'arrivée de Grouchy, et, en ce cas, les Prussiens étaient perdus, car ils seraient pris entre deux feux. Déjà même on entendait du côté de Wavres une canonnade qui attestait la présence sur ce point du maréchal, et l'on espérait qu'il allait bientôt déboucher en personne sur les derrières de Blücher et achever par cette manœuvre décisive la victoire qui s'annonçait. Saisissant avec énergie le moment décisif, Napoléon ordonne de porter la garde au centre de la ligne, et de la jeter à travers les rangs ennemis sur l'infanterie britannique. Il prescrit en même temps aux fantassins de Reille de sortir des bois de Hougoumont et de concourir à l'attaque. Wellington, à la vue de nos grenadiers, comprend que l'heure suprême est arrivée, mais il a vu de nouvelles colonnes prussiennes surgir à l'horizon ; il lui semble entendre sur notre flanc droit, vers Papelotte et Frichermont, un bruit de fusillade qui se rapproche. Résister et résister encore est la seule tactique qui convienne aux circonstances. Un de ses lieutenants, Kempt, lui fait demander des renforts, car, dit-il, il n'a plus que 2 à 3000 fantassins. « Qu'ils meurent tous, répond le duc, je n'ai pas de renforts à leur envoyer ! » — « Vous pouvez être tué ici, lui dit Hill, le principal de ses lieutenants. Quels ordres me laissez-vous ? » — « Mourir ici jusqu'au dernier pour donner aux Prussiens le temps d'arriver », et il attend, immobile, la garde impériale.

Nos grenadiers arrivent sur le plateau, alignés comme en un jour de revue. Les canons anglais tonnent. Un mouvement d'ondulation se produit dans nos rangs. On dirait un champ de blé traversé par une bourrasque. Bientôt la colonne se remet en marche. Les fusils sont toujours aussi droits, les files aussi égales. Une seconde décharge éclate. Cette fois l'oscillation des premiers rangs est plus accentuée, mais la colonne avance toujours calme, imperturbable. Troisième décharge. La colonne apparaît toujours à la même place, et cette fois répond par un feu terrible. A ce même instant les soldats de Reille se montraient sur la gauche, et les deux divisions Quiot et Donzelot reparaissaient sur le champ de bataille : mais les feux des carrés anglais redoublent d'intensité. Sur les 2 900 hommes qui ont gravi le plateau, il n'en reste plus que 700 en état de combattre. Étonnés, ne se sentant plus soutenus, ils redescendent des hauteurs et se dispersent. La nouvelle se répand que la garde est repoussée. A ce bruit incroyable les rangs d'une partie de la ligne commencent à flotter.

Napoléon envoie aussitôt les derniers bataillons qui lui restent. Sans s'inquiéter de ce qui se passe dans le reste de l'armée, ils s'avancent seuls sur le plateau déjà si souvent pris et abandonné, mais ils sont entourés par des forces supérieures, écrasés par les décharges à bout portant des canons de Napier. Ce n'est plus un combat, mais une extermination ; et voici que, pour les achever, ils entendent tout à coup de grands cris : Trahison ! Trahison ! sauve qui peut ! C'était une troisième armée ennemie qui débouchait sur le champ de bataille, pour nous donner le coup de grâce.

Au moment où Napoléon préparait la première attaque de la vieille garde, une vive fusillade avait éclaté vers Papelotte et Frichermont. Ce pouvait être Grouchy, ce pouvait être aussi une nouvelle attaque des Prussiens; mais on aperçut bientôt plusieurs centaines de fuyards allemands et belges qui se dispersaient dans la direction d'Ohain. Plus de doute! Grouchy arrive. Le bruit s'en répand parmi nos soldats, et la garde impériale se rue à l'assaut du mont Saint-Jean. Hélas! ce n'était pas Grouchy, mais bien le corps prussien de Ziethen qui arrivait par Ohain pour renforcer la gauche de Wellington. Trompé par les uniformes des Allemands et des Belges, qui étaient encore ceux avec lesquels ils avaient combattu dans les armées impériales, Ziethen les avait tout d'abord attaqués avec fureur et dispersés. Mais il reconnut bientôt son erreur, et chargea les régiments français de Durutte et de Marcognet qui lui étaient opposés. Nos soldats, trompés à leur tour et ne comprenant rien à l'attaque soudaine de ces ennemis ignorés, qu'ils avaient pris tout d'abord pour des camarades, se crurent trahis et se replièrent en désordre. Leurs files rompues se mêlèrent aux bataillons de la vieille garde, qui exécutaient alors leur seconde attaque sur le mont Saint-Jean. A la vue de ce mouvement rétrograde, ces bataillons, déjà décimés par le feu terrible des Anglais, suspendent leur marche, mais ils ont la présence d'esprit de se former en carrés et de disputer aux Prussiens cette partie du champ de bataille.

Ziethen avait exécuté ses ordres avec intelligence. Pendant que Bulow attaquait Planchenoit et que Wellington se maintenait sur le mont Saint-Jean, il avait, en marchant sur Ohain, relié les deux armées prussienne et anglaise, et si bien caché son mouvement dans les bois et les ravins, qu'il s'était pour ainsi dire glissé par surprise jusque dans le voisinage immédiat de nos soldats, sans avoir été seulement signalé. L'irruption soudaine de ces 15 000 hommes de troupes fraîches décida la victoire. Pendant que leurs cavaliers se portent sur le centre même de l'armée française, Wellington, saisissant avec à-propos le moment décisif, lance à toute bride contre nos soldats ébranlés 2 000 cavaliers, qu'il avait gardés comme suprême ressource, afin de ménager sa retraite. Ces six régiments, commandés par Vandeleur et Vivian, n'avaient pas donné un coup de sabre dans la journée, et leurs chevaux étaient restés au repos. Ils se précipitent sur nos soldats qui, poussés d'un côté par Ziethen et de l'autre par Wellington, se mêlent et se confondent. En un clin d'œil ils désorganisent ceux de nos détachements qui tiennent encore. Si Napoléon avait eu sous la main sa réserve de grenadiers à cheval, engagée malgré ses ordres et avec tant d'imprudence sur le plateau, il aurait eu facilement raison de cette attaque, mais il n'y avait plus autour de lui que trois à quatre cents hommes d'escorte. Il les lance contre les régiments anglais. Comment résister à une pareille masse de cavaliers ? Ils sont culbutés et augmentent le désordre.

Privé de cavalerie, Napoléon est tout à coup enveloppé par une vraie multitude à cheval. Anglais et Prussiens remplissent en un instant le champ de bataille, et essayent de rompre nos carrés, qui résistent, mais ne peuvent les empêcher de se répandre en tous sens. A ce moment, l'infanterie de Ziethen se jette sur Papelotte et l'enlève. Notre grosse cavalerie, se voyant enveloppée sur le plateau, se retire à son tour pour ne pas être coupée du reste de l'armée, et ce mouvement rétrograde sur un terrain en pente augmente la confusion. A leur tour se débandent les fantassins de Reille et de Drouet d'Erlon. Wellington, ivre de joie, prend enfin l'offensive et porte ses soldats en avant, précédé par une artillerie formidable, pendant que les Prussiens de Ziethen, exaltés par leur facile triomphe, essayent de le joindre en écrasant nos malheureux soldats.

Un dernier ennemi vient à ce moment se joindre aux assaillants. Le corps de Pirch I, 15 000 hommes de troupes fraîches, débouche derrière Bulow, et prolonge sa droite et sa gauche. Il se jette aussitôt contre Planchenoit, et essaye de s'en emparer. La destruction de l'armée française dépendait de la prise de ce village. Si les Prussiens parvenaient à s'y établir, ils coupaient sa retraite : mais Lobau se défend avec fureur, au milieu de l'incendie allumé par les obus de l'ennemi. De maison en maison, de haie en haie, d'arbre en arbre, il prolonge la résistance au delà des limites du possible, et, lorsqu'il est réduit à poser les armes, ce n'est qu'entouré par trois armées ; mais il a sauvé Napoléon et permis à ce qui restait de l'armée de s'écouler par la chaussée de Charleroi. Deux cent cinquante chasseurs à cheval de la garde, commandés par le général Pelet, réussirent même à rejoindre leurs camarades. Faisant face à l'ennemi dès qu'ils sont serrés de trop près, ils se retirent par Maisons-le-Roi, groupés autour de leur aigle, qu'ils parviennent à sauver.

Dans cette malheureuse journée, les Français avaient fait leur devoir, mais ils tombèrent tout à coup dans l'abattement qui suit les grandes commotions. Se défiant de leurs chefs et ne croyant plus qu'en Napoléon, ils s'imaginèrent qu'il était tué, ou tout au moins blessé, et se débandèrent. Si du moins un corps restait intact pour les rallier, pour leur montrer l'Empereur vivant encore, ils s'arrêteraient et combattraient : mais tous les corps ont donné, et les carrés de la garde qui n'ont pas encore rompu leurs rangs sont comme noyés par un déluge d'assaillants. Alors commence la déroute, et quelle déroute! Sur l'unique chaussée qui traverse le champ de bataille, fantassins et cavaliers s'enfuient jetant leurs armes. « Escadrons et bataillons se brisent et se dispersent les uns contre les autres, les artilleurs coupent les traits de leurs chevaux et abandonnent leurs pièces, essayant de se frayer un passage. On s'écrase, on se foule, on marche sur les vivants. Une multitude vertigineuse emplit les routes, les sentiers, les ponts, les plaines, les collines, les vallées et les bois, encombrés par cette évasion de quarante mille hommes. » (V. Hugo.) Plus d'officiers, plus de généraux! on se fraye un passage à coups de sabre ou de baïonnette; et pendant ce temps la cavalerie prussienne, fraîche venue, taille, sabre, extermine.

Les débris des bataillons de la garde honorèrent par leur sublime désespoir les dernières minutes de cette épouvantable journée. Poussés pêle-mêle dans le vallon au pied du mont Saint-Jean, ils continuèrent à se battre sans vouloir se rendre. Assaillis par un ennemi trente fois plus nombreux, ils fondaient pour ainsi dire sous une pluie de balles et de mitraille. Cinq carrés furent successivement détruits. Deux autres carrés, commandés par les généraux Petit et Poret de Morvan, sont enfoncés à leur tour et leurs débris se mêlent aux soldats désorganisés, qui s'enfuient vers la Sambre pour essayer de la mettre entre eux et leurs ennemis. Un huitième carré tient encore sur la hauteur de Belle-Alliance. Cambronne le commande. Seuls de toute l'armée, ils restent immobiles et gardent leurs rangs. L'Empereur à ce moment, entouré par le maréchal Soult et les généraux Bertrand, Drouot, de Flahaut, Gourgaud et Labédoyère, quittait lentement et comme à regret ce champ de bataille où échouait sa fortune. Il s'approche du carré, et, voyant quelques pièces abandonnées, les fait tirer contre les cavaliers anglais qui le serrent de trop près. Un de ces boulets emporte la jambe gauche d'Uxbridge. Napoléon entre alors dans le carré pour en prendre la direction, décidé qu'il était à mourir. « Ah ! sire ! s'écrie le maréchal Soult en saisissant la bride, les ennemis ne sont-ils pas assez heureux ? » et il l'entraîne, non sans résistance, sur la route de Genappe.

Cambronne et ses soldats veulent donner à leur général le temps de s'éloigner. Ils ouvrent le feu, et s'obstinent à combattre. Bientôt Cambronne est blessé mortellement, mais il ne veut pas que ses soldats quittent le rang pour l'emporter. Les mots célèbres : « La garde meurt et ne se rend pas », mis par la tradition dans sa bouche, rendent assez exactement le sens précis de son énergique réponse aux sommations des officiers anglais. Attaqués sur les quatre faces à la fois par des nuées de cavaliers, les grenadiers se font un rempart des chevaux et des hommes qu'ils abattent. On les démolit à coups de canon, mais ils luttent toujours. Trop peu nombreux pour rester en carré, ils se forment en triangle, et, après avoir tiré une dernière fois, se précipitent sur la cavalerie acharnée après eux. Étouffé sous le nombre, le bataillon fut enfin anéanti.

Ney réussit à ne pas tomber entre les mains de l'ennemi. Mieux aurait valu pour lui qu'il succombât sur ce champ de bataille, où il venait de s'illustrer encore. Au moins n'aurait-il pas été tué par des balles françaises ! mais la mort ne voulait pas de lui. Cinq chevaux avaient été tués sous lui. Ses habits étaient criblés de balles, mais il n'avait pas reçu une seule blessure. Il cherchait un détachement, un peloton pour le ramener au feu. « Venez, criait-il, je vais vous montrer comment meurt un maréchal de France sur le champ de bataille ! » Ce courage surhumain effrayait les plus braves. On passait près de lui ; on le saluait, mais on ne s'arrêtait pas. Un sous-officier de cavalerie lui donna enfin son cheval, et il rejoignit le gros de l'armée.

Non loin de l'endroit où les derniers soldats de l'Empire venaient de mourir pour le salut de leur chef, sur la hauteur de Belle-Alliance, se rencontrèrent Blücher et Wellington. Ils descendirent de cheval et se félicitèrent l'un et l'autre de cette victoire qu'ils avaient tous deux contribué à remporter, l'un par sa ténacité,

CAMBRONNE À WATERLOO.

l'autre par son audace. Comme il importait de la compléter en rendant tout ralliement impossible, et que les Anglais étaient harassés par la lutte, Blücher se chargea de la poursuite, et lança ses cavaliers dans toutes les directions. Ces cavaliers achevèrent la déroute. Ils n'eurent qu'à tuer et à ramasser. « Ceux qui voulaient se reposer, a dit Blücher dans son rapport, furent successivement repoussés de plus de neuf bivouacs. » Le clair de lune favorisait beaucoup la poursuite, qui n'était qu'une véritable chasse soit dans les champs, soit dans les maisons. Les Prussiens, en effet, n'accordaient aucun quartier. Ils tuaient tous ceux qu'ils atteignaient. Le général Duhesme fut ainsi massacré par eux à deux lieues du champ de bataille. Il consentait à se rendre, mais l'officier auquel il présentait son épée lui passa la sienne au travers du corps. N'a-t-on pas raconté que la fièvre qui animait ces soldats et les nôtres survécut à la bataille. Les blessés des deux armées laissés dans les fermes voisines luttaient encore sur les lits et la paille où ils étaient gisants, et, à défaut d'armes, se déchiraient avec les mains. Les Anglais furent plus généreux. Ils ramassèrent 6 à 7000 prisonniers, les seuls de la campagne, et soignèrent convenablement les blessés, entre autres Cambronne, dont ils n'avaient pu s'empêcher d'admirer l'héroïsme.

Sur les onze heures du soir les Français étaient arrivés à Genappe. Un seul pont assurait le passage. Heureusement la Thy, qui arrive dans cette petite ville, était facile à franchir, mais la poursuite continua. Les Prussiens établis sur les hauteurs installent des batteries et tirent à toute volée. Comme si la haine les éclairait, ils font de nombreuses victimes dans cette foule qui n'est plus qu'un ramassis sans cohésion. Tous ceux des blessés qui ont pu se traîner jusque-là sont obligés de s'arrêter. Voitures, caissons, fourgons d'artillerie, tout s'entasse dans l'unique route qui traverse la ville. La voiture de l'Empereur reste même aux mains de l'ennemi, qui s'empare avec des transports de joie de ce trophée de guerre si facilement gagné. Les décorations de Napoléon, ses armes, son nécessaire de voyage tombent en leur pouvoir. Nous les avons vues ces tristes reliques, étalées au grand jour du musée de Berlin. Les Allemands se les montraient du doigt avec fierté, et ils avaient raison, car un peuple n'est réellement grand que lorsqu'il hait fortement et qu'il peut enfin satisfaire sa haine. Nous aussi souvenons-nous, et nous trouverons à nous venger.

Au delà de Genappe les Prussiens continuèrent leur poursuite inexorable. Nulle part on ne tentait de résister, car on se croyait enveloppé par l'universelle trahison. A Frasne seulement nos ennemis s'arrêtèrent pour attendre le jour. Pendant ce temps Napoléon traversait le champ de bataille des Quatre-Bras. C'est de ce lieu sinistre, encombré par les cadavres, qu'il instruisit Grouchy de son désastre, et lui donna ses ordres pour la retraite. Un seul officier fut chargé de cette dépêche, d'où dépendait le sort de tout un corps d'armée. Un peu avant Charleroi, Napoléon descendit de cheval. Il traversa cette ville sans donner aucun ordre, et, après avoir passé la Sambre, s'arrêta dans la ferme de Marcinelle pour s'y restaurer. Vers six heures du matin il repartait en voiture et arrivait à Philippeville presque seul. C'est dans une pauvre auberge qu'il dicta le bulletin de la bataille. La France et le monde allaient apprendre de Napoléon lui-même le nom encore inconnu de Waterloo.

Derrière Napoléon le reste de l'armée passa la Sambre, soit au Châtelet, soit à Charleroi, soit à Marchiennes ; mais toujours dans le plus grand désordre. « Les soldats de tous les corps et de toutes les armes, a raconté le capitaine Coignet, marchant sans ordre, confondus, se heurtaient, s'écrasaient dans les rues de Jemmapes, fuyant devant la cavalerie prussienne qui faisait un hourrah derrière eux. C'était à qui arriverait le plus vite de l'autre côté du pont jeté sur la Dyle... Rien ne pouvait les calmer. Ils n'écoutaient personne. Les cavaliers brûlaient la cervelle à leurs chevaux, des fantassins se la brûlaient pour ne pas rester au pouvoir de l'ennemi. Tous étaient pêle-mêle. Je me voyais pour la seconde fois dans une déroute semblable à celle de Moscou. »

Nous laissions sur le champ de bataille de Waterloo près de 25 000 tués, blessés ou prisonniers. Les pertes des Anglais égalaient les nôtres. Celles des Prussiens étaient de 8 à 10 000 hommes. La journée avait donc été cruelle pour les alliés, mais ils étaient victorieux. L'Empereur était en fuite, l'armée française était dispersée, la campagne était terminée.

CHAPITRE VIII

ENTRÉE DES ALLIÉS A PARIS

Tout était-il perdu après Waterloo? N'allions-nous pas retrouver, sous la pression de la nécessité, l'énergique élan et la force de résistance qui nous avaient déjà sauvés en 1793? Certes le pays n'était pas à bout de ressources, et ce n'est jamais une seule bataille qui décide des destinées d'une grande nation; mais il semble qu'un esprit de vertige ait alors entraîné à leur perte généraux ou grands fonctionnaires. Dès que Napoléon sembla renoncer à la lutte, tout s'effondra. L'ombre même d'une volonté nationale disparut. Un tel découragement s'empara de nos pères, qu'ils laissèrent tomber les armes que pourtant ils tenaient encore à la main, et s'abandonnèrent à la merci de quelques intrigants sans scrupules ou de prétendus hommes d'État, faibles et désorientés, qui fermèrent les yeux pour ne point voir et se bouchèrent les oreilles pour ne point entendre. D'ailleurs le sentiment de la trahison pénétrait partout. Ce n'étaient pas seulement les soldats qui répétaient qu'on les avait vendus. Tous se sentaient les bras liés, et attendaient presque avec résignation l'arrivée de l'ennemi.

Le grand et, à vrai dire, l'unique danger, au point de vue militaire, était la situation de Grouchy, fort aventuré avec son corps d'armée au milieu des armées anglaise et prussienne victorieuses. On se rappelle que le maréchal, dès le lendemain de Ligny, avait reçu de Napoléon l'ordre impératif de se mettre à la poursuite des

Prussiens. Il avait exécuté cet ordre, mais seulement en partie, car, s'imaginant bien à tort que Blücher battait en retraite dans la direction de Namur, il s'était porté sur Gembloux, où il était arrivé le soir du 17 juin. A vrai dire il avait perdu toute trace des Prussiens, qui s'étaient fort habilement dérobés devant lui, et marchaient déjà dans la direction de Wavres, afin de donner la main à Wellington.

Le général Exelmans, qui suivait les Prussiens pas à pas, avait tout de suite compris l'importance de la manœuvre de Blücher. Dans la soirée il fit dire au maréchal « que les Prussiens se retiraient sur Wavres pour se rapprocher de l'armée anglaise». Le lendemain 18, de très bonne heure, il lui fit répéter « que l'armée prussienne avait continué son passage à Wavres pendant une partie de la nuit et de la matinée pour se rapprocher des Anglais ». Ces informations furent confirmées par les gens du pays. L'hésitation n'était pas possible. Grouchy donna l'ordre à ses troupes de se porter sur Wavres. On était alors à ce moment de l'année où le jour commence à trois heures du matin. Au lieu de se mettre en route dès la pointe du jour, on ne partit qu'à neuf heures du matin, et encore ne marchait-on que sur une seule colonne. De Gembloux à Wavres on compte trois lieues et demie. A cause de l'encombrement et du mauvais état des chemins, détrempés par l'orage de la veille, Vandamme, à onze heures et demie, n'était arrivé qu'à Nil-Saint-Vincent à trois heures et Gérard à Sart-à-Valhain à deux heures de Gembloux. Etait-ce donc là poursuivre l'ennemi ?

Grouchy s'était arrêté à Sart-à-Valhain pour y déjeuner. Tout à coup retentissent sur la gauche de sourdes détonations. C'était la bataille de Waterloo qui commençait. Les généraux se réunissent. Leurs aides de camp se couchent l'oreille contre terre pour mieux suivre la direction des décharges. Bientôt elles redoublent d'intensité. La terre en tremblait. « C'est une seconde bataille de Wagram », s'écrie Grouchy. Le maître de la maison, interrogé, affirme que l'engagement doit avoir lieu près de la forêt de Soignes, à trois lieues et demie environ. « Il faut courir au canon », dit aussitôt Gérard, et, comme Grouchy objectait ses ordres : « Eh bien, laissez-moi exécuter le mouvement avec mon seul corps, et vous suivrez les Prussiens avec le reste de vos troupes. » A ce moment font irruption dans le jardin le général Valazé et plusieurs officiers. « Voilà la bataille », disent-ils en étendant la main vers la gauche. « Dans trois heures on peut être où l'on se bat », répète avec insistance un guide sorti de la garde impériale et qui, pour la circonstance, avait revêtu son ancien uniforme. « Au canon ! au canon ! » crie Gérard. « Au canon ! » répètent Valazé et les aides de camp. « Au canon ! » crient également les dragons et les fantassins qui entourent le quartier général, et qui, émus jusqu'aux larmes, se montrent à l'horizon de légers nuages produits par la fumée du champ de bataille. Sans doute ces injonctions étaient inconvenantes, et, en thèse générale, il faut se défier de l'entraînement des foules, mais il était bien facile d'exécuter ce que proposait Gérard. Si on l'eût écouté, on serait arrivé à temps sur les derrières des Prussiens de Bulow. On les aurait infailliblement rejetés dans le ravin de Lasne et détruits entre Maransart et Planchenoit. Se figure-t-on l'effet produit par cette soudaine attaque et quelle n'aurait pas été la force des vingt-trois bataillons de la garde, désormais disponibles, qui tous ensemble auraient alors été jetés sur l'armée anglaise épuisée !

Sans doute Grouchy ne pouvait pas savoir ce qui se passait à trois lieues de distance, mais, si les Prussiens se portaient sur Napoléon en venant se ranger à sa droite, on exécutait ses intentions, puisqu'on continuait à les suivre à la piste, et, de plus, on courait la chance de les prendre entre deux feux. Si, au contraire, ils se retiraient sur Bruxelles, peu importait de les négliger. On n'avait plus qu'à courir au canon et à aider l'Empereur à triompher des Anglais. Grouchy ne se rendit pas à ces raisons. Avec un entêtement que rien n'excuse, il donna l'ordre de se diriger sur Wavres.

Pendant que nos soldats, inquiétés par cet étrange mouvement qui les éloignait du canon, dont ils continuaient à entendre les détonations, s'acheminaient vers Wavres, le général Exelmans poussait une reconnaissance dans la direction de la Dyle. Quelques pas encore, et il donnait la main aux cavaliers du général Domon envoyés à sa rencontre ; mais les bords de cette petite rivière sont couverts de bois épais et de fortes broussailles. Nos cavaliers ne s'aperçurent pas. Exelmans, rappelé en arrière par Grouchy, dut obéir. Un de ses collègues, Berthezène, venait d'arriver à une lieue environ de Wavres, à un endroit nommé la Baraque, d'où l'on domine une vaste plaine. Poursuivi par le bruit du canon de Waterloo, il interrogea avidement du regard la partie de l'horizon d'où partaient ces lointaines décharges. De tous côtés et très distinctement on apercevait les colonnes prussiennes qui marchaient dans la direction du feu. Berthezène avertit aussitôt Grouchy. Le maréchal ne tint aucun compte de cet avis, et s'obstina dans son aveuglement. Il voyait en effet les Prussiens devant lui à Wavres, et s'imaginait que son devoir était de les attaquer. C'était le corps de Thielman que Blücher avait laissé en arrière pour le contenir. Combien n'aurait-il pas mieux valu le négliger, et même à cette heure tardive, il était alors environ quatre heures, courir au canon. Il est peu d'exemples dans l'histoire d'une pareille cécité d'esprit.

A ce moment arriva le Polonais Zancowicz, porteur de la dépêche de Napoléon prescrivant à Grouchy de se rapprocher et de lier les communications. Ce fut la seule dépêche de l'Empereur qui fût remise au maréchal, Grouchy affirme qu'il n'en a jamais reçu d'autre. L'Empereur, de son côté, n'a jamais varié dans sa déposition. Il affirme en avoir expédié deux autres. Grouchy et Napoléon ont tous deux raison. L'Empereur a sans doute expédié les trois dépêches, mais une seule est parvenue au maréchal. Seulement, en pareille circonstance, et pour un objet aussi grave, ce ne sont pas trois officiers et trois dépêches, mais des nuées d'officiers qu'il faut envoyer. Berthier n'y aurait pas manqué, et il se serait inquiété de la mission tant qu'elle n'aurait pas été accomplie. Le nouveau major-général, Soult, ne prenait pas tant de précautions. Ce fut un grand malheur. Il faut attribuer à cette incurie administrative la plupart de nos malheurs dans la campagne de 1815. D'ailleurs la dépêche apportée par Zancowicz était fort ambiguë. Elle exprimait seulement le désir de voir Grouchy se rapprocher de la grande armée, afin de lier avec elle ses opérations. Il ne s'agissait pas de se battre à Wavres, mais de courir à Waterloo. Grouchy interrogea l'officier polonais, qui ne cessa de lui répéter que l'Empereur l'attendait. Il fallait être aveugle pour ne pas comprendre. Grouchy fut aveugle, et persista à donner l'ordre d'attaquer Wavres. Le général Gérard, hors de lui, s'emporta à des paroles et à des gestes violents. « Je t'avais bien dit que, si nous étions perdus, c'est à toi que nous le devrions ! » Grouchy, fort irrité, s'entêta de plus en plus dans sa fatale détermination, et ordonna sur Wavres une attaque des plus énergiques.

Cette attaque ne fut pas heureuse. Vandamme fut une première fois repoussé. Gérard, qui lui succéda, se jeta en désespéré sur le moulin de Bierges qui dominait le pont de Wavres. Une balle lui traversa le corps et le pont ne fut pas enlevé. Pendant que s'engageait ce combat, Blücher avec Ziethen et Pirch couraient au mont Saint-Jean. Il entendait le canon de Grouchy et savait que son lieutenant Thielman était attaqué. Il se trouvait alors, comme Drouet d'Erlon aux Quatre-Bras, entre deux armées qui se battaient. Devait-il courir au secours de son lieutenant ou persister à rejoindre son allié ? Blücher n'écouta que son audace. Ce qui se passait à Wavres n'était que secondaire. La grosse partie se jouait à mont Saint-Jean. Il abandonna Thielman aux chances d'une défaite et précipita sa marche. Une demi-heure après il débouchait par la Haye, Smohain et Papelotte. On sait le reste.

Ce fut seulement à six heures du soir que Grouchy ouvrit enfin les yeux. Il venait de recevoir une nouvelle dépêche, plus explicative que la précédente, qui lui démontrait que Wavres était une désignation générale et non pas une désignation précise, et que la seule manœuvre à exécuter était de rejoindre à tout prix l'Empereur. Grouchy donna aussitôt ses ordres, mais il était trop tard. Napoléon était perdu, et devant Wavres bien des braves étaient tombés inutilement. Trois fois dans la journée Grouchy aurait pu sauver la France : le matin en partant de bonne heure de Gembloux pour passer la Dyle à la suite des Prussiens et les pousser l'épée dans les reins jusque sur Napoléon ; une seconde fois, à midi, en se dirigeant de Sart-à-Valhain sur Maransart et Planchenoit, ce qui nous aurait permis d'arriver à cinq ou six heures sur les derrières de Bulow ; enfin, à deux heures, lorsqu'on apercevait les corps prussiens se dirigeant sur le mont Saint-Jean, en ne courant pas à leur poursuite. A trois reprises Grouchy avait fermé les yeux à l'évidence, tout en restant persuadé qu'il était fidèle à la lettre et à l'esprit de ses instructions.

Quand les Français arrivèrent aux ponts de Limal et de Limelette, dont l'occupation leur aurait permis, quelques heures auparavant, de déboucher sur les derrières des Prussiens, on n'entendait plus le canon. Un silence de mort planait sur la contrée. De sombres pressentiments s'emparèrent de tous. Grouchy, pour se consoler, se plut à répéter que la bataille devait être gagnée; mais la nuit fut triste pour tous, et le silence continuait à régner. Dès la matinée du 19, ne recevant aucune dépêche de l'Empereur, et commençant à redouter un désastre, Grouchy avait ordonné à ses lieutenants un mouvement en arrière pour essayer de rejoindre le gros de l'armée. Thielman qui lui était opposé, et qui de son côté n'avait encore reçu aucune nouvelle de Waterloo, mais se rendait compte du flottement et de l'hésitation des soldats français, avait pris l'offensive. Sur les huit heures du matin il reçut la nouvelle officielle de la victoire, et c'est en poussant des cris de triomphe que les Prussiens se jetèrent sur nos troupes. Ce qui augmentait aussi leur confiance, c'est qu'ils apprenaient que le corps de Pirch manœuvrait pour couper la retraite de Grouchy sur la Sambre. Nos soldats ne savaient rien encore, mais ils étaient assiégés de funestes pressentiments, néanmoins ils firent leur devoir. Les Prussiens furent chassés de Rixensar et de Bierges. Ils furent délogés de Wavres, et obligés de battre en retraite par Ottenbourg, après avoir perdu 2500 hommes. C'était un grand succès pour nos soldats. Ardents à la poursuite, ils avaient déjà dépassé Rosière, quand ils furent rejoints par l'unique officier envoyé par Napoléon pour annoncer le désastre et ordonner la retraite sur Namur.

On était alors séparé des débris de l'armée française par deux armées victorieuses, et l'on était comme enfermé dans un véritable coupe-gorge. Grouchy, inspiré par Vandamme, eut un instant la pensée de se jeter sur les vainqueurs de Waterloo, qu'il surprendrait dans l'imprévoyance de la victoire; mais, trop faible pour une pareille entreprise, n'allait-il pas être cerné par les masses ennemies? Mieux valait sauver la dernière armée de la France, et épargner la honte d'une capitulation à ceux que son inexplicable entêtement avait privés de l'honneur de gagner la bataille de Waterloo. Il est vrai que cette retraite commencée quatorze heures après la bataille présentait d'incroyables difficultés. Il fallait tout d'abord se jeter dans Namur, y passer la Sambre, puis chercher sur la Meuse les débris de l'armée vaincue. Les alliés n'avaient pour ainsi dire qu'à étendre la main. Déjà Pirch avait atteint Millery entre Grouchy et la Sambre. Thielman n'avait qu'à se retourner, à reprendre l'offensive, et Grouchy, attaqué à la fois en tête et en queue, était réduit à se rendre.

Le maréchal, dès qu'il n'eut plus à discuter mais à agir, se retrouva grand homme de guerre. Il laisse son arrière-garde à Wavres devant Thielman, lance toute la cavalerie d'Exelmans prendre à l'avance possession de Namur, et s'engage lui-même dans cette direction avec le gros de l'armée. Thielman, trompé par cette démonstration, ne commence la poursuite que le 20. Il était déjà trop tard. Il n'atteint pas Grouchy, et Vandamme, par un retour offensif terrible, culbute près de Namur Pirch I qui le serrait de trop près, et lui met hors de combat 1 500 hommes. Le brave Teste, laissé dans Namur avec une seule division, y repousse les assauts furieux des Prussiens, et donne à toute l'armée le temps de se retirer sur Dinant. Quand il ne reste plus un canon, plus une voiture, plus un homme à sauver, il fait à son tour filer ses troupes et allume aux portes de la ville un incendie qui arrête quelque temps encore les Prussiens. Pirch et Thielman ne purent entrer à Namur que le 20 juin à neuf heures du soir. Grouchy était déjà en sûreté à Dinant, où Teste le rejoignit à quatre heures du matin le 21.

Dans la journée du 21 nos soldats atteignirent Givet, et campèrent sous le canon de cette forteresse. On leur distribua du pain, mais on ne put renouveler leurs munitions, tant la place, bien qu'en première ligne, était mal approvisionnée. Laissé sans instructions sur la direction à donner à la retraite, Grouchy se décida à marcher sur Reims par Rocroi. Ce fut seulement le surlendemain qu'il reçut du maréchal Soult l'ordre de se porter à Soissons. Son corps d'armée était intact. Ce devait être un précieux appoint pour la défense nationale.

Quant à l'armée de Napoléon, elle était désorganisée. Toutes les routes du Nord étaient couvertes de fuyards. Edgar Quinet a raconté qu'un de ses souvenirs d'enfance fut le retour de nos soldats du champ de bataille : « Ils arrivaient par bandes, désarmés, un bâton à la main, pareils à des voyageurs. Nous allions au-devant d'eux, à l'entrée des villes, des bourgades, et nous les interrogions. Les plus jeunes répondaient. Ils racontaient qu'ils avaient été trahis vers le soir, au moment où ils étaient victorieux, que les chefs les avaient livrés, que l'ennemi approchait et que sans doute il ne tarderait pas à apparaître, car toutes les portes lui étaient ouvertes. » Dans leur exaspération quelques-uns d'entre eux avaient renoncé à toute discipline, et, du jour au lendemain, s'étaient transformés en brigands. « Nombre de soldats désertent, écrivait à l'Empereur le comte de Bussy, un de ses aides de camp. Ils forcent les postes de gardes nationales, courent dans les villages, qu'ils épouvantent, regagnent leurs foyers par des traverses, vendent leurs chevaux et ceux qu'ils ont volés, quelquefois pour la modique somme de douze à quinze francs. » Quand ils arrivèrent à la Fère, on aurait dit de véritables bandes de malandrins. Le colonel Pion des Loches en parle ainsi dans ses *Mémoires :* « Nous ne fûmes pas longtemps dans l'incertitude, vers midi la ville était pleine de fuyards, à pied ou à cheval, tous sans blessure. Les uns entraient dans les auberges et payaient leurs dépenses avec de l'or volé sans doute dans les fourgons de leurs généraux, d'autres se couchaient silencieusement sur la place ou continuaient leur chemin sans s'arrêter. Le soir, grand nombre de nos postillons traversaient la ville au grand galop, faisant claquer leurs fouets et criant à tue-tête : Vive l'Empereur ! Les canonniers à pied ou à cheval qui survinrent déclaraient leurs camarades tués, l'artillerie perdue, l'armée en déroute. J'offris en vain à tous ces malheureux le logement et la subsistance ; ils craignaient que je ne les ralliasse pour les mener au combat : il n'y eut que ceux de mon régiment qui rentrèrent à la caserne. »

Le plus déplorable, c'est que les généraux donnaient le mauvais exemple, même les plus braves. Piré, Kellermann, Rogniat, Tromelin, d'autres encore étaient partis pour Paris sans autorisation. Ney, démoralisé par la défaite, ayant en vain cherché Napoléon sur la frontière, avouait, du haut de la tribune de la Chambre de Paris, que l'armée était détruite, et qu'il n'y avait plus d'espoir que dans de promptes négociations.

L'armée pourtant existait encore, et, peu à peu, se reformait autour de ses étendards. Dès le surlendemain de Waterloo, Reille et Drouet d'Erlon avaient réuni sous Avesnes une douzaine de mille hommes. Cinq à six mille soldats de la garde et du corps de Lobau y parvinrent également. A Philippeville, Soult avait formé lui-même une colonne de cinq à six mille hommes de toutes les armes et de tous les régiments. On remit un peu d'ordre dans ces débris, et on les achemina sur Laon, où ils arrivèrent le 22 juin. C'est à Laon seulement que l'armée se retrouva, se serrant d'elle-même autour de ses drapeaux, dont plusieurs reparurent au front des régiments mutilés, salués par les cris de joie des soldats qui les avaient crus perdus, et retrouvèrent en les revoyant le sentiment de la discipline oubliée dans le désastre.

Aussi bien ce n'étaient pas les seuls soldats qui restaient à la France. Des corps d'observation formés par Napoléon sur le Rhin, le Jura, les Alpes et les Pyrénées, nul encore n'était entamé. Il y avait à Paris des ressources pour ainsi dire inépuisables en hommes, en armes et en approvisionnements. Toutes nos places fortes étaient occupées par des garnisons à peu près suffisantes, et en état de résister au moins pendant quelque temps. Enfin toute une armée était disponible, grâce aux succès remportés sur les insurgés vendéens. On sait que les départements de l'Ouest n'avaient accepté qu'à contrecœur le retour de l'Empire. Ils avaient protesté contre la restauration impériale en prenant les armes, sous le commandement de Louis et Auguste de la Rochejaquelein, de Suzannet, d'Autichamp. Le mouvement aurait pu devenir dangereux, d'autant plus que les Anglais avaient promis des armes et des munitions et pouvaient, d'un instant à l'autre, débarquer sur le littoral. Napoléon avait aussitôt détaché une vingtaine de mille hommes, dont il avait confié le commandement à un de ses lieutenants les plus énergiques, au général Lamarque. Les insurgés furent partout battus, à Aiseray, à Saint-Gilles, aux Mattes. Dans ce dernier engagement périt La Rochejaquelein. A la Roche-Servière, où fut tué son successeur Sapinaud, nouvelle victoire. La cause royale n'avait plus de soldats. Les chefs, obligés de renoncer à la lutte, posèrent les armes, et, par la convention de la Tessoualle (24 juin), terminèrent cette échauffourée, qui constatait le profond changement opéré dans les esprits depuis les grandes guerres de Vendée. L'armée de Lamarque devenait inutile dans l'Ouest, et il était facile de l'envoyer à Paris, où elle se réunirait aux forces disponibles. Les éléments de la résistance nationale n'étaient donc pas brisés, mais seulement dispersés. Il ne s'agissait plus que de trouver un chef et de soutenir avec énergie la lutte pour le salut commun. Seul Napoléon pouvait être ce chef, et il était disposé à le devenir. Arrivé à Laon au surlendemain de Waterloo, il avait manifesté la résolution de rester dans cette ville pour se mettre à la tête de l'armée vaincue et la mener de nouveau au feu. C'était la seule résolution qui convînt aux circonstances. Mal inspirés, ses lieutenants lui persuadèrent que sa place était à Paris, et qu'il fallait se hâter d'y courir pour arrêter par sa présence les intrigues des ennemis de la dynastie. Lui qui jadis savait si bien inspirer sa volonté, anéanti et comme brisé par la défaite, il ne sut pas résister à leurs instances et prit le chemin de la capitale. En tournant ainsi le dos à l'ennemi, il venait de se perdre et perdre avec lui la France.

Les alliés en effet avaient d'abord été comme étonnés de leur triomphe. Ils osaient à peine y croire. Ils semblaient vouloir attendre l'arrivée des Autrichiens et des Russes et se contenter du siège de quelques places entre la Belgique et la Somme. D'ailleurs Wellington ne se montrait pas satisfait de son armée. Il la trouvait composée d'éléments disparates, assez mal équipée, et désorganisée par les deux dernières batailles. En outre, il sentait tout ce que pouvait présenter de dangereux l'invasion de la France à travers les trois lignes de forteresses qui, en 1793, avaient arrêté l'effort de la coalition; mais Blücher, résolu à poursuivre ses avantages et éclairé par la haine, ne demandait qu'à avancer. Il emporta tout. Négligeant le corps de Grouchy et les soldats qui se ralliaient sous Laon, laissant derrière eux à la fois les forteresses et l'armée française, les alliés se précipitèrent sur Paris en suivant la direction de l'Oise. Le 21 la frontière était franchie, et Wellington adressait aux Français une proclamation datée, par un raffinement de vengeance, et comme si ses soldats suivaient les étapes de nos défaites, de Malplaquet. Le 23 les généraux alliés arrivaient à Cateau-Cambrésis; le 26 ils étaient entre Saint-Quentin et Péronne. Avesnes, Guise, Cambrai, Ham s'étaient rendues sans tirer un coup de fusil, et servaient de point d'appui à l'invasion. Blücher, surexcité par ces succès inattendus, prend les devants et arrive le 27 à Compiègne, à Creil et à Villers-Cotterêts. De tous côtés il se heurte à nos troupes, qui continuaient leur retraite sur Paris. Telle était l'incohérence des mouvements, telle était la dissémination des forces, que les corps prussiens se trouvent aussi compromis que les corps français.

Aujourd'hui c'est le général de Sidow qui, pris en tête par Kellermann et en queue par Drouet d'Erlon, se dégage à grand'peine de cette périlleuse rencontre. Demain c'est Pirch I qui surprend Grouchy, mais est à son tour surpris par Vandamme, et ne s'échappe que par une marche forcée de trente-huit heures, fuyant devant les fuyards. A vrai dire, les Prussiens étaient singulièrement compromis. Un général sûr de ses troupes aurait pu les écraser en détail, mais ils se croyaient tout permis, et nous n'avions plus de général.

Napoléon en effet était arrivé à Paris dans la nuit du 20 au 21. Il n'avait pas osé descendre aux Tuileries, et, comme s'il fût déjà tombé du trône, était allé s'enfermer dans le palais, alors suburbain, de l'Elysée. On venait à peine d'apprendre le désastre. Depuis Ligny on n'avait pas eu de nouvelles de l'armée, sauf une dépêche de Soult prescrivant d'envoyer en toute hâte des munitions et des objets d'équipement. Davout, qui connaissait l'esprit net et lucide de l'Empereur, et n'ignorait pas l'existence de magasins à portée de l'armée, ne s'expliquait cette dépêche que par une bataille perdue; aussi était-il dans une grande anxiété. Le 21 juin, de grand matin, il s'était rendu à la Villette pour y inspecter les travaux de défense. Il rencontra un aide de camp du général Letort, qui ramenait dans une calèche le corps de ce général tué à Ligny. Cet officier lui apprit que près d'Avesnes il avait été rejoint par de nombreux fuyards répandant le bruit d'une effroyable défaite. Davout s'empressa de revenir au ministère. Il y trouva une dépêche du roi Joseph, le convoquant en toute hâte à l'Elysée, où l'Empereur était attendu. Dès la veille, Carnot, le ministre de l'intérieur, avait été prévenu, mais il n'avait pas eu le courage de répandre officiellement l'accablante nouvelle. Ce sont les deux seuls ministres qui osèrent donner à l'Empereur les conseils qui convenaient aux circonstances : Carnot aurait voulu que Napoléon retournât tout de suite à l'armée. C'était là sa vraie place. Il perdait, en se séparant de ses soldats, la seule force qui pouvait le soutenir encore. Davout n'hésitait pas à conseiller la dictature, la dissolution des Chambres et la levée en masse. Énergiquement appuyé par Lucien Bonaparte et par Regnault de Saint-Jean-d'Angely, il allait peut-être emporter la situation, mais Fouché intervint. Fouché a joué le grand rôle dans ces tristes événements. C'est lui qui a tout dirigé, avec une suprême habileté, mais avec quel profond mépris des hommes, quel absolu dédain des principes et des serments! Il avait déjà résolu le renversement de la dynastie impériale et s'était déjà entendu avec les royalistes et avec les mécontents. Profitant de l'indécision de Napoléon, et comprenant que Waterloo l'avait frappé à mort et qu'il ne s'agissait plus que de trouver le moyen de le réduire à l'impuissance, il s'éleva avec indignation contre la proposition de Davout. Il prétendit, lui qui savait mieux que personne combien la Chambre des députés était hostile, que Napoléon devait au contraire s'en remettre aux décisions de la Chambre. Soit lassitude, soit dégoût, soit aveuglement, Napoléon laissa se nouer autour de lui ces misérables intrigues. Il ne sut pas prendre de décision, et balança entre une usurpation nouvelle et une obéissance inaccoutumée; mais les coups d'Etat, pour réussir, ne doivent jamais être remis. C'était le jour même du 21 qu'il fallait dissoudre la Chambre et prendre en main la dictature. Quelques heures plus tard il n'était déjà plus temps, et les députés, avertis sous main par Fouché, prenaient l'initiative que l'Empereur leur avait abandonnée et le condamnaient à l'impuissance.

La nouvelle du désastre avait éclaté parmi les députés comme un coup de foudre. Les uns étaient consternés, les autres voyaient au contraire se relever leurs espérances. Tous, en proie à la fièvre des passions politiques, éprouvaient une surexcitation qui leur commandait d'agir; mais Napoléon était encore le maître. On le savait à l'Élysée, entouré de ses fidèles et capable de ne pas reculer devant un nouveau 18 Brumaire. Aussi les députés étaient-ils en proie à ces terreurs imaginaires qui saisissent parfois les assemblées délibérantes, lorsque, hostiles au gouvernement, elles redoutent d'être prévenues par lui. Ce fut alors que Fouché par ses amis et par ses complices leur fit savoir que l'Empereur songeait à les dissoudre. Lafayette en ce moment rompit le silence des vingt dernières années, et, sans consulter personne, prévint Napoléon de vitesse en proposant « que toute tentative pour dissoudre l'Assemblée serait considérée comme trahison ». La question était résolue. Tous ceux des députés qui hésitaient encore se mirent du côté de ceux qui osaient agir : la proposition fut votée.

C'était une déclaration de guerre. L'Empereur le sentit enfin, mais trop tard. Il voulut s'emparer de la dictature, comme le lui avaient conseillé Carnot et Davout, mais l'occasion était manquée. C'eût été déchaîner la guerre civile alors que l'ennemi foulait le sol national et menaçait l'indépendance française. Ses amis lui con-

LA FAYETTE

seillèrent d'attendre et de s'inspirer des circonstances. Encouragés par cette faiblesse à laquelle ils n'étaient pas habitués, les députés continuèrent alors leurs audacieuses usurpations. L'un d'entre eux, un inconnu, Duchesne, proposa l'abdication en faveur de Napoléon II. Toute l'Assemblée se leva, et d'un cri unanime vota l'abdication. L'Empereur à cette nouvelle voulut agir contre ceux qu'il

14

appelait des révoltés, mais il comprit bientôt qu'il n'y avait plus qu'à s'incliner devant la volonté nationale, même exprimée par une Assemblée qu'il détestait. Ses frères eux-mêmes lui conseillèrent de se résigner. Ne parlait-on pas déjà de déchéance au lieu d'abdication ?

Certes Napoléon n'avait aucune illusion sur l'inanité de l'abdication qu'on lui demandait en faveur de son fils. Il n'ignorait pas ce que vaudrait le trône de cet enfant quand il ne serait plus là pour le défendre ; mais, quand on le pressa de nouveau, quand il se vit au moment d'être forcé, il fit contre mauvaise fortune bon cœur et dicta la formule d'abdication. En échange de cette déclaration, les députés et les pairs envoyèrent à celui qu'ils venaient de renverser du trône une députation chargée de lui exprimer « au nom de la nation la gratitude et le respect avec lequel ils acceptaient le noble sacrifice qu'il faisait à l'indépendance et au bonheur du peuple français » ; mais ce fut tout ! Malgré quelques efforts à la tribune des députés, malgré des efforts violents et réitérés à la tribune des pairs, la reconnaissance officielle de Napoléon II fut éludée, et le pouvoir exécutif remis à une commission de cinq membres : Fouché, Carnot, Grenier, Caulaincourt et Quinette. L'Empire était fini. « Alors on revit ce que l'histoire a rencontré cent fois, mais jamais peut-être avec de si grands contrastes : l'abandon, le silence autour de ce fils de la renommée, ses familiers eux-mêmes se retirant un à un, le palais désert à peine gardé par une sentinelle, la foule même, ce courtisan de la dernière heure, se dispersant au loin et sans espoir, de vagues rumeurs d'assassinat circulant dans ces solitudes, et, comme si l'abandon n'était pas encore assez profond, l'invitation, puis bientôt l'ordre à ce maître des maîtres de se retirer plus loin, hors des regards de Paris, dans l'obscurité de la Malmaison. » (E. Quinet.)

Pendant ce temps, Prussiens et Anglais poursuivaient leur marche hardie contre la capitale. Blücher, maître de tous les passages de l'Oise, n'hésita plus quand il apprit l'abdication de Napoléon. Sans se préoccuper de l'attaque de flanc que les soldats de Grouchy, s'ils avaient été bien conduits, auraient pu si facilement exécuter ; sans même se soucier de Wellington qui s'effrayait de sa hardiesse et n'osait s'aventurer en pleine France, Blücher risqua le tout pour le tout et lança contre Paris son infatigable infanterie. Ses calculs étaient justes. Soult venait de se démettre du commandement en faveur de Grouchy, et ce dernier n'osait prendre sur lui d'attaquer les alliés dans leur marche rapide. Il ne songeait qu'à ramener au plus vite ses soldats sur Paris, en sorte que pendant quelques jours on eut l'étrange spectacle de deux armées ennemies suivant deux routes parallèles, se côtoyant, se confondant parfois; chacune d'elles s'efforçant de devancer l'autre sous les murs de Paris. Les Prussiens s'avançaient par Noyon, Compiègne, Beauvais, Pont-Sainte-Maxence et Senlis; les Français par Laon, Soissons, Villers-Cotterêts. Nos têtes de colonne arrivèrent les premières dans la plaine de Saint-Denis, le 28 juin, dix jours seulement après la bataille de Waterloo. Quelques heures plus tard Blücher arrivait à son tour, mais il s'arrêtait au Bourget, et prenait ses dispositions pour emporter Paris de vive force.

La situation était vraiment singulière. Blücher seul avait de la résolution et savait ce qu'il voulait faire. Les généraux français semblaient avoir perdu la tête. 55 000 Prussiens seulement étaient alors sous les murs de Paris. Wellington, dans cette journée du 28, n'était arrivé qu'à Saint-Martin-Largeau, à plus de deux journées de marche de la capitale. Il n'avait plus confiance en son armée. « Nous n'avons pas le quart des munitions que nous devrions avoir, écrivait-il à lord Bathurst, et je crois vraiment que, à l'exception de ma vieille infanterie d'Espagne, j'ai non seulement la plus mauvaise armée, mais encore la plus mal équipée, et le plus mauvais état-major qu'on ait jamais réuni. Je n'ai jamais été si mécontent des affaires que de celles-ci. » Certes il eût été bien facile à un général résolu ou bien de se jeter sur l'armée anglaise et de se rabattre ensuite sur les Prussiens en les acculant sous les murs de Paris, ou bien d'attaquer tout de suite les Prussiens et de se porter, quand on les aurait vaincus, contre les Anglais. Près de 100 000 hommes se trouvaient alors réunis, dont 25 000 d'excellente cavalerie. De jour en jour, d'heure en heure, ce chiffre grossissait. Volontaires, fédérés, gardes nationaux, fuyards de Waterloo, anciens soldats, tous se pressaient autour du drapeau national. Si les députés avaient proclamé la levée en masse, la France entière aurait répondu à leur appel; mais ils ne songeaient qu'à de misérables questions de personnes, et Fouché, seul maître de la situation dont il avait les secrets, flattait tout le monde, distribuait à tous des promesses et des encouragements, et préparait sous main la rentrée des Bourbons, que repoussait pourtant l'opinion générale.

Tant que Napoléon resterait à la Malmaison, sa présence constituait un danger permanent. Fouché mit en œuvre les ressorts les plus déliés et les plus mystérieux de ses coupables intrigues pour faire croire à la nécessité de son départ. Il n'ignorait pas que les soldats de l'armée réunis sous Paris avaient appris avec stupeur son abdication, et qu'ils n'attendaient qu'un mot de lui pour le remettre à leur tête. Il savait également que l'Empereur se repentait de sa détermination, et que, s'il parlait quelquefois de son désir de se retirer aux États-Unis pour y terminer en paix sa prodigieuse carrière, il se demandait aussi quand ses soldats viendraient l'arracher à cette inaction qui était un commencement de captivité. Fouché était inquiet. Il craignait quelque illumination soudaine, quelque retour offensif et le renversement de ses coupables espérances. Il persuada ses collègues du gouvernement provisoire de la nécessité d'éloigner à tout prix Napoléon, et leur arracha un décret par lequel deux frégates étaient mises à sa disposition pour le transporter aux États-Unis. Le général Becker fut désigné par lui pour le surveiller, sous prétexte de garantir sa sécurité. Voici les instructions textuelles qu'il lui fit remettre par Davout : « Les circonstances sont telles qu'il est indispensable que Napoléon se décide à partir pour l'île d'Aix. S'il ne s'y résout pas, vous le ferez surveiller à la Malmaison de manière à ce qu'il ne puisse s'en évader. En conséquence vous mettrez à la disposition du général Becker la gendarmerie et les troupes nécessaires pour garder les avenues qui conduisent de toutes parts à la Malmaison. Ces mesures doivent rester secrètes autant qu'il sera possible. » Fouché ne garde donc plus aucuns ménagements. Napoléon n'est à ses yeux qu'un prisonnier d'État, ou plutôt un personnage compromettant, dont il importe de se débarrasser au plus vite.

A ce moment les colonnes prussiennes commençaient à paraître sous Paris. Apprenant cette marche téméraire en avant des Prussiens, Napoléon forma le projet de les battre isolément avant que leurs alliés n'entrassent en ligne. Ce fut sa dernière conception militaire.

Il ne demandait que l'honneur de l'exécuter, et s'engageait, sitôt la victoire suprême remportée, à s'éloigner au delà des mers. Il espérait par ce dernier triomphe donner au gouvernement provisoire de meilleures chances d'accommodement avec les alliés. Becker se charge de porter cette demande patriotique, et tout s'apprête à la Malmaison pour une rentrée en campagne. Déjà sont sellés les chevaux de bataille, déjà les aides de camp ont repris leur poste.

Ce fut une grande illusion de la part de l'Empereur de s'imaginer que Fouché et ses collègues consentiraient à lui rendre, même momentanément, le pouvoir. Trop d'intérêts étaient engagés, trop d'intrigues ourdies, trop de personnes compromises. Napoléon n'avait qu'à reprendre le commandement de vive force. Les soldats l'auraient acclamé. L'écrasement des Prussiens aurait légitimé cette usurpation; mais comment pouvait-il croire qu'on lui rendrait par complaisance le pouvoir qu'il n'osait pas reprendre de vive force! Carnot fut le seul, paraît-il, qui, dans l'extrême danger de la patrie, aurait consenti à la sauver au prix de la dictature, mais Fouché prit l'initiative d'un refus absolu, et ses autres collègues l'approuvèrent sans mot dire. Le général de Flahaut, chargé par Napoléon d'une mission analogue auprès de Davout, fut accueilli par des paroles insultantes. Il n'y avait plus à hésiter : se jeter au milieu des soldats, ou se résigner. Napoléon se résigna. Il ne croyait plus à ce que dans ses beaux jours il appelait son étoile. Il annonça donc à Becker qu'il allait obéir au gouvernement provisoire, et partir sur-le-champ.

Aussi bien le danger pour lui était sérieux. Les Prussiens étaient dans le voisinage de la Malmaison, et Blücher ne cachait pas son intention de s'emparer de lui pour le tuer. « Si je peux l'attraper, disait-il dans son grossier langage, je le ferai pendre à la tête de mes colonnes », et ce n'était pas une vaine menace. Il avait envoyé de forts détachements de cavalerie le long de la rive droite de la Seine entre Argenteuil et Chatou. Le major von Columb avait été chargé de pousser jusqu'à la Malmaison pour mettre la main sur Napoléon. Il pouvait d'un instant à l'autre déboucher par le pont de Saint-Germain. L'Empereur voulut éviter la suprême humiliation de tomber entre les mains de ses ennemis les plus acharnés, et donna le signal du départ. C'était le 29 juin à cinq heures et demie. Il venait de prendre la route de l'exil ou plutôt de la captivité.

Dans les premières heures du voyage, Napoléon sembla n'éprouver que l'impatience de s'éloigner. « Je m'ennuie de la France et de moi », disait-il ; mais bientôt il ralentit sa marche, et s'arrêta même à Rambouillet, espérant qu'on le rappellerait. Il voulait laisser à une détermination, même tardive, du gouvernement provisoire le temps d'arriver. Il y comptait presque, car à trois reprises différentes il envoya Gourgaud interroger les courriers qui suivaient la même route. La nuit se passa dans cette vaine attente. Quand arriva le jour, Napoléon découragé reprit son morne voyage vers l'Océan. Il traversa successivement Châteaudun, Vendôme, Tours, Poitiers, Saint-Maixent, Niort où il s'arrêta quelques heures, et arriva à Rochefort le 3 juillet. Nous ne raconterons pas les dernières journées de son séjour en France : elles sont navrantes. L'Empereur ne se retrouva que le jour où, s'adressant avec noblesse à la générosité de l'Angleterre, il demanda un asile au *Bellérophon*, et se vit tout à coup traité en prisonnier de guerre. L'Angleterre eut même l'impudence de réclamer à ce prisonnier son épée : Napoléon se contenta de regarder l'amiral et les officiers qui s'abaissèrent à lui adresser cette inconvenante demande. Ils se retirèrent honteux de leur rôle. Ce fut la dernière victoire de Napoléon, et ce ne fut pas la moins grande.

Laissons le vainqueur de tant de batailles voguer vers Sainte-Hélène, où il expiera par de longues souffrances le crime d'avoir fait la France trop grande et d'avoir humilié tous ces souverains qui se vengeaient sur le tard, et revenons sous les murs de Paris, où les armées sont toujours en présence, et où la question militaire n'est pas encore résolue.

Fouché et les principaux agents du parti royaliste, en première ligne l'entreprenant Vitrolles, avaient circonvenu Davout, l'unique dépositaire de la force et le véritable maître de la situation. Ils l'avaient compromis en le forçant à déclarer publiquement que des négociations étaient engagées pour le retour des Bourbons. L'armée tout entière se montra fort irritée. Dès le 30 juin dix-sept généraux réunis au camp de la Villette signèrent une protestation qu'ils envoyèrent à la Chambre des députés : « On voudrait nous imposer les Bourbons, et ces princes sont rejetés par l'immense majorité des

Français. Si on pouvait souscrire à leur rentrée, rappelez-vous, représentants, qu'on aurait signé le testament de l'armée. Les Bourbons n'offrent aucune garantie à la nation. Nous les avions accueillis avec les sentiments de la plus généreuse confiance ; nous avions oublié tous les maux qu'ils nous avaient causés par leur acharnement à vouloir nous priver de nos droits les plus sacrés. Eh bien, comment ont-ils répondu à notre confiance? Ils nous ont traités comme rebelles et vaincus. » Davout lui-même, entraîné par l'opinion de ses lieutenants, signa cette adresse. Il semblait donc qu'on n'eût plus qu'à combattre, et que toute négociation suspecte était par là même rompue et indéfiniment ajournée ; mais Fouché ne se déconcerta pas pour si peu. Quelques-uns des hauts dignitaires de l'armée étaient malheureusement persuadés de l'impossibilité de la défense. Soult, Ney lui-même encore sous l'impression de Waterloo, Grouchy et Oudinot qui ne cachaient par leur désir de voir rentrer les Bourbons, Masséna, Augereau, Macdonald vieillis et fatigués, proclamaient la nécessité d'une capitulation. Davout aurait dû fermer l'oreille à ces conseils intéressés. Il aurait dû se souvenir que, chargé de la défense nationale, il n'avait qu'à se préoccuper de l'honneur commun ; mais le maréchal, si clairvoyant et si ferme sur le champ de bataille, était comme égaré dans la politique. Il consentit à négocier avec les alliés, oubliant qu'on ne négocie qu'à condition de résister.

Les commissaires envoyés au-devant des généraux alliés étaient autorisés à assigner la ligne de la Somme comme limite à l'occupation du territoire ; ils accepteraient comme suprême concession une ligne tracée à 20 lieues de Paris entre la Somme et l'Oise. Telle était la puissance de prévision de nos tristes gouvernants que les bases de l'armistice étaient détruites avant même que les commissaires eussent franchi les barrières de Paris. Ils avaient à peine dépassé Saint-Denis qu'ils se heurtaient contre les colonnes prussiennes. Blücher voulait les traiter en prisonniers de guerre. Il ne consentit à les laisser passer pour rejoindre Wellington qu'après s'être emporté en brutales injures contre la France et ses chefs. Quant à Wellington, il refusa de rien signer avant d'avoir la preuve officielle du départ de Napoléon, et déclara qu'il continuerait sa marche sur Paris.

De pareilles prétentions auraient dû ouvrir les yeux aux moins clairvoyants. Davout persista, et, le 30 juin, il écrivit aux généraux alliés pour leur proposer un armistice. Sa lettre était froide, mais convenable. « Nul autre motif que celui de faire cesser l'effusion du sang et l'intérêt de ma patrie ne m'ont dicté cette lettre. Si je me présente sur le champ de bataille avec l'idée de vos talents, j'y porterai la conviction de combattre pour la plus sainte des causes, celle de la défense et de l'indépendance de ma patrie. » Wellington refusa. Il ne voulait traiter qu'à Paris même. Blücher fit une réponse insultante : « Nous poursuivrons notre victoire. Dieu nous en a donné la volonté et les moyens. Prenez garde à ce que vous faites, et ne plongez pas encore une ville dans le malheur ; car vous savez ce que le soldat irrité se permettrait si votre capitale était prise d'assaut. Voulez-vous vous charger des malédictions de Paris comme de celles de Hambourg? Un armistice satisfaisant ne peut être conclu que dans Paris. J'ai l'honneur d'être, dans les formes de politesse convenue, votre dévoué serviteur. » Il n'y avait plus qu'à se battre, et l'on se demande avec stupéfaction comment Davout eut assez d'empire sur lui-même pour ne pas monter à cheval et donner le signal de l'attaque à ses soldats, qui l'attendaient avec impatience. Aussi bien Blücher seul avait le sentiment de la situation. Seul il agissait, seul il comprenait qu'il fallait profiter et des hésitations d'un gouvernement qui s'abandonnait et de la timidité d'un général qui ne voulait pas risquer une bataille sous Paris. Les fortifications improvisées sur la rive droite de la Seine suffisaient pour arrêter au moins quelques jours une armée assiégeante, mais rien ne protégeait la rive gauche. On n'avait même pas ébauché le moindre ouvrage de campagne. Avec une hardiesse qui aurait pu lui coûter cher, Blücher résolut de passer sur la rive gauche et d'attaquer Paris du côté où il n'était pas défendu. Ce n'était pas une facile opération que de transporter toute une armée à travers un terrain accidenté, et en présence d'une autre armée qui pouvait à tout instant, occupant une position centrale, interrompre la manœuvre par une simple marche de flanc ; mais l'audace avait toujours réussi à Blücher. D'ailleurs il comptait sur les hésitations de ses adversaires. Laissant Bulow à Saint-Denis afin de masquer son mouvement, il arriva à Argenteuil le 30 juin avec Pirch I et Thielman, et à Maisons avec Ziethen. Le lendemain toute l'armée prussienne avait franchi la Seine, et Versailles était occupé.

On avait appris à Paris la manœuvre de Blücher. On comprenait qu'il était facile de faire payer cher son imprudence au feld-maréchal prussien. Ne suffisait-il pas de déboucher avec les forces disponibles par les ponts de Neuilly et de Saint-Cloud ? L'agitation la plus vive se répandit parmi les généraux des troupes campées au nord de la capitale. Dans la position où les plaçait l'incroyable témérité de leur général en chef, le résultat d'une attaque dirigée contre les ennemis était décisif et infaillible. Davout ne pouvait pas ne rien faire : il promit à ses lieutenants de culbuter les Prussiens, et donna au général Exelmans l'ordre de commencer le mouvement.

Les Prussiens, n'ayant trouvé à Versailles aucune résistance, s'étaient remis en marche pour éclairer les environs de Paris. Deux superbes régiments de cavalerie, Brandebourg et Poméranie, marchaient en tête. Exelmans avait avec lui trois régiments de dragons et un de hussards. Il rencontra l'ennemi à la hauteur du bois de Verrières, le culbuta, le poursuivit jusque dans les rues de Versailles et le chassa sur la route de Saint-Germain. Un régiment de ligne et deux régiments de cavalerie avaient été placés en embuscade à Roquencourt. Ils accueillirent les fuyards par des décharges meurtrières. La destruction des deux régiments fut complète. Exelmans, poursuivant ses avantages, arriva jusqu'à Marly. Il n'y trouva pas les renforts qu'on lui avait promis, mais le corps entier de Thielman qui lui barrait le passage. Il fut obligé de se replier et de rentrer dans ses cantonnements, où il apprit que les troupes envoyées à son secours avaient bien commencé leur mouvement, mais avaient reçu contre-ordre et s'étaient arrêtées en chemin.

Fouché, voyant que les événements se précipitaient, et que le moindre incident militaire pouvait renverser l'échafaudage de trahison si laborieusement construit, avait convoqué aux Tuileries, dans la matinée du 1er juillet, un conseil de gouvernement. Apprenant de Davout que les deux armées devaient être aux prises, il lui arracha l'ordre de tout arrêter, et, pour brusquer la situation, demanda à Carnot et à Grenier, qui venaient de visiter les fortifications de Paris, s'ils croyaient à l'efficacité de la résistance. Carnot prit la parole, et démontra sans peine que les travaux étaient insuffisants, et que la capitulation n'était plus qu'une question de temps.

Masséna déclara que pour rien au monde il ne se chargerait de la défense de Paris. Soult affirma que la rive gauche n'était pas tenable, et que les ouvrages de la rive droite elle-même ne tiendraient pas longtemps. Seul Lefebvre fut d'avis de résister. Fouché résuma les débats, et fit décider pour le soir même la convocation à la Villette d'un conseil de guerre composé des maréchaux et des généraux sous la présidence de Davout. La réunion fut nombreuse, mais le plus grand nombre n'y était allé qu'avec le projet très ferme de conseiller la capitulation. Non pas qu'ils eussent la pensée de trahir leurs devoirs militaires, ou qu'ils craignissent de marcher au feu, mais les intrigues de Fouché avaient porté coup. Ils étaient comme énervés par l'inquiétude. On leur avait tellement répété que les Bourbons seuls étaient capables de tout arranger que, par lassitude plutôt que par conviction, ils consentirent à sortir de la crise au prix d'une soumission qui leur laisserait la jouissance de leurs honneurs. L'opinion du conseil fut donc qu'il n'y avait plus qu'à capituler. Le gouvernement provisoire aussitôt averti autorisa Davout à capituler.

Après la lettre insolente qu'il avait reçue de Blücher, Davout pouvait difficilement entrer en relations directes avec lui. Il lui adressa le général Revest avec mission verbale d'obtenir quelques heures d'armistice pour traiter de la capitulation. Voici la réponse qui lui fut notifiée de la part non de Blücher, mais de son lieutenant Ziethen. De pareils documents appartiennent à l'histoire : « Le général Revest m'a communiqué verbalement que vous demandiez un armistice pour traiter de la reddition de Paris. Je dois vous déclarer que je ne suis nullement autorisé à accepter un armistice. Je n'ose même point annoncer cette demande à Son Altesse le prince Blücher. Mais, cependant, si les députés du gouvernement déclarent à mon aide de camp, le comte Wesphalen, qu'ils veulent rendre la ville et que l'armée veut se rendre aussi, j'accorderai une suspension d'armes. J'en ferai part alors à Son Altesse le prince Blücher pour traiter sur les autres articles. »

A ce moment les Anglais n'avaient pas encore rejoint les Prussiens sous les murs de Paris. Blücher n'avait sous ses ordres que 55 à 60 000 hommes. En face d'eux 100 000 valeureux soldats appuyés et soutenus par la population d'une grande capitale, et pourtant les Prussiens avaient l'impudence de demander que ces soldats consentissent à capituler. Les régiments revenus de Waterloo, si on leur avait communiqué la réponse de Ziethen, auraient sans nul doute, commandés par un autre Kléber, remporté une nouvelle victoire d'Héliopolis, écrasé les Prussiens, refoulé les Anglais et rendu à la France l'attitude qui convient à une grande nation qui veut traiter. Davout n'aurait eu qu'à pousser un cri, et ses soldats le suivaient au feu. Ce mot, il ne l'a pas prononcé, et il allait porter devant l'histoire la triste responsabilité d'un acte qu'il lui aurait été bien facile d'éviter.

Wellington, pendant que s'ouvraient ces tristes négociations, s'était rapproché de Paris. Toujours prudent et circonspect, il ne s'avançait qu'en prenant toutes ses précautions. Il aurait préféré attendre Wrede, qui commandait les premiers renforts entrés en France. Averti par Blücher des nouvelles démarches qui venaient d'être faites, il lui conseilla de se contenter d'exiger la retraite de l'armée française au delà de la Loire et la remise de Paris à la garde nationale : « Il est vrai, ajoutait-il, que nous n'aurons pas la vaine gloire d'entrer dans Paris à la tête de nos armées victorieuses, mais je doute que nous ayons actuellement les moyens de réussir dans une attaque contre Paris ; et, s'il nous faut attendre les troupes du maréchal prince de Wrede pour opérer cette attaque, je crois que nous trouverons les souverains disposés, comme l'année dernière, à épargner la capitale de leur allié, à ne pas entrer du tout dans la ville, ou à y entrer en vertu d'un armistice semblable à celui que nous pouvons signer dès aujourd'hui. » C'étaient là les conseils de la sagesse. Blücher finit par se montrer plus traitable, et annonça que, le lendemain 3 juillet, au château de Saint-Cloud, les plénipotentiaires se réuniraient pour traiter définitivement.

En effet, dans ce château qui, par une singulière coïncidence, avait été le théâtre de ces journées de Brumaire qui avaient donné le pouvoir suprême à Bonaparte, se décida la chute définitive de la dynastie impériale. Après une discussion qui paraît n'avoir eu lieu que pour la forme, car, d'un côté, on était disposé à toutes les concessions et, de l'autre, à toutes les exigences, Bignon, Bondy et Guilleminot au nom de la France, Muffling et Hervey, représentants de la Prusse et de l'Angleterre, signèrent, sous le nom de convention militaire, la déplorable capitulation qui livrait Paris et la France non pas aux Bourbons, car aucun de ces princes n'était présent et leur gouvernement de fait n'était pas constitué, mais aux Prussiens et aux Anglais. Il était résolu qu'une suspension d'armes était signée entre les belligérants, que l'armée française se retirerait derrière la Loire avec armes et bagages, et que le mouvement devait être exécuté dans huit jours. Le service de Paris continuerait à être fait par la garde nationale. Les propriétés publiques, « à l'exception de celles qui appartiennent à la guerre », seraient respectées : « Les habitants, et en général tous les individus qui seront dans la ville, continueront de jouir de leurs droits et libertés sans être recherchés, soit en raison des emplois qu'ils occupent ou ont occupés, ou de leur conduite ou opinion politique. »

L'armée et la ville de Paris étaient seules mises en cause. Le nom de la France n'était même pas prononcé. Aucune réserve en faveur de l'indépendance nationale ! Aucune garantie pour les libertés et les droits du pays ! L'armée elle-même, qui pouvait dicter la loi au lieu de la subir, non seulement son maintien comme force organisée n'était pas prononcé, mais encore on n'assurait ni aux officiers la conservation de leurs grades, ni aux soldats le prix du sang versé. On ne songeait même pas aux veuves et aux orphelins laissés par les dernières batailles. Ce n'était pas une convention, mais une capitulation, triste, honteuse, que rien ne justifiait. Telle était la déplorable imprévoyance des signataires, qu'ils n'avaient même pas prévu que les souverains alliés conservaient le droit de dissoudre l'armée, de démembrer le pays, de l'épuiser par une occupation et par des contributions. Si nous avions lutté et si nous avions été battus, nous n'aurions pas été traités avec plus de rigueur, et du moins nous aurions pu dire, comme un de nos anciens souverains, que « tout était perdu, fors l'honneur ! »

Comment fut accueillie la convention de Saint-Cloud ? Avec satisfaction par les députés et par les pairs, qui avaient hâte de sortir de l'incertitude où les avaient jetés les événements des derniers jours ; avec plaisir par les hautes classes et par la bourgeoisie, qui conservaient encore les illusions des ménagements de l'année précédente, et ne comprenaient pas que Paris était à peu près livré, sans garantie aucune, à ses étranges vainqueurs. Seuls le peuple, ouvriers et soldats, seuls quelques Français qu'indignait cette méconnaissance des intérêts sacrés de la patrie, seuls quelques hauts fonctionnaires qui ne préféraient pas leur traitement à leur dignité, ne cachèrent pas leur mécontentement. A vrai dire, les Parisiens s'attendaient à une grande bataille. Au midi et à l'ouest de la capitale, dans les jardins qui dominaient alors le cours de la Seine et la plaine de Grenelle, sur les tours de quelques églises, les curieux se pressaient en foule pour jouir du spectacle annoncé. Ils furent surpris et en quelque sorte décontenancés par la nouvelle de la convention. Quand il fallut se rendre à l'évidence, la colère éclata. Des groupes se formèrent. De simples soldats mêlés à la foule proposent de résister. On se porte à Montmartre, aux buttes Chaumont, sur les hauteurs de Belleville et de Romainville, et l'on projette d'y résister à outrance. Peu à peu l'agitation gagne le centre de la ville. Les habitants des faubourgs se portent vers le Palais-Royal et les Tuileries en criant : « Aux armes! A bas les traîtres! » Mais Fouché a pris ses précautions. En un instant 15 à 20 000 gardes nationaux marchent sur les rassemblements et les dispersent.

Il était plus difficile de calmer l'irritation de l'armée. Les soldats, exaspérés, se refusaient à évacuer les postes qu'on leur avait confiés. Les généraux eux-mêmes étaient à peu près décidés à ne pas exécuter la convention. D'un commun accord ils proposèrent la direction du mouvement à celui d'entre eux qui passait pour le plus entreprenant, à Vandamme; mais le vaincu de Kulm n'était plus l'homme de son passé. Il répondit qu'il avait assez fait la guerre. D'autres ouvertures furent également repoussées. Il suffisait pourtant d'un seul général pour sauver la France : ce général ne se rencontra pas.

Les soldats, excités secrètement par leurs officiers, réclamèrent alors leur solde arriérée. On eut grand'peur aux Tuileries. Menacé à la fois par les ennemis, qui paraissaient décidés à une attaque de vive force, et par l'armée, qui cherchait l'occasion d'une revanche, le gouvernement provisoire était fort embarrassé. Le banquier Laffitte osa prendre sur lui la responsabilité d'un remboursement incertain, et avança les sommes dont on avait besoin pour régler la solde.

Il n'y avait plus qu'à partir ou à entrer en insurrection. Fouché, très habilement, s'adressa à un des chefs les plus populaires de l'armée, à Drouot, et le pria d'user de son influence pour briser cette résistance dangereuse. Drouot s'exécuta. La garde lui obéit et quitta ses positions la première. Les autres régiments suivirent, mais à regret. Bon nombre, en quittant les faubourgs de Paris, brisaient leurs armes, déchiraient leurs uniformes et couvraient d'imprécations le nom de Davout. « Arrivé à la barrière d'Enfer, où l'armée était réunie, lisons-nous dans les *Mémoires* du capitaine Coignet, je trouvai le maréchal Davout à pied, les bras croisés, contemplant cette belle armée qui criait : En avant ! Lui, silencieux, ne disait mot. Il se promenait le long des fortifications, sourd aux supplications de l'armée, qui voulait marcher sur l'ennemi. » Les uns après les autres, tous les régiments évacuèrent leurs positions. Dans la nuit du 5 au 6 juillet ils étaient en marche sur la route d'Orléans. Les Anglais et les Prussiens pouvaient entrer dans cette capitale que leur livrait l'incurie ou plutôt la trahison. Le 6 juillet les alliés occupèrent, mais sans les dépasser, les barrières de Paris. On aurait dit qu'ils n'osaient croire à leur triomphe et craignaient de s'engager dans les rues de l'immense capitale. Il est vrai que l'armée de la Loire était encore aux environs, et qu'une rencontre de deux patrouilles, le plus léger des conflits, pouvait amener une bataille générale. Le lendemain, lorsque Blücher se fut assuré du départ de nos troupes, les Prussiens entrèrent par Grenelle, l'Ecole Militaire, le Champ de Mars et le pont d'Iéna. Ils marchaient en colonnes serrées, clairons sonnant, sabre au clair et mèches allumées. Ils occupèrent successivement les Tuileries, l'Hôtel de Ville, le pont d'Austerlitz et les faubourgs de la rive gauche, puis revinrent sur la rive droite et descendirent les boulevards jusqu'aux Champs-Elysées. C'était une véritable prise de possession. Les Anglais avec moins d'appareil s'étaient contentés de s'installer au Champ de Mars, mais leurs canons étaient braqués sur les ponts et à tous les carrefours du quartier de l'Ecole Militaire. Ils prenaient leurs précautions comme dans une ville prise d'assaut. C'étaient bien les ennemis de la France, et non pas, comme en 1814, les alliés, qui s'installaient ainsi au milieu des vaincus.

Aussi bien Blücher ne cacha pas un instant qu'il se considérait comme en pays conquis. Au moment où ses soldats pénétraient

LES ALLIÉS A PARIS.

dans le jardin et dans la cour des Tuileries, les cinq membres du gouvernement provisoire étaient en séance. Soudain la porte s'ouvre. Un officier supérieur prussien s'avance, annonçant qu'il a l'ordre de faire évacuer les appartements. Il dépose en même temps sur le bureau une lettre signée Blücher et contenant la demande d'une contribution de guerre de cent millions. Protestations indignées des membres de la commission. L'officier répond qu'il ne connait que ses ordres et va les faire exécuter. « Nous allons nous retirer, dit alors Fouché, mais nous adresserons aux Chambres un message où nous consignerons la violence qui nous est faite », et il se retire suivi de ses collègues. La France n'avait plus de gouvernement régulier.

Restaient les députés et les pairs. Le jour même de l'entrée des Prussiens à Paris, quelques pairs, une vingtaine au plus, étaient réunis dans le local ordinaire de leurs séances, au Luxembourg, sous la présidence de Cambacérès, quand on leur annonça que la division prussienne Iagow venait d'envahir le palais. Quelques instants après ils apprenaient la dissolution du gouvernement provisoire. Cambacérès fit la lecture du message. Personne ne demandant la parole, la séance fut levée, et les pairs se retirèrent.

A la Chambre des députés on se montra plus disposé à résister quand fut communiquée la nouvelle de la dissolution du gouvernement provisoire. Quelques députés parlèrent de se tenir en permanence et d'attendre l'ennemi sur leurs sièges. Le président leva brusquement la séance, et, dans la nuit du 7 au 8 juillet, Decazes, qui avait pris possession de la préfecture de police, se contenta de faire fermer le palais et de placer quelques gardes nationaux aux abords de l'édifice, avec ordre de ne laisser approcher personne. Lorsque en effet se présentèrent les députés, ils ne purent forcer la consigne. Quelques-uns protestèrent. Les autres se retirèrent en silence. La représentation nationale avait vécu.

Anglais et Prussiens installés en maîtres dans Paris, pairs et députés dispersés, gouvernement provisoire dissous, pas d'armée nationale, telle était la situation dans la matinée du 8 juillet. L'autorité ne se montrait nulle part. On pouvait lire à la porte des mairies, confondus et mêlés, les arrêtés du gouvernement provisoire, les proclamations royales et les ordres de Blücher. Sur les trois heures et demie, de soudaines décharges appellent l'attention de la foule. C'était le roi Louis XVIII qui rentrait à Paris, accompagné par les princes de sa famille, par quelques maréchaux et généraux et par les gardes du corps et volontaires qui l'avaient suivi à Gand. Le préfet de la Seine, rentré en fonctions depuis le matin, Chabrol, l'accueillit par ces mots devenus historiques : « Cent jours se sont écoulés depuis le moment fatal où Votre Majesté, forcée de s'arracher aux affections les plus chères, quitta sa capitale au milieu des larmes et de la consternation publiques. » Le roi, qui savait à quoi s'en tenir sur ces démonstrations, répondit quelques vagues paroles, et se rejeta au fond de sa voiture. On eût dit qu'il avait honte de rentrer dans cette ville conquise, au milieu de ce peuple humilié dont les acclamations étaient rares et l'attitude inquiète. Quand il se présenta aux Tuileries, le jardin avait été envahi par des femmes appartenant aux classes riches, qui poussaient des cris de joie, et, prenant par la main des officiers et même de simples soldats prussiens ou anglais, formaient avec eux des rondes.

Le fait brutal de la conquête militaire n'en subsistait pas moins, et des fenêtres de son palais, en même temps qu'il regardait ces danses à tout le moins déplacées, Louis XVIII pouvait apercevoir les canons prussiens tournés mèches allumées contre les Tuileries, et au loin, dans la direction de la Seine, les mineurs qui disposaient sous les arches du pont d'Iéna des fourneaux de mine, afin de faire sauter ce monument, dont le nom seul les exaspérait.

CHAPITRE IX

L'ARMÉE DE LA LOIRE. — TRAITÉ DU 20 NOVEMBRE 1815

La déplorable capitulation de Paris rendait toute défense impossible. La France pourtant n'aurait pas été incapable d'une résistance suprême. Les alliés ne pénétraient que lentement et avec peine dans le pays. Sans doute, partout où ils n'avaient devant eux que des simulacres d'armée, ils refoulaient aisément le rideau de troupes qui leur était opposé : ainsi les Bavarois, commandés par de Wrede, culbutaient à la frontière de Lorraine Belliard et entraient derrière lui à Nancy. En même temps qu'eux, les Autrichiens, bientôt renforcés par les Russes, envahissaient l'Alsace et la Franche-Comté ; mais, dans tous les endroits où un chef énergique, même avec des forces notoirement inférieures, essaya d'arrêter l'ennemi, non seulement il le fit avec succès, mais encore démontra que la défense nationale, bien conduite, aurait contenu les alliés, ou tout au moins leur aurait inspiré le respect de la France.

En Alsace, Rapp n'avait sous ses ordres que 20 000 hommes environ, mais la population de la province était animée du meilleur esprit et le secondait énergiquement. Attaqué le 28 juin par 45 000 Austro-Russes commandés par le prince royal de Wurtemberg, il les battit en plusieurs rencontres et leur infligea une perte de 3 à 4 000 hommes. Débordé par des forces supérieures, il se replia sur Strasbourg, mais il avait profité de ce répit pour fortifier et approvisionner la ville, et, derrière les murailles de la place, attendit les événements.

Lecourbe, en Franche-Comté, ne commandait qu'à une poignée de soldats, mais il connaissait le pays et se retrouva tel qu'au temps des campagnes de Suisse et du Rhin, tacticien incomparable et grand citoyen. Il est vraiment fâcheux que Napoléon lui ait si tard rendu justice, et ne lui ait pas fourni l'occasion de révéler sur un grand théâtre ses talents militaires. Lecourbe repoussa dans toutes les rencontres les ennemis, et parvint à se maintenir dans le camp retranché de Belfort.

En Savoie, Suchet battit les Austro-Sardes à Montmélian (15 juin) et s'empara de Thonon. A la nouvelle de Waterloo, il proposa un armistice qui fut repoussé. Les ennemis reprirent l'offensive le 27 et le 28 juin, mais furent partout repoussés et fort aises cette fois de demander l'armistice dont ils n'avaient d'abord pas voulu.

Les paysans de l'Est, organisés en corps francs, retardèrent la marche de l'invasion. Quelques-uns d'entre eux, sous le commandement du général Mériage et des colonels Viviot et Yung, formèrent le projet de débloquer Longwy, assiégé par 24 000 Prussiens. Ils réussirent en effet à disperser les assiégeants, et, si Louis XVIII n'avait prononcé leur dissolution, jamais les Prussiens n'auraient reparu devant Longwy. Un de ces corps francs, celui que commandait le colonel Brice, ne consentit à poser les armes qu'après avoir obtenu des généraux alliés des conditions honorables. D'autres volontaires n'hésitèrent pas à lutter contre des forces accablantes. Ainsi à Châlons le général Rigaud, avec 150 soldats, les élèves de l'École des arts et métiers et quelques habitants, défendit la ville contre les Russes de Czernischeff. A Château-Thierry les paysans des communes voisines, convoqués par le tocsin, opposèrent une résistance désespérée aux Russes de Barclay de Tolly. Dans la région des Alpes, apprenant que les forts de Briançon ont été laissés sans garnison, les habitants du village de Saint-Chaffre y courent pour les défendre. Les Austro-Sardes arrivent, et, furieux d'être arrêtés, menacent les défenseurs improvisés des redoutes de brûler leurs maisons. « Brûlez ! » répondent-ils. En effet l'incendie dévore leurs chaumières, mais ils ne livrent pas la place, et les forts restent à la France. A Rodemack, redoute minuscule entre Thionville et Luxembourg, un faible détachement de gardes nationaux se défend contre les Prussiens du 25 juin au 31 juillet. Et c'était sans ordre,

VUE DE BELFORT.

uniquement par instinct patriotique, que tous ces braves mouraient pour la France. Quelle n'a pas été la faute ou plutôt le crime du gouvernement d'alors de ne pas profiter de toutes ces bonnes volontés! Il n'avait qu'à décréter la levée en masse, et la France entière se serait ruée contre l'ennemi. Nous aurions été vaincus, puisque l'Europe entière marchait contre nous, mais on nous aurait respectés et nous n'aurions pas été traités plus durement que nous ne le fûmes.

Une preuve nouvelle de cette unanimité des sentiments patriotiques qui animaient alors la France nous est donnée par la conduite toujours honorable et parfois héroïque des garnisons qui occupaient nos citadelles. Aucune place forte ne consentit à se rendre. Les alliés durent ou les assiéger ou les bloquer. Lille, Arras, Condé, Valenciennes, Maubeuge, Landrecies, le Quesnoy, Rocroi, Mézières, Givet, Montmédy, Marienbourg conservèrent le drapeau tricolore et refusèrent d'ouvrir leurs portes aux ennemis. Metz, Longwy, Landau, Thionville, Auxonne, Grenoble, pareillement attaquées, se défendirent de même, et repoussèrent toute proposition d'accommodement. Quand toutes ces villes se décidèrent à arborer le drapeau blanc, elles conservèrent leur matériel et leurs ressources militaires. Elles avaient ainsi évité à la fois l'humiliation et les conséquences de l'occupation étrangère, et leurs commandants avaient bien mérité de la patrie.

Deux de ces commandants, le général Barbanègre à Huningue, et le général Daumesnil à Vincennes, firent plus encore. Ils honorèrent le pays entier par la fierté de leur attitude, et, dans l'excès de nos désastres, nous relevèrent à nos propres yeux et forcèrent l'admiration des ennemis eux-mêmes.

Huningue, dans le Haut-Rhin, à 30 kilomètres au sud-est de Mulhouse, à 3 kilomètres de Bâle, était jadis une des places de guerre les plus importantes de la frontière orientale française. Ses fortifications avaient été construites par Vauban en 1680. Une première fois, en 1796, le général Abbatucci s'y était glorieusement défendu contre les Autrichiens. En 1815 Barbanègre, qui commandait la place, résolut d'y résister à outrance, et fit passer dans le cœur de ses soldats l'héroïsme indomptable qui l'animait. Il n'avait pourtant sous ses ordres qu'une bien faible garnison, 100 artilleurs, 30 soldats de ligne et 5 gendarmes! Les habitants, il est vrai, étaient résolus à s'ensevelir sous les ruines de leur ville et partagèrent les dangers et les travaux de la garnison. Les Bâlois ayant profité du désordre pour piller les villages voisins de la frontière, Barbanègre fit tirer sur la ville et ne cacha pas son intention de la bombarder si de pareils brigandages se renouvelaient. Les Bâlois appelèrent aussitôt à leur aide les Autrichiens, et 25 000 soldats, commandés par l'archiduc Jean, passèrent par leur territoire pour investir la citadelle française. Le siège ou plutôt le bombardement commença aussitôt. Huningue ne présente bientôt plus qu'un amas de décombres, mais les femmes et les blessés trouvèrent un refuge dans une caserne blindée, et tous les hommes valides coururent aux remparts. Le 22 août un dépôt de munitions fit sauter la redoute Custine, défendue par trois artilleurs et deux canons. Cinq cents Autrichiens s'y logèrent aussitôt, mais les artilleurs revinrent avec du renfort et parvinrent à refouler les assaillants. Le 23 le bombardement durait encore et la place tenait toujours. L'archiduc fit sommer Barbanègre de se rendre. Le général répondit qu'il y consentait, mais à condition que la place resterait à la France et arborerait le drapeau blanc. Les Autrichiens, exaspérés, continuèrent à bombarder. Au 26 août il ne restait plus dans la place que cinquante hommes sans blessure. A une nouvelle sommation Barbanègre répondit qu'il voulait bien capituler, mais avec les honneurs de la guerre et le droit de rejoindre l'armée de la Loire. Désespérant de triompher de cette poignée de braves, l'archiduc accepta leurs conditions. Ce fut le 27 que la garnison quitta la place. Deux tambours ouvraient la marche, puis venaient un peloton d'infanterie de ligne, le général avec quelques officiers, deux pelotons de canonniers et les cinq gendarmes, en tout cinquante hommes. Les Autrichiens n'en pouvaient croire leurs yeux. Des cris d'admiration sortirent de leurs rangs, et l'archiduc s'approcha du général pour lui témoigner son estime. Il l'embrassa à la vue de toute l'armée, qui applaudit. De pareils faits ne se commentent pas : il suffit de les raconter.

A Vincennes, aux portes de Paris, le commandant du fort, général Daumesnil, gardait un dépôt d'armes précieux, 52 000 fusils, 925 pièces de canons, des caisses, des harnais en quantité et beaucoup de poudre. A la nouvelle de la convention de Saint-Cloud, apprenant que de nombreux canons étaient abandonnés sur les remparts, il les avait fait tous enlever et transporter à Vincennes, avant que les Prussiens n'eussent remplacé nos soldats sur les positions que ces derniers évacuaient à regret. Les Prussiens se prétendirent joués et réclamèrent la restitution de ces canons. Daumesnil refusa énergiquement. Il était tout prêt, disait-il, à arborer le drapeau blanc, mais il se ferait sauter, et, avec lui, détruirait tout un quartier de Paris, avant de laisser un seul Prussien entrer dans la forteresse dont on lui avait confié la défense. Or il n'avait comme garnison que 50 vétérans, 36 cavaliers démontés et 15 soldats du génie. Le général Rochechouart lui fut envoyé par Clarke, et le trouva dans sa chambre, couché sur un canon, et au-dessus d'une trappe qui communiquait avec la grande poudrière. Sa jeune femme et ses enfants étaient près de lui, et résolus à périr avec lui. Rochechouart ne put que le féliciter et l'encouragea dans sa résistance. A une nouvelle sommation des Prussiens, Daumesnil, qui avait perdu une jambe à la guerre, répondit par ces mots célèbres : « Je vous rendrai Vincennes quand vous m'aurez rendu ma jambe ! » Blücher crut pouvoir le gagner et lui proposa trois millions. « Je ne vous rendrai pas la place que je commande, répondit-il, mais je ne vous rendrai pas non plus votre lettre. A défaut d'autres richesses, elle servira de dot à mes enfants. » Vincennes fut en effet sauvé, et avec Vincennes échappèrent aux Prussiens toutes les richesses qu'il renfermait.

Il y avait donc encore en France de l'énergie et de la valeur, et ce n'étaient pas les hommes de cœur qui faisaient défaut. Ce qui manquait, c'était un chef doué d'initiative et croyant au succès final. Aucun des maréchaux de Napoléon n'osa prendre sur lui de jouer ce grand rôle, et nul autre général ne se crut assez qualifié pour prendre la direction d'un mouvement national. L'un d'entre eux pourtant, Clauzel, croyait que rien encore n'était désespéré. Il pensait que l'armée de la Loire deviendrait aisément un centre de résistance. Aux 80 000 excellents soldats qu'elle comptait encore, on joindrait les 17 000 qu'il commandait lui-même sur la frontière des Pyrénées, les 12 000 de Decaen à Toulouse, les 20 000 de Suchet à Grenoble, les 20 à 25 000 fédérés des départements non envahis, et on arriverait à un total de 150 000 hommes, avec lesquels on entrerait tout de suite en campagne. En outre, les grands maux appelant les grands remèdes, on décréterait la levée en masse. En ne comptant que 6 000 hommes par département, puisqu'il y en avait quarante-neuf entièrement libres, on formerait une seconde armée, de 294 000 soldats. Seulement, ajoutait Clauzel, des lois de circonstance sont indispensables. Il faudra créer des bons de réquisition. Toute commune qui résistera à l'ennemi sera pendant dix ans exempte d'impôts. Toute ville qui se soumettra sera punie. Tout Français pris dans les rangs ennemis sera jugé et exécuté sur l'heure. En un mot on reprendra les grandes traditions de la Convention, et, de la sorte, on sauvera le pays. Davout ne lut seulement pas le mémoire de Clauzel. Plein d'illusions, il croyait à la sincérité de Fouché, au désintéressement des alliés, à la clémence des Bourbons, et ne s'apercevait pas qu'il n'était qu'un instrument commode entre les mains d'hommes d'Etat peu scrupuleux, qui allaient, une fois encore, abuser de son inexpérience en matière politique.

Les souverains alliés, en effet, mieux conseillés et parfaitement instruits, comprenaient très bien qu'ils ne seraient vraiment les maîtres de la France que le jour où l'armée française n'existerait plus. Ils avaient déjà obtenu son départ de Paris. Tous leurs efforts se tournèrent dorénavant à obtenir son licenciement. « Le traité d'alliance conclu à Vienne le 23 mars, écrivait à ce propos Nesselrode, a été dirigé contre Bonaparte, ses adhérents, et surtout contre l'armée française, dont l'ambition désordonnée et la soif insatiable de conquêtes ont plusieurs fois troublé l'Europe. Déterminés par le besoin de la paix universelle, l'empereur de Russie et ses alliés font une condition impérative du licenciement de cette armée, autant dans l'intérêt de Sa Majesté Très Chrétienne que pour le repos de tous les peuples. » Cette insistance aurait dû éclairer Louis XVIII et le persuader de conserver la seule garantie de son indépendance. Par malheur le roi et ses conseillers, encore tout émus de la rapidité de leur chute, croyaient à l'existence d'un complot militaire dirigé contre eux. Les soldats, leurs officiers et presque tous les généraux étaient à leurs yeux complices de cette vaste conspiration. Ils avaient donc le droit et le devoir de les punir, et, puisque les souverains alliés leur proposaient d'assurer la sécurité du royaume par une occupation militaire, ils s'imaginaient de bonne foi qu'il fallait profiter de l'occasion et rendre impossible toute nouvelle tentative de restauration impériale. Le licenciement de l'armée fut donc décidé en principe, mais on résolut en même temps de procéder par secousses habiles

STATUE DU GÉNÉRAL DAUMESNIL A VINCENNES.

et par gradations ménagées. Ce fut alors que Davoût, sans qu'il s'en doutât, servit d'instrument à ces ourdisseurs de trames sinistres, que l'on rencontre toujours prêts quand il s'agit de faire quelque besogne louche. L'infortuné maréchal avait une première fois été trompé sous les murs de Paris, il allait l'être encore et plus gravement sur les bords de la Loire.

Davout avait eu d'abord grand'peine à maintenir la discipline parmi ceux que l'on commençait, dans les journaux royalistes, à appeler les brigands de la Loire. Au fur et à mesure que nos régiments s'éloignaient de Paris, les troupes alliées formaient aussitôt comme une gigantesque arrière-garde qui les contenait et les empêchait de se retourner en arrière. Il arriva même que des Prussiens, par excès de zèle ou par satisfaction brutale d'amour-propre, arrêtèrent quelques traînards qui rejoignaient leurs corps et les dépouillèrent. « A notre première étape, écrit le capitaine Coignet, ils nous serraient de si près que l'armée fit demi-tour et tomba sur leur avant-garde. On les poursuivit. Ils ne furent plus si insolents et ne nous suivirent que de loin. » Ce n'était que partie remise. On les vit bientôt se répandre dans les départements au nord de la Loire et les piller. Presque sous les yeux de nos soldats, ils menaçaient leurs positions, et cherchaient à provoquer le renouvellement des hostilités. Ne prétendaient-ils pas que la convention de Saint-Cloud n'avait été conclue que pour Paris et pour l'armée, et nullement pour les villes du Nord et de l'Océan ! Davout, exaspéré par ces prétentions, ordonna de faire respecter toutes les barrières, de ramener toutes les barques sur la rive gauche de la Loire, de miner les ponts, en un mot de se comporter comme en face de l'ennemi. A ce moment il paraissait tout disposé à rentrer en campagne. Il commençait à comprendre qu'on l'avait trompé. Des bruits sinistres se répandaient dans l'armée. On racontait que des descentes de police et des perquisitions avaient été faites dans les domiciles de généraux présents à l'armée. On faisait circuler de véritables listes de proscription, qui frappaient les plus aimés et les plus connus des chefs. Les feuilles royalistes parlaient avec une acrimonie singulière et de Davout et des brigands qu'il commandait. Les fonctionnaires commençaient même à se mettre en hostilité officielle contre l'armée. Ainsi les préfets de Limoges et d'Angoulême interceptaient les communications de Davout et de Clauzel ; les commandants des armées de Toulouse et de Bordeaux, et ces deux généraux ne recevaient les instructions de leur supérieur hiérarchique que par l'intermédiaire des nouveaux préfets de ces deux villes, de Villeneuve et de Tournon. Le 17 juillet l'inspecteur des postes à Orléans refusa au maréchal des chevaux pour le service des estafettes, et ne céda qu'à la force. Entre le monde officiel, qui cherchait à racheter par l'exagération de son zèle la palinodie des Cent-Jours, et l'armée, qui ressentait vivement ces injures gratuites, le différend s'accentuait, et pouvait, d'un instant à l'autre, prendre des proportions inquiétantes.

Davout, exaspéré par ces tiraillements, poussé à bout par les attaques dont il était l'objet, et ayant le sentiment de son impopularité, ne savait plus à quel parti s'arrêter. « A Orléans, écrivait le capitaine Coignet, on voyait le grand maréchal derrière ses batteries, les bras derrière le dos, bien soucieux ; personne ne lui parlait : ce n'était plus ce grand guerrier que j'avais vu naguère sur le champ de bataille si brillant. S'il avait voulu sous les murs de Paris, lui qui était le maître des destinées de la France, il n'avait qu'à tirer son épée. » Un jour arriva pourtant où Davout crut qu'il allait pouvoir tirer son épée. Un corps autrichien, commandé par le baron de Boldang, avait passé la Loire et était arrivé jusqu'à Moulins. Il avait par conséquent franchi la limite assignée par la convention de Saint-Cloud. C'était un grave événement, car les Autrichiens n'avaient pas signé cette convention, et prétendaient ne pas être liés par elle. Davout ordonne aussitôt à Milhaud et à Drouot de se tenir prêts, et fait dire au général autrichien que, si cette manœuvre n'est pas le résultat d'un malentendu, il va immédiatement entrer en campagne. Boldang n'osa pas se risquer et se retira.

Cette colère que Davout aurait voulu faire passer sur les ennemis de la France, il la tourna contre d'indignes calomniateurs, qu'il aurait mieux fait de mépriser. On affirmait qu'il s'était vendu aux alliés pour deux millions, de même que Vandamme. Fouché et Vitrolles s'étaient faits, paraît-il, les échos complaisants de ces bruits. Davout écrivit aussitôt à Fouché pour le sommer de les démentir. « Je sais bien, disait-il, que le métier que fait ce dernier (Vitrolles) ne comporte pas une grande délicatesse, mais ses fourberies ne peuvent pas aller jusque-là. Pour vous, je vous connais assez pour être convaincu que vous n'êtes pas un calomniateur. » Ce n'était pas, hélas ! de vénalité, mais d'incapacité qu'on pouvait accuser Davout. En effet, pendant qu'il essayait ainsi de maintenir en bon ordre la seule force organisée qui restât à la France, des négociations louches et suspectes étaient entamées à Paris, qui allaient bientôt aboutir à un des faits les plus attristants de l'histoire du XIXe siècle.

Trois généraux, Kellermann, Gérard et Haxo, avaient été laissés à Paris par Davout comme intermédiaires entre le gouvernement et l'armée. On avait alors peur des soldats, et l'on ne voulait pas s'exposer à quelque retour offensif. Des promesses furent faites. Etaient-elles sincères? Assurément non. Les négociateurs étaient-ils eux-mêmes persuadés que leurs camarades n'auraient à redouter ni réaction ni destitution? Pas davantage, mais ils feignaient de le croire, et Davout, qui avait besoin d'une déclaration formelle, consentit un peu légèrement à prendre pour des engagements des paroles sans consistance. Le 11 juillet il adressait à l'armée de la Loire un ordre du jour par lequel il lui annonçait qu'elle n'avait rien à redouter des vengeances gouvernementales, et il ajoutait : « L'intérêt national doit réunir franchement l'armée au roi; cet intérêt exige des sacrifices; ils doivent être faits de bonne grâce, avec une énergie modeste; l'armée subsistante, l'armée unie et ensemble deviendra, si nos malheurs s'aggravent, le centre et le point de ralliement de tous les Français et des royalistes même les plus exagérés. Unissons-nous donc, serrons-nous, ne nous séparons plus; soyons Français! »

C'était une préparation à une soumission absolue. En effet, quatre jours plus tard, le 15 juillet, les trois commissaires remettaient à Gouvion Saint-Cyr, qui la transmit au roi, une adresse où il était dit : « Pleine de confiance dans la générosité de Votre Majesté, l'armée se flatte que vous accueillerez sa soumission avec bonté, et que, jetant un voile sur tout ce qui s'est passé, vous ne voudrez fermer votre cœur à aucun de vos enfants. » Davout, de son côté, pour donner un nouveau gage de ses intentions, ordonnait aux troupes de prendre la cocarde blanche. « Je vous demande, je le sais, un grand sacrifice. Nous tenons tous à ces couleurs depuis vingt-cinq ans, mais, ce sacrifice, l'intérêt de la patrie nous le commande. Je suis incapable, soldats, de vous donner un ordre qui ne serait pas basé sur ces sentiments ou qui serait étranger à l'honneur. Conservez à la patrie une nombreuse et bonne armée. » On murmura, mais on obéit; de sorte que l'armée avait fait toutes les concessions et n'avait, en échange, obtenu aucune garantie. Elle avait, dans ce contrat tacite entre elle et la royauté, tout abandonné et rien obtenu. Aussi la réponse à ces étonnantes concessions ne tardera pas : ce sera, d'un côté, l'ordonnance de proscription du 24 juillet, de l'autre, le licenciement de l'armée.

Les étrangers croyaient à une conspiration militaire, et voulaient des exemples : ce fut sous leur pression et aussi pour obéir aux plus exaltés des royalistes que Louis XVIII se décida, dès qu'il n'eut plus rien à redouter de l'armée de la Loire, à frapper les principaux chefs et à englober dans le même arrêt les hommes les plus compromis par leur attitude pendant les Cent-Jours. Les conseillers les plus sages et les mieux avisés du roi répugnaient à tout acte de violence. Fouché lui-même avait adressé à ce sujet un mémoire où on lisait : « On ne peut se dissimuler combien de pareilles poursuites paraîtraient encore plus odieuses au milieu des malheurs publics. On opposerait à ces inutiles vengeances les magnanimes déclarations des souverains ; on ne croirait pas que ceux-ci les exigent : on les imputerait au roi seul, et l'on se rappellerait que Bonaparte lui-même, dans les derniers moments de son dangereux pouvoir, n'a pas, du moins, manqué de modération. » On ne l'écouta pas, on le chargea même, par une sanglante ironie, de dresser la liste des Français que l'on voulait frapper. Fouché aurait dû se retirer, mais il aimait le pouvoir ; il était d'ailleurs indifférent et égoïste ; il se résigna, trop aisément, et présenta une première liste de proscription de cent dix noms. On la réduisit à cinquante-sept, divisés en deux catégories. Dans la première étaient nommés dix-neuf personnages qui devaient être arrêtés et traduits devant des conseils de guerre, et dans la seconde, trente-huit autres, qui devaient être exilés de Paris et internés dans des lieux désignés, sous la surveillance de la police. Or sur cette double liste figuraient nombre de généraux qui faisaient partie de l'armée de la Loire. Clauzel, Exelmans, Gilly, Laborde, Grouchy, Vandamme, Lobau, Drouet d'Erlon, Bory de Saint-Vincent, Hullin, Lefebvre-Desnouettes, Ameil, dont le seul crime était d'avoir versé leur sang pour la France, et d'avoir cru jusqu'au dernier moment à l'efficacité de la résistance, Drouot lui-même, qui le premier avait donné le signal de l'obéissance, et jusqu'à Cambronne gisant sur son lit de douleur et tout couvert des blessures de Waterloo. Certes, quand ils se trouvaient sous les murs de Paris, et qu'ils avaient sous leurs ordres des soldats qui ne demandaient qu'à marcher au feu, tous ces proscrits auraient pu dicter leurs conditions et exiger des garanties. Ils avaient obéi à leur chef qui leur promettait, au nom du roi, l'oubli du passé, et, comme prix de leur abnégation, ils étaient traînés devant des tribunaux d'exception et traités en coupables, eux qui n'avaient fait que leur devoir.

Davout échappait à la proscription. Est-ce donc qu'il avait sciemment trompé ses compagnons d'armes? Les avait-il vendus, comme on l'accusait d'avoir vendu Paris? Il n'était pas plus coupable dans l'un que dans l'autre cas, mais il fut assailli par de si furieuses réclamations, et sa situation personnelle fut tellement compromise qu'il fut obligé de protester pour démontrer à ses camarades que, s'il avait été trompé comme eux, au moins il était de bonne foi à leur égard. « Il vient de paraître ici, écrivait-il au ministre de la guerre, une ordonnance à laquelle est jointe une liste de proscription criée et vendue publiquement dans Paris. Il est évident que l'on va encore ajouter à toutes les calamités qui pèsent sur notre malheureuse patrie les vengeances et les proscriptions. Il en est surtout, parmi ces dernières, contre lesquelles j'ai personnellement à protester. » Il citait les généraux Gilly, Clauzel, Grouchy et Laborde qui n'avaient fait qu'exécuter les ordres qu'il leur avait donnés comme ministre de la guerre. Il protestait également en faveur du général Dejean qui n'était même plus en activité de service au 20 mars, et il ajoutait : « Il faut substituer mon nom aux leurs ». Cette réclamation arrivait trop tard. Les proscrits furent poursuivis conformément à la rigueur des lois qu'on leur appliquait. Quelques-uns d'entre eux échappèrent à la prison ou à la mort par la fuite et l'exil. Les autres furent traduits devant les conseils de guerre et passés par les armes ou condamnés à une détention perpétuelle. Quant à Davout, l'instrument inconscient de ces iniquités, il fut récompensé de sa complaisance, ou, si l'on préfère, de son persistant aveuglement par la pairie. Mieux aurait valu pour lui qu'il comparût devant les mêmes juges que Ney, Labédoyère, Drouot, Cambronne!

Il était difficile, après l'éclat de cette démarche, que le maréchal conservât son commandement. D'ailleurs, après les chefs, on avait hâte de punir les soldats, et pour procéder au licenciement des brigands de la Loire on avait besoin d'un exécuteur moins compromis que Davout. Sa démission fut donc acceptée, si elle ne lui fut pas ordonnée, et Macdonald désigné pour le remplacer. Le quartier général fut aussitôt transporté d'Orléans à Bourges, et on annonça que l'armée allait être non pas licenciée, mais étendue, sous prétexte de faciliter aux habitants les charges de l'occupation militaire. En effet les brigades et les régiments furent disloqués. On dissémina jusqu'aux bataillons et aux escadrons de certains régiments suspects de bonapartisme. Enfin le 12 août fut publiée l'ordonnance, dite de réorganisation de l'armée, par laquelle étaient créés 86 légions départementales de trois bataillons, 1 régiment de carabiniers, 6 de cuirassiers, 10 de dragons, 24 de chasseurs, 6 de hussards, 4 d'artilleurs à cheval, 8 d'artilleurs à pied et 1 de génie. On procéda ensuite au licenciement par régiment, de manière à diviser les réclamations et à isoler les murmures et la résistance. Un grand nombre de soldats furent renvoyés dans leurs foyers, et la plupart des officiers, réduits à la demi-solde, forcés de choisir comme résidence soit leur ville natale, soit telle ou telle localité qu'on leur désigna, et soumis à une surveillance de tous les instants.

Au premier moment l'ordonnance de licenciement émut et indigna. Il y eut même sur certains points des tentatives de rébellion. Presque partout les soldats persistaient à porter les insignes impériaux. Dans le Cher ils se livrèrent même à des violences contre les habitants, et Macdonald fut obligé de faire condamner à mort ou aux galères un lieutenant des chasseurs de la garde et neuf de ses soldats qui s'étaient emparés, à main armée, des caisses publiques. On eut également à signaler des mouvements insurrectionnels sous prétexte de non-payement de la solde. A Strasbourg, la garnison tout entière se révolta. Les soldats prirent pour chef un de leurs sous-officiers, le sergent-major Dalhousie, qui remplaça tous les officiers de l'armée par de simples soldats, mais maintint une stricte discipline et se contenta de demander au conseil municipal une somme de 700 000 francs. Deux jours plus tard l'argent était livré, et tout le monde payé intégralement, même les généraux. Pendant cette singulière suspension de l'autorité militaire, le service se fit comme à l'ordinaire, et la garde des postes devant l'ennemi fut plus rigoureuse que jamais. Quand les comptes furent réglés, Dalhousie passa l'armée en revue, et remit le pouvoir aux généraux. On le traduisit plus tard devant un conseil de guerre, et il fut condamné à mort. Plus heureux que beaucoup de généraux, il fut gracié à cause de la grande modération qu'il avait déployée dans son commandement provisoire. Avec une armée de mercenaires ce règlement de comptes aurait amené de sanglants conflits, mais avec des troupes nationales les soldats, habitués à la discipline, la respectent, même quand ils la violent momentanément.

Partout ailleurs, comme toute résistance était impossible, on obéit, mais non sans regret. On se tut, mais non sans murmurer, et dans tous les cœurs se mêlèrent avec l'amer regret de la gloire perdue le ressentiment du triomphe de l'étranger, et avec le désespoir d'une carrière brisée la haine d'un gouvernement assez faible pour obéir à une pression extérieure. Ces rancunes cachées allaient provoquer de nombreuses conspirations et bientôt faire explosion par le mouvement révolutionnaire de 1830.

La France n'avait plus d'armée. Les alliés étaient les maîtres. Il ne leur restait plus qu'à profiter de leur facile triomphe en nous imposant un nouveau traité de paix. Les négociations pour ce traité commencèrent tard. Ce furent d'abord de simples pourparlers. Il était évident que les vainqueurs n'avaient qu'une idée : affaiblir la France, la réduire au rang de puissance secondaire et prendre leurs garanties contre la Révolution. Seul parmi eux le Tsar montrait une certaine modération. Il avait en effet besoin d'un contrepoids aux exigences croissantes de la Prusse, de l'Autriche, de l'Angleterre elle-même, et la France devenait pour la Russie une alliée nécessaire. Nos diplomates auraient dû comprendre cette nécessité de situation et se rapprocher à tout prix de la Russie. Ils le devaient d'autant plus que la Russie avait des droits sérieux à notre reconnaissance. N'était-ce pas à l'intervention directe du Tsar qu'il fallait attribuer les allégements du traité de 1814? Talleyrand, mal inspiré, et continuant son œuvre du congrès de Vienne, s'imagina que l'Angleterre et non pas la Russie serait l'alliée nécessaire de la France, et il sacrifia tout à son désir de se concilier cette puissance. Il ne réussit qu'à s'aliéner la Russie et à s'attirer les dédains du cabinet britannique.

En dehors de ces deux puissances, qui, satisfaites de la victoire, consentaient à être modérées, nous avions à lutter contre les haines et les convoitises des Hollandais, des Autrichiens, des Allemands et surtout des Prussiens. Ces derniers avaient préparé un projet de démembrement de la France, qui démontrait qu'ils avaient étudié et appréciaient l'œuvre de Vauban. Ils voulaient en effet nous enlever toute la partie de la frontière conquise et protégée au temps de Louis XIV. Entre l'Océan et la Lys ils prenaient Dunkerque, Gravelines et Bergues, et ne nous laissaient que Saint-Omer, qui dans son isolement devenait inutile. De la Lys à l'Escaut ils abandonnaient généreusement cinq places, Aire, Saint-Venant, Béthune, Arras et Douai, mais gardaient Lille. De l'Escaut à la Sambre ils prenaient tout, sauf Cambrai, ce qui reportait notre frontière aux places de la Somme. Entre la Sambre et la Meuse, Philippeville, Marienbourg, Avesnes et Rocroi étaient cédées, et, par cette trouée de l'Oise, l'ennemi pourrait dorénavant s'avancer sans obstacle jusqu'à Laon et Soissons. On ne nous laissait que Verdun entre la Meuse et la Moselle, ce qui permettait à une armée d'invasion d'entrer en Champagne. La cession de Sarrelouis ouvrait la Lorraine. Toute l'Alsace était abandonnée et la frontière reportée aux Vosges. Les Suisses, devenus nos ennemis, occupaient Belfort, Huningue tout le revers occidental du Jura avec Pontarlier, les Rousses, Joux et l'Ecluse. Enfin le roi de Sardaigne rentrait en possession de la Savoie. Ce plan fut adopté par toutes les puissances alliées. Elles demandaient en outre une indemnité de guerre de six cents millions, une contribution de deux cents millions pour construire dans le voisinage de la France des places dirigées contre elle, et l'occupation du territoire pendant sept ans par 150 000 soldats payés et entretenus par nous. C'étaient des exigences impitoyables, contraires aux déclarations du congrès de Vienne : mais les alliés ne cachaient plus leurs convoitises. La France était vaincue : ils étaient résolus à abuser de sa défaite, et se souciaient vraiment bien peu de leurs promesses.

Talleyrand, convaincu qu'il ne pourrait résister à tous ces appétits si soudainement déchaînés, essaya d'intéresser Wellington à sa cause et le pria d'interposer sa médiation. Le vainqueur de Waterloo avait en effet rendu de tels services à la coalition que son avis serait forcément discuté et peut-être écouté. Il rédigea donc un mémoire par lequel il faisait remarquer qu'il « résulterait des mesures proposées un notable dérangement dans la balance de l'Europe. La séparation de plusieurs provinces de la France, favorable à ceux qui profiteraient de ces dépouilles, ne conviendrait pas à d'autres États. Détacher des portions importantes de cette monarchie ne suffit pas : il faut savoir à qui les donner. » Par malheur, Wellington ajoutait qu'il parlait en son nom personnel, mais non comme organe du gouvernement. Aussi ne fut-il pas écouté. Bientôt circulèrent des cartes où figuraient, comme détachées de la France, l'Alsace, la Lorraine, le Hainaut, la Flandre, de notables parties de la Champagne et de la Franche-Comté, le Bugey et la Savoie. En même temps les journaux donnaient sous la rubrique d'Allemagne toutes les nouvelles d'Alsace et de Lorraine. Il semblait que la question fût jugée et que la France n'eût plus qu'à se résigner.

Un ancien Français que les hasards de la politique avaient contraint à servir la Russie, mais qui avait conservé l'amour de sa patrie natale, Pozzo di Borgo, l'ami et le confident du Tsar, s'indigna de ces prétentions des alliés. Ainsi qu'il l'écrivait à propos du traité proposé : « C'est un chef-d'œuvre de destruction. Au lieu d'y voir de la fureur, je n'y aperçois que du calcul qui va à ses fins d'une manière infaillible. Si la France consent à un pareil arrangement, elle est effacée de la carte politique de l'Europe. A la vérité, le traité est rédigé dans ce but. On impose des conditions impossibles à exécuter, et on attend les prétextes de l'inexécution pour opérer de nouveaux empiétements. Les projets des Anglais à cet égard sont fixés. Ils n'y renonceront qu'autant qu'ils verront plus de dangers dans une guerre dont ils ne sauraient prévoir la fin qu'à suivre un système de modération et d'équité. Le roi ne peut accepter ce qu'on lui propose sans donner l'exemple d'un grand suicide politique. » Pozzo di Borgo fit mieux. Il suggéra à Louis XVIII l'idée de s'adresser directement au Tsar, et rédigea même la minute de la lettre royale. L'original en est déposé aux archives de Saint-Pétersbourg : « C'est dans l'amertume de mon cœur que j'ai recours à Votre Impériale Majesté pour lui exprimer avec abandon le sentiment pénible que m'a fait éprouver la lecture des propositions faites à mon ministère de la part des quatre cabinets réunis. Ce qui surtout me navre profondément et me porte à désespérer de la malheureuse France, c'est l'idée accablante que Votre Majesté, en qui je fondais mon espoir, semble avoir autorisé la communication qui m'a été adressée officiellement. Un sentiment de justice, fortifié de toute l'étendue de ma reconnaissance, m'avait, à la vérité, convaincu de l'obligation de supporter de grands sacrifices, mais aurais-je jamais présumé qu'au lieu de conditions déjà assez onéreuses il m'en serait proposé d'autres qui alliaient la ruine au déshonneur? Non, Sire, je ne saurais encore me persuader que votre opinion soit irrévocable. S'il en était autrement, si j'avais le malheur de m'abuser, si la France n'avait plus à espérer la révocation de l'arrêt qui a pour but de la dégrader, alors, je n'hésite plus à vous l'avouer, Sire, je refuserais d'être l'instrument de la perte de mon peuple, et je descendrais du trône plutôt que de condescendre à ternir son antique splendeur par un abaissement sans exemple. »

Cette lettre est à l'honneur de celui qui l'avait inspirée et de celui qui n'avait pas hésité à l'écrire. Louis XVIII fit mieux encore. Il pria le Tsar et Wellington de lui accorder une entrevue. Elle fut touchante. « Milord, dit le roi en s'adressant au plénipotentiaire anglais, je croyais, en rentrant en France, régner sur le royaume de mes pères. Il paraît que je me suis trompé. Je ne saurais cependant rester qu'à ce prix. Croyez-vous que votre gouvernement consente à me recevoir si je lui demande encore asile? » Alexandre, ému, s'écria aussitôt : « Non non ! Votre Majesté ne perdra point ces provinces. Je ne le souffrirai pas! »

C'était un engagement formel, et il fut tenu. Du moment que la Russie jetait dans la balance le poids de sa lourde épée, et que le Tsar se déclarait aussi ouvertement en faveur de la France, les alliés, malgré leur dépit, n'avaient plus qu'à s'incliner, car ils ne voulaient pas s'exposer aux chances d'une nouvelle guerre, où nos soldats, aidés cette fois par les Russes, auraient sans doute été victorieux. Ils ne protestèrent donc pas contre la note rédigée par Capo d'Istria au lendemain même de l'entrevue du Tsar et de Louis XVIII. Cette note était ainsi conçue : « Les alliés ont le droit d'exiger de la France des garanties morales et réelles, mais ils ne peuvent exiger le droit de conquête... Si l'on portait atteinte à l'intégrité de la France, il faudrait revenir sur toutes les stipulations de Vienne, procéder à de nouvelles distributions territoriales et combiner un nouveau système d'équilibre. Les alliés ont reconnu le roi de France durant l'usurpation de Bonaparte; il vient d'être replacé sur son trône par la force de leurs armées; il est donc de leur justice autant que de leur intérêt d'affermir l'autorité de ce monarque et de l'aider du concours de toute leur puissance à ne fonder que sur l'intérêt général et national la forme de son gouvernement. » Capo d'Istria terminait en proposant d'occuper la France pendant quelques années, et de garantir la sécurité des États limitrophes par la construction de forteresses. Ces mesures de sûreté étaient encore bien rigoureuses, mais nous échappions aux menaces d'un démembrement, et la Russie nous rendait en cette circonstance un de ces services que les nations n'oublient pas, et dont elles trouvent toujours l'occasion de se montrer reconnaissantes.

La France était donc assurée, grâce à la Russie, de signer une paix sinon avantageuse, au moins acceptable. Talleyrand, par ses finesses, faillit tout compromettre. Il répandit le bruit d'un soulèvement prochain et général. Les soldats français et les royalistes du Midi et de l'Ouest étaient d'accord, disait-il, et bientôt la France entière se lèverait contre les alliés, de même que l'Espagne s'était naguère insurgée contre la tyrannie impériale. Les alliés n'étaient qu'à demi rassurés. Ils ne se dissimulaient pas que les masses populaires commençaient à se lasser de leur présence, et ils redoutaient une explosion de colère nationale. Le danger commun les rapprocha. Le Tsar lui-même, fort irrité de ces menaces, consentit à revenir sur sa parole, à condition que les autres puissances diminueraient leurs prétentions. De ce nouvel accord sortit l'ultimatum du 16 septembre, par lequel Condé, Philippeville, Marienbourg et Givet devaient être cédés au royaume des Pays-Bas, Sarrelouis à la Prusse, Landau à la Bavière, Joux à la Suisse, l'Ecluse et la Savoie à la Sardaigne; Huningue serait démantelée; nous aurions à payer six cents millions de contributions de guerre, deux cents millions pour la construction de nouvelles forteresses, et dix-huit de nos places fortes seraient occupées pendant sept années par 150 000 soldats étrangers.

Dès le 18 septembre arrivait la réponse à l'ultimatum. Tout en faisant remarquer que les puissances alliées paraissaient avoir oublié « qu'elles avaient fait la guerre non pas à la France, mais à Bonaparte », le roi, s'inspirant des circonstances, consentait au rétablissement des anciennes limites sur les points où il avait été ajouté à l'ancienne France par le traité du 30 mai 1814; il acceptait également le principe d'une indemnité de guerre et celui d'une occupation provisoire du territoire, mais non pendant sept ans. Les principales conditions de l'ultimatum étaient donc agréées : il ne s'agissait plus que d'un calcul de répartition; mais les souverains alliés étaient cette fois déterminés à ne plus faire de concessions. Dès le 20 septembre ils adressèrent un second ultimatum : « Les soussignés ont peine à comprendre sur quoi pourrait être fondée la distinction essentielle entre l'ancien et le nouveau territoire. Il est imposible de supposer qu'on ait voulu reproduire, dans les transactions actuelles, la doctrine de la prétendue inviolabilité du territoire français. Ce serait détruire toutes les idées d'égalité et de réciprocité que d'exiger en principe que la France jouirait seule du privilège de ne jamais rien perdre de ses anciennes possessions, ni par le malheur de la guerre, ni par les arrangements politiques. Par ces motifs, les plénipotentiaires soussignés persistent dans l'ultimatum qu'ils ont présenté au roi de France. »

La question était cette fois nettement posée. La France accepterait-elle ces conditions léonines, ou la guerre allait-elle éclater de nouveau? Talleyrand comprit qu'il n'était plus l'homme de la situation, et offrit une démission qu'on accepta, sans insister pour la lui faire reprendre. Sur la désignation, ou plutôt avec l'assentiment du Tsar, le duc de Richelieu, son ami particulier, fut désigné pour le remplacer. Le choix était heureux. Richelieu, par son ascendant personnel, pouvait obtenir beaucoup. En effet, dès que les négociations furent reprises, on lui promit tout de suite un allégement : Condé, Givet, Joux et l'Ecluse resteraient à la France; la contribution de guerre serait réduite de cent millions, enfin l'occupation, au lieu de sept ans, durerait cinq ans, et l'on pourrait examiner, au bout des trois premières années, s'il y avait lieu d'évacuer le territoire.

De nouvelles exigences remirent tout en question. Les alliés s'avisèrent de réclamer le remboursement de tous les dommages causés par les armées françaises depuis 1792, et ils présentaient des réclamations montant à 735 millions, qui, ajoutés aux 700 millions de contribution, donnaient un total d'un milliard et demi. Richelieu n'avait accepté qu'à contre-cœur les délicates fonctions de ministre des affaires étrangères. Découragé par les prétentions des alliés, il annonça sa résolution de se retirer. Louis XVIII s'adressa au tsar Alexandre, qui intervint pour faire cesser ces odieux marchandages. On décida que, sur les 700 millions de la contribution de guerre, cent millions seraient distribués à tous les États autres que la Russie, l'Angleterre, l'Autriche et la Prusse, dans la proportion du contingent fourni à la coalition, en tout 425 fr. 30 centimes par tête d'homme. En outre, des commissaires spéciaux seraient institués pour reconnaître et pour liquider toutes les créances publiques ou privées de la République et de l'Empire. Les petites cours crièrent à l'injustice et se prétendirent sacrifiées, mais on ne les écouta pas. Le 20 octobre fut enfin rédigé un protocole secret arrêtant les conditions du traité définitif et ne laissant plus à régler que les détails d'exécution. Un mois plus tard, le 20 novembre, était signé le traité.

En voici les conditions essentielles : Les frontières de la France restaient telles qu'en 1790, à l'exception de Philippeville, Marienbourg, Bouillon, Sarrelouis et Landau, ainsi que quelques communes du pays de Gex en moins. Les fortifications de Huningue étaient détruites. Nous renoncions à la partie de la Savoie que nous avait laissée la paix de 1814. Notre frontière était donc sinon détruite, au moins démantelée, car les places cédées donnaient l'entrée des trois vallées qui se réunissent vers Paris. Philippeville et Marienbourg ouvraient la trouée de l'Oise. Sarrelouis permettait de pénétrer entre l'Oise et la Moselle. Landau et Huningue découvraient l'Alsace. Comme si ce n'était pas assez de livrer aux ennemis les clefs de notre maison, nous fournissions, pour créer contre nous de nouvelles forteresses, vingt millions au roi de Prusse, quinze à celui de Bavière, dix à celui de Sardaigne, soixante à celui des Pays-Bas, sans parler de cinq millions pour achever Mayence, de vingt millions pour créer Rastadt, et de sept millions et demi au roi d'Espagne pour fermer les Pyrénées. Enfin les puissances contractantes suspendaient pour ainsi dire sur notre tête la menace d'un démembrement éventuel, car elles prenaient, avant de se séparer, l'engagement formel d'intervenir en France quand elles le croiraient utile à leur sécurité. « Les puissances alliées, constamment disposées à adopter toute mesure propre à assurer la tranquillité en Europe par le maintien de l'ordre établi en France, s'engagent à fournir les contingents stipulés dans le traité de Chaumont, et, en cas de besoin, la totalité de leurs forces, pour conduire la guerre à une issue prompte et heureuse, se réservant d'arrêter entre elles, relativement à la paix qu'elles signeraient d'un commun accord, des arrangements propres à offrir à l'Europe une garantie suffisante contre le retour d'une calamité semblable. »

Le traité du 20 novembre stipulait encore une contribution de guerre de sept cents millions et l'occupation pendant cinq ans au maximum des places de Condé, Valenciennes, Bouchain, Cambrai, le Quesnoy, Landrecies, Maubeuge, Avesnes, Rocroi, Givet, Charlemont, Mézières, Sedan, Montmédy, Thionville, Longwy, Bitche et Fort-Louis. La première de ces conditions n'était qu'une plaie d'argent : elle n'était par conséquent pas mortelle. La seconde était à la fois plus humiliante et plus onéreuse ; mais, après tout, ne nous fallait-il pas subir la loi du talion, et nos troupes n'avaient-elles pas assez longtemps tenu garnison dans les capitales européennes pour que nous subissions à notre tour, sans trop de honte, les angoisses de l'occupation étrangère? Par un juste retour, les soldats alliés devaient évacuer, aussitôt après la signature du traité, toutes les places non énoncées dans l'article précédent. C'était un grand allégement aux misères publiques. Aussi comprend-on la belle lettre de Richelieu : « Tout est consommé. J'ai apposé hier, plus mort que vif, mon nom à ce fatal traité. J'avais juré de ne pas le faire, et je l'avais dit au roi ; ce malheureux prince m'a conjuré, en fondant en larmes, de ne pas l'abandonner, et, de ce moment, je n'ai pas hésité. J'ai la confiance de croire que, sur ce point, personne n'aurait mieux fait que moi, et la France expirante sous le poids qui l'accable réclamait impérieusement une prompte délivrance ; elle commencera dès demain, du moins à ce qu'on m'assure, et s'opérera successivement. »

Un article additionnel portait que « les puissances contractantes s'engageaient à unir leurs efforts pour assurer l'abolition universelle et complète de la traite des noirs d'Afrique ». L'Angleterre commençait alors sa croisade pour l'abolition de l'esclavage. Ce fut à sa requête qu'on inséra cette clause dans le traité de Paris : déclaration platonique et que les puissances signèrent sans lui accorder d'importance, mais dont les conséquences allaient plus tard être connues.

Quatre conventions particulières furent annexées au traité : la première, en seize articles, relative au payement de l'indemnité de sept cents millions; la seconde, en neuf articles, relative aux détails de l'occupation ; la troisième, en deux cent soixante articles, relative aux réclamations des gouvernements étrangers et de leurs sujets contre la France. Ces trois conventions avaient été signées par tous les alliés. La quatrième et dernière ne regardait que la France et l'Angleterre : les Anglais avaient réclamé une indemnité pour ceux de leurs nationaux, porteurs de rentes françaises, qui avaient été lésés. Il fallut accepter leurs âpres revendications et consentir à cette indemnité, que ne justifiaient ni les circonstances ni les prétentions des réclamants. Les Anglais réclamaient encore le remboursement de droits de douane payés par des navires de commerce introduits à Bordeaux et, d'après eux, indûment perçus. C'était une réclamation misérable : on fit bien de ne pas leur refuser ce remboursement.

Telles sont les principales stipulations du traité de paix qui terminait vingt-cinq années de guerres terribles. La France sortait de ces campagnes amoindrie et humiliée, mais fière de ses victoires passées, et, malgré les désastres des dernières années, confiante dans l'avenir. Nos pères avaient raison de ne pas désespérer. Une ère nouvelle de grandeur et de prospérité allait s'ouvrir pour eux ; mais ils ne se sentiraient réellement libres et débarrassés de tout souci que lorsque le dernier soldat étranger aurait quitté le sol national. Ce sont ces tristes jours de l'occupation étrangère et les négociations relatives à l'évacuation qu'il nous reste à exposer.

CHAPITRE X

L'OCCUPATION ET L'ÉVACUATION DU TERRITOIRE

On a souvent répété que Louis XVIII était revenu en France dans les fourgons de l'ennemi. Rien n'est plus inexact. Non seulement les Prussiens et les Anglais ne firent aucune démarche directe auprès du roi pour le prier de rentrer dans sa capitale, mais encore ils retardèrent sa marche autant que possible, et ne consentirent à traiter avec lui que lorsqu'il fut réinstallé aux Tuileries. « Le désappointement de cette arrivée, lisons-nous dans les *Mémoires* de Beugnot, fut grand au quartier général des Prussiens, qui étaient les premiers venus; il y fut décidé qu'on ne ferait pas la plus petite attention au retour du roi, et qu'on se comporterait de même que s'il était encore à Gand. C'était pour l'exécution manifeste de cette détermination que des canons étaient braqués sur le pont Royal, en face même des Tuileries, et que des canonniers faisaient le service des pièces la mèche allumée, tandis que les soldats prussiens lavaient leur linge et leurs habits dans la cour du château, et les étendaient sur les flèches des grilles, qui faisaient office de séchoirs. » Le Carrousel avait été transformé en camp, et, sous le gracieux arc de triomphe élevé à l'honneur des armées impériales, on avait installé une boucherie. Louis XVIII, plus que personne, avait le sentiment des convenances. Il fut vivement froissé de ces procédés que rien ne justifiait ni dans son attitude, ni dans sa situation, mais il ne voulut adresser aucune plainte officielle, et eut raison de se taire. Quelques-uns de ses intimes n'eurent pas le même tact. « Vous avez voulu marcher tout seuls, répondit brutalement à l'un d'eux le comte von Goltz, sans avoir de troupes à vous et sans nous demander les nôtres. Vous voyez ce qui est arrivé ! On n'est pas fâché que le roi l'ait senti. »

Aussi bien, ce n'étaient pas seulement des manques d'égards vis-à-vis du roi que se permettaient nos vainqueurs et spécialement les Prussiens. Installés en maîtres dans Paris, ils entendaient user et abuser des droits de la victoire. Si Blücher avait fait insérer dans la capitulation une clause à laquelle on n'attacha d'abord aucune attention, et en vertu de laquelle les propriétés privées, « à l'exception de celles qui ont rapport à la guerre », étaient placées sous la sauvegarde des alliés, ces expressions avaient été choisies avec soin, parce qu'il se réservait la faculté de détruire les monuments élevés en mémoire des guerres passées. Les Prussiens, en effet, encore sous le coup des humiliations d'Iéna et de Friedland, s'étaient promis de faire sauter le pont d'Iéna. Le soir même de son entrée à Paris, Blücher ordonnait de miner les arches du pont et de prendre toutes les mesures nécessaires pour le détruire. Le général Rochechouart fut tout de suite envoyé par le ministre de la guerre au roi de Prusse pour le prier d'arrêter cette guerre sauvage aux monuments. « J'ai déjà été informé de l'intention du feld-maréchal, se contenta de répondre le souverain; je lui ai fait dire que je le priais d'abandonner son projet. J'ai vu avec peine que sa réponse n'était pas conforme à mes désirs, et qu'il persiste pour l'honneur de l'armée prussienne dans sa détermination. Je vais encore lui envoyer un de mes aides de camp pour l'engager à se contenter du changement de nom de ce maudit pont. » C'était un refus mal déguisé, et il était évident que le roi de Prusse partageait les misérables rancunes de ses généraux.

Wellington, mieux inspiré et comprenant la portée de cet acte, écrivit aussitôt à Blücher pour le prier de retarder la destruction au moins de quelques heures. « C'est une mesure de guerre », se contenta de répondre le Vandale. Wellington ne voulait pas avoir l'air d'être pris pour dupe. « Cette destruction n'est pas un acte purement militaire, riposta-t-il aussitôt, elle se rattache à l'ensemble de nos opérations, elle a une importance politique. Nous avons jusqu'ici marché de concert; toutes les affaires ont été menées d'un commun accord ; ne pouvons-nous continuer ? Je vous demande seulement de différer d'un jour ou deux. Attendez l'arrivée des souverains. S'ils conviennent que le pont doit être détruit, je cesserai mes objections. » Rien n'arrêta la fureur prussienne. Trois piles étaient déjà taraudées. On y mit le feu. La secousse disloqua deux piles dans les parties basses. Une seconde tentative allait achever la destruction, lorsque enfin arriva le Tsar, qui, directement sollicité par Louis XVIII, intima des ordres et sauva le monument. Le pont d'Austerlitz et la colonne Vendôme avaient été également menacés.

LE PONT D'IÉNA.

L'intervention du Tsar les préserva. Il fut seulement convenu que les ponts d'Iéna et d'Austerlitz changeraient de noms. Ils furent dorénavant appelés pont des Invalides et pont du Jardin-du-Roi.

Le rôle de Louis XVIII dans cette délicate affaire avait été très honorable. On imagina après coup une assez singulière histoire, dont l'authenticité ne fut même pas discutée, et qui pourtant ne reposait sur rien. Le roi, disait-on, avait résolu d'aller de sa personne sur le pont et d'y braver la fureur teutonne. Or il paraît que l'anecdote fut inventée par Beugnot et par Talleyrand. Beugnot trouva le mot, et Talleyrand en fit un article de journal. « On pourrait », me dit-il, lisons-nous dans les *Mémoires* de Beugnot, « tirer parti « de votre idée que le roi avait menacé de se porter sur le pont

« pour sauter de compagnie. Il y a là matière à un bon article de « journal. Arrangez cela. » Je l'arrangeai en effet; l'article parut dans les feuilles du surlendemain. Louis XVIII dut être bien effrayé d'un pareil coup de tête de sa part; mais, ensuite, il en accepta de bonne grâce la renommée. Je l'ai entendu complimenter de cet admirable trait de courage, et il répondait avec une assurance parfaite. »

Les Prussiens ne se contentèrent pas de ces vengeances rétrospectives. Ils entendaient profiter de leur séjour dans une ville opulente pour y vivre largement et confortablement. D'ordinaire on ne doit aux troupes de passage dans une ville que le coucher et le feu nécessaire à l'apprêt des vivres. Un ordre du jour de Blücher, daté de Saint-Cloud (5 juillet), combla cette lacune. Le généralissime prussien prenait si vivement en main les intérêts de ses soldats, qu'il ordonnait que le lit de chacun de ses hommes se composerait d'un matelas, d'un oreiller, d'une couverture de laine et de deux draps en toile. Quant à la ration, les habitants fourniraient par homme et par jour deux livres de pain de froment, une livre de viande, une bouteille de vin et une quantité proportionnée de beurre, de riz, d'eau-de-vie et de tabac. A chaque cheval étaient réservées neuf livres d'avoine, six de foin, et six de paille. Ces exigences, déjà lourdes par elles-mêmes, devinrent insoutenables dans l'application. On eut grand soin en effet de répartir les garnisons presque exclusivement dans les maisons des bonapartistes. Ainsi le comte de Montalivet, ancien ministre de l'intérieur, dut, pour ce qui le concernait, loger et entretenir 50 hommes et 50 chevaux. La maréchale Ney fut obligée de recevoir chez elle le général Thielman, qui ne se contenta pas de lui emprunter sa voiture et ses chevaux, mais poussa l'esprit d'économie jusqu'à se servir de ses harnais, que d'ailleurs il négligea de lui rendre. Les fonctionnaires eux-mêmes n'étaient pas épargnés. Le 16 juillet parut dans les journaux un avis du grand-chancelier de la Légion d'honneur, maréchal Macdonald, portant qu'il ne pourrait accorder aucune audience dans le palais, « encombré de soldats prussiens logeant militairement ». Au reste, les royalistes furent traités avec une égale brutalité. Les Prussiens ne connaissaient, à vrai dire, ni amis ni ennemis. Vainqueurs ils étaient, et ils prétendaient être traités en vainqueurs. Quelques jours plus tard, lorsque arrivèrent les Autrichiens et les Russes, qui pourtant n'avaient pas l'excuse de la bataille, et triomphaient sans avoir combattu, les exigences furent les mêmes. Ils ne consentirent pas à utiliser les nombreuses et magnifiques casernes de Paris, qui restèrent toutes inoccupées. Sous prétexte que la plupart de ces casernes se trouvaient dans des quartiers populeux, et qu'il fallait prendre des précautions contre une insurrection des faubourgs, les alliés exigèrent la construction de vastes et solides baraques, gardées par de nombreuses sentinelles, et dont les abords étaient garnis de canons chargés à mitraille. Les Parisiens connurent en cette circonstance tous les déboires et toutes les amertumes de l'occupation étrangère.

L'humiliation qui fut la plus vivement ressentie et dont le souvenir s'est perpétué fut la spoliation de nos musées. Napoléon, en vertu de traités réguliers, d'achats ou de transactions parfaitement en règle, avait réuni au Louvre une incomparable collection d'objets d'art. Grâce aux richesses de nos musées, Paris était devenu la capitale artistique de l'Europe : mais nos vainqueurs, dans leur naïve jalousie, résolurent de nous dépouiller de ces trésors si légitimement acquis, sous prétexte de restituer à chacun d'eux ce qui lui avait été enlevé. Le ministre des Pays-Bas donna le signal et réclama la restitution des tableaux et des statues qui jadis avaient appartenu à la Belgique et à la Hollande ; mais comme il n'osa prendre ce qu'il demandait, l'affaire suivit la voie hiérarchique, et sa demande fut transmise au ministre compétent. Mis en goût par cette revendication, mais trouvant inutiles et gênantes les formalités administratives, Blücher installa deux bataillons prussiens dans les cours et galeries du Musée, et fit enlever tous les tableaux provenant des anciens départements rhénans, sous prétexte que ces départements avaient passé sous la domination prussienne. Aussitôt le ministre des Pays-Bas revint à la charge, mais cette fois s'adressa à Wellington, qui lui donna son assentiment. Talleyrand, averti de cette singulière façon d'interpréter la capitulation de Saint-Cloud, déclara que le roi ne consentirait jamais à se laisser dépouiller ainsi d'œuvres d'art qui étaient la propriété de la nation. Wellington répondit avec une morgue toute britannique qu'il était nécessaire de profiter de cette occasion « pour avertir le peuple français, s'il ne le sent pas encore, que l'Europe est plus forte que lui, que le jour de la rétribution doit venir tôt ou tard, et enfin pour qu'il lui soit donné une grande leçon de morale ». En matière politique on ne recourt d'ordinaire aux arguments tirés de la morale que lorsqu'on s'apprête à la violer, et Wellington aurait été fort embarrassé d'expliquer comment les Français recevraient une leçon de morale en ne se laissant pas dépouiller de leurs trésors artistiques. Il est vrai que son collègue Castlereagh lui aurait fourni des ressources inattendues. Ce diplomate ne s'avisa-t-il pas d'écrire que la spoliation de nos musées était une précaution indispensable contre le rétablissement des frontières naturelles. « Tant que ces objets resteront dans Paris, continuant pour ainsi dire les actes et les titres des pays qui ont été abandonnés, les idées de réunir encore ces pays à la France ne seront jamais entièrement éteintes, et le génie du peuple français ne s'associera jamais complètement à l'existence plus limitée qui est assignée à la nation sous les Bourbons. »

Les alliés avaient pour eux la force brutale : Talleyrand s'inclina devant cette force. Il refusa de donner aucun ordre. Il laissa aux alliés tout l'odieux de l'exécution. Denon, directeur général des musées, fut plus brave. Il annonça qu'il ne livrerait rien ; mais quand les Prussiens et les Anglais se présentèrent pour enlever ce qu'ils réclamaient, il donna sa démission. Ce fut un malheur. Denon aurait peut-être empêché bien des pillages, bien des dégradations. Lui parti, nos musées furent saccagés. On ne se contenta pas de prendre les objets d'art dont la possession nous était acquise par des traités : on enleva beaucoup de ceux qui avaient été achetés. En outre c'étaient de rudes et grossiers soldats qui maniaient ces toiles précieuses et ces marbres délicats ; aussi, malgré la surveillance d'un grand artiste qui aurait dû se souvenir qu'il devait sa fortune à la France, le sculpteur Canova, bon nombre de ces chefs-d'œuvre furent-ils détériorés.

On ne se contenta pas de spolier nos musées. Les palais furent également visités et allégés d'une partie de leurs trésors. On n'épargna pas cette insolente visite aux appartements habités par Louis XVIII et les princes de sa famille. Bientôt même, mis en goût par l'heureux succès de ces pillages éhontés, les alliés étendirent leurs recherches aux collections publiques. Livres, estampes, médailles, pierres gravées, cartes et plans, reliefs de nos places fortes, tout fut emballé et expédié à l'étranger. La ménagerie du Jardin du Roi fut privée d'une partie de ses animaux, et, sans l'intervention de Humboldt, qui accompagnait le roi de Prusse et avait sur lui un grand crédit, les importantes collections de cet établissement auraient été pillées et confisquées. Ce sont surtout les anciennes résidences impériales après lesquelles s'acharnèrent les commissaires alliés. Ne réclamèrent-ils pas, comme étant la propriété privée de Napoléon, la bibliothèque de Trianon! Cette bibliothèque lui avait en effet été donnée par la Chambre des députés, mais il n'en avait pas emporté un seul volume. A Fontainebleau le général Thielman se signala par son ardeur bibliographique. Il garda pour lui quelques-uns des plus beaux ouvrages de la bibliothèque du palais, et eut l'impudeur d'en donner décharge par un reçu, que l'on conserve encore comme une marque indélébile de la façon dont les alliés interprétaient en 1815 le droit des gens : « Reçu de M. X... — Suit la liste des livres — emportés comme un souvenir de la campagne de 1815. »

Un seul de nos musées échappa à la spoliation. Davout, avant de partir pour sa dernière et triste campagne de la Loire, eut le pressentiment des vols et des pillages qu'allaient commettre les alliés. Il voulut au moins sauver le musée d'artillerie, qui renfermait de véritables trésors, et pour lequel il redoutait les convoitises prussiennes. Il ordonna donc d'emballer les objets qui le composaient, et de les expédier à la Rochelle. On s'aperçut au dernier moment qu'il n'y avait plus d'argent pour payer les ouvriers. Or le temps pressait. Les Prussiens allaient arriver, et sans nul doute, considérant le musée comme un arsenal, ils le prendraient. Un munitionnaire de l'armée, le fournisseur des Invalides, Auguste Montessuy, apprit l'embarras du maréchal. Il accourut, donna sans la moindre garantie les vingt mille francs dont on avait besoin, et le musée fut sauvé.

Dans le malheur de la patrie, ce fut cette spoliation qui indigna le plus. Elle n'était pas prévue. Elle froissait l'amour-propre national. Les alliés, en s'attaquant ainsi à nos musées, portaient atteinte au patrimoine commun de gloire et de génie qui constitue l'honneur d'une nation. On leur pardonnait leurs insolences, leurs duretés, leurs exactions mêmes, mais on n'oublia pas l'insulte gratuite qu'ils nous jetaient à la face en abusant ainsi de la victoire pour nous enlever, contre toute justice, ce qui était la propriété de tous. Ce ne furent pas seulement les hautes classes, que l'on aurait pu croire plus sensibles à cet outrage par leur éducation, qui furent indignées de cette spoliation : les classes moyennes et même les classes laborieuses ressentirent plus vivement encore cet affront national. Aussi comprend-on l'universelle acclamation qui s'éleva lorsqu'un jeune poète, naissant à la renommée, Casimir Delavigne, se fit comme l'interprète de tous en lançant contre les spoliateurs la plus célèbre de ses Messéniennes.

L'étranger, qui nous trompe, écrase impunément
La justice et la foi sous le glaive étouffées;
Il ternit pour jamais sa splendeur d'un moment.
Il triomphe en barbare et brise nos trophées :
Que cet orgueil est misérable et vain !
Croit-il anéantir tous nos titres de gloire?
On peut les effacer sur le marbre et l'airain ;
Qui les effacera du livre de l'histoire?

On s'est parfois demandé comment Paris et la France ont si facilement courbé la tête et accepté sans protestation ces injures et ces exactions ; mais on oublie trop que la seule force nationale organisée, l'armée de la Loire, venait d'être dissoute, et qu'il n'y avait à Paris que des gardes nationaux et des gendarmes. Ces derniers étaient même sous les ordres directs de Müffling, homme de confiance de Blücher, véritable reître tout gonflé de haine, qui avait pris à tâche d'amener des conflits et de semer des haines. Il accueillait avec empressement plaintes et réclamations, et les adressait sans plus tarder au préfet de la Seine, Chabrol. Ce fonctionnaire se trouva bientôt débordé et fut obligé, simplement pour répondre aux demandes, d'installer à l'hôtel de ville un bureau spécial où l'on parlait toutes les langues de l'Europe. Il est vrai que le gouverneur de Paris, de par la volonté prussienne, ne dédaignait pas de présenter en personne quelques réclamations. Ce fut lui qui, du jour au lendemain, exigea de la commission municipale cent millions comme rançon de la ville de Paris. Il n'avait jamais été question de cette énorme contribution dans la convention de Saint-Cloud. La commission municipale refusa et s'adressa à Wellington. Ce dernier, dont l'honneur était intéressé à l'observation de la convention, déclara que le refus était légitime, mais conseilla, par mesure de transaction, et pour éviter de nouvelles réquisitions, d'accorder dix millions. Les conseillers y consentirent. Müffling fut chargé d'assurer le payement de cette somme. Quatre millions devaient être payés dans les vingt-quatre heures, et six en huit jours. Aussitôt il installa une garnison à l'hôtel de ville, et ne cessa de harceler préfet et conseillers jusqu'à l'entier acquittement de la somme convenue.

Les Parisiens auraient eu tort d'espérer que cette première contribution contenterait l'avidité prussienne. Nos ennemis ne demandèrent plus, il est vrai, d'argent, mais ils se montrèrent plus exigeants que jamais pour les réquisitions en nature. Ainsi, dans le Xe arrondissement, ils réclamèrent du jour au lendemain dix mille paires de chaussures. Comme on ne répondait pas, quelques boutiques furent envahies et pillées. Un des adjoints ayant protesté, il fut arrêté et menacé de transfert dans une forteresse prussienne. Conduit à Chabrol, puis à Talleyrand, ce dernier, pour toute consolation, lui conseilla de se cacher ou de fuir. Le 7 octobre, au coin de la rue Planche-Mibray, une rixe avait éclaté entre ouvriers et Prussiens. Le lendemain 8, trois bataillons avec une demie-batterie et un général cernent le quartier, interdisent toute communication, et, après une instruction sommaire, emmènent sept ou huit prisonniers. Paris, en un mot, était traité en ville prise d'assaut, et pourtant la convention de Saint-Cloud garantissait contre tout excès de la part du vainqueur.

Les Anglais étaient peut-être moins insolents dans la forme, mais au fond, et malgré les hypocrites ménagements de Wellington, tout aussi raides. Ils s'étaient installés au bois de Boulogne et ravageaient ce beau parc. Chabrol se crut autorisé à adresser quelques plaintes. Wellington furieux se prétendit insulté et demanda sa destitution. Chabrol n'avait fait que son devoir, mais telle était la pression exercée par nos impitoyables vainqueurs, que Talleyrand, pour ne point provoquer de conflits, aurait consenti à cette destitution, si le préfet de la Seine n'avait eu la pensée d'un appel au conseil des ministres et au roi, qui le maintinrent en fonctions.

Les Autrichiens et les Russes n'avaient pris aucune part à la campagne. Avant qu'ils eussent franchi la frontière, la bataille de Waterloo était gagnée et la question militaire décidée : mais ils ne suspendirent pas leur marche, et, à leur suite, tous les autres États envoyèrent leurs contingents prendre part à la curée. Tels de ces souverains auraient gardé la neutralité ou même auraient sollicité notre alliance, mais, puisque la France ne résistait pas, ils voulurent, eux aussi, fouler en vainqueurs la terre française, et emporter ce que certains de leurs généraux, par une métaphore hardie, appelaient de petits souvenirs. L'Europe entière déborda sur nous. Les Espagnols eux-mêmes, malgré leur épuisement, envoyèrent jusqu'à deux armées au delà des Pyrénées. Ces arrivages durèrent trois mois. On en signalait encore dans les premiers jours d'octobre. Sauf les départements derrière l'Allier et la Loire occupés par nos troupes en vertu de la convention de Saint-Cloud, le pays entier fut comme inondé par les armées alliées. Leurs généraux, dès le mois de juillet, s'étaient réunis en conférence pour régler toutes les réclamations de détail qui pourraient s'élever entre eux et le gouvernement français à l'occasion de l'envahissement progressif du territoire. Cette conférence était quotidienne et on tenait un registre des délibérations. Dans le quarante-septième protocole, et à la date du 7 septembre, Wellington présentait au baron Louis, notre ministre des finances, un mémoire pour la solde et l'habillement de 1 135 000 soldats, ainsi répartis : 320 000 Autrichiens, 310 000 Prussiens, 128 000 Anglo-Belges, 250 000 Russes, 60 000 Bavarois, 20 000 Wurtembergeois, 16 000 Badois, 8 000 Hessois, 8 000 Saxons, 15 000 Piémontais ; et encore ne tenait-on pas compte des Espagnols. Afin de ne pas se gêner dans leurs manœuvres et aussi pour vivre plus à l'aise, les alliés avaient procédé à une sorte de partage du territoire. Wellington s'était adjugé les provinces du Nord : Flandre, Artois, Picardie et Paris. Blücher s'était installé à Paris et avait envoyé ses autres régiments en Normandie, Bretagne, Maine et Anjou. Les Autrichiens et leurs clients de Bavière, Wurtemberg et Hesse occupaient la Bourgogne, la Franche-Comté, le Nivernais, le Bourbonnais, le Lyonnais et le Dauphiné. Les Autrichiens seuls s'étaient étendus jusqu'en Provence et en Languedoc. Les Badois et les Saxons s'étaient répandus en Alsace. Les Russes, plus fortement concentrés, gardaient la Champagne et la Lorraine. Tous, indistinctement, vivaient largement et gaiement aux frais des vaincus.

Lorsqu'on écrira la triste histoire de l'occupation étrangère en 1815, chaque page de ce livre lamentable, qu'aucun historien n'a encore eu le courage de composer, contiendra l'énumération des odieuses violences, des réquisitions incessantes et des pillages éhontés que subirent presque toutes nos villes et toutes nos campagnes. Nous ne voulons ici qu'apporter quelques preuves à l'appui. Entre tous se signalèrent les Prussiens par leur ingéniosité dans l'art des extorsions. La ville de Versailles fut l'objet particulier de leurs fureurs. C'était dans les rues de cette ville que deux de leurs régiments avaient été si complètement culbutés et à moitié détruits par Exelmans. Ils n'avaient pas oublié cet affront. Blücher y rentra aussitôt après l'armistice, permit à ses soldats de piller plusieurs rues, dépouilla de fond en comble les édifices publics, particulièrement la manufacture d'armes, dont il ne resta plus que les quatre murs. Tout le matériel de fabrication et les armes furent soigneusement emballés et transportés en Prusse. La ville fut en outre imposée à deux millions de contribution, et elle dut payer l'équipement et le harnachement de 1 600 fantassins, 200 artilleurs, 600 cavaliers et 600 chevaux. A Orléans, les Prussiens exigèrent le payement immédiat de 600 000 francs en numéraire. Les principaux habitants, avertis par la municipalité, apportèrent leur argenterie, mais elle était insuffisante. Trois d'entre eux demandèrent une audience à Blücher, qui les reçut à moitié ivre, dans un nuage de fumée, les accabla d'injures et consentit à une réduction de 150 000 francs, mais à condition que son secrétaire particulier recevrait une gratification de 40 000 francs. Ce n'était que le début des exactions. Le général Steinæcker, commandant militaire, exigea une épée d'honneur; mais, dès que le conseil municipal la lui eut votée, il se ravisa et demanda en place un rouleau de napoléons en or et cent vingt-quatre francs en argent. Les Prussiens ne restèrent à Orléans que vingt-sept jours, du 13 juillet au 10 août, mais ils coûtèrent à la ville plus de deux millions, sans parler des dépenses particulières pour le logement des hommes, et ils furent remplacés par des Bavarois, puis par des Russes et enfin par des Anglais, qui, tous, montrèrent les mêmes exigences. Chaque matin un commissaire spécial se rendait chez le receveur municipal pour toucher la somme nécessaire à la solde des troupes, et il prenait pour sa peine une somme de deux cents francs. Les royalistes n'étaient pas à l'abri de ces scandaleuses extorsions. L'un d'entre eux ayant eu la malencontreuse idée d'inviter les officiers étrangers à un grand dîner, celui qui était assis à la droite du maître de la maison lui demanda l'heure, et, voyant la magnifique montre à répétition qu'il tirait de son gousset, la prit sans plus de façon en disant qu'il gardait « le petit horloge » à titre de souvenir. Le voisin de gauche en fait autant pour une tabatière en or, « le petit coffre », qu'il gardera pour sa femme. Aussitôt les autres convives se lèvent et chacun met dans sa poche, toujours à titre de souvenir, le couvert d'argent dont ils viennent de se servir.

Nos ennemis ne se montraient pas toujours aussi spirituels dans leurs pillages. La plupart du temps, ils se contentaient d'imposer leurs volontés, et il fallait obéir sous peine d'exécution militaire. Dans le seul département des Ardennes, les Bavarois firent pour sept millions de réquisitions. Voici la liste des fournitures que, par arrêté du 3 octobre 1815, ils exigèrent dans le département des Vosges : 150 000 aunes de drap, 400 de toile cirée, 200 000 de toile pour chemise, 50 000 de toile pour doublure, 45 000 mètres de galons pour hussards et tambours, 9 000 mètres de cordons, 500 demi-onces de galons d'or et d'argent, 115 000 douzaines de boutons en corne, en os, en métal, 10 000 douzaines d'agrafes, des casquettes, casques, bonnets à poil, havresacs, peaux de veau et de mouton, bas, bottes, éperons, et, pour couronner le tout, 400 francs à chaque officier. Ne croirait-on pas revenir à l'époque de la guerre de Trente Ans !

Les alliés se signalaient par leurs cruautés dans les petites villes sans défenses et dans les campagnes. A Toury ils forcèrent les habitants, sabre aux reins et coups de fouet dans le dos, à porter sur leurs épaules le fourrage qu'on leur enlevait. A Cheroy, dans l'Yonne, un régiment wurtembergeois, qui y était cantonné, reçoit l'ordre de partir. Le colonel fait aussitôt saisir le maire et lui annonce qu'il veut 24 000 francs; puis il fait chercher par ses hommes les maires des villages voisins. On leur lie le pied gauche à la main droite, et on les dépose dans une grange jusqu'à ce qu'ils aient payé 400, 500 ou 600 francs, selon l'importance de la commune. Quelques payements ayant été retardés, tel de ces maires resta ainsi trois jours et trois nuits. Callot, dans ses *Misères de la guerre*, n'a rien inventé de plus burlesquement dramatique que le traitement infligé à ces malheureuses victimes de la cupidité allemande. Ce n'est pas tout : lorsque enfin partirent les Wurtembergeois, une dernière réquisition enleva les chevaux, les bestiaux, les grains et les fourrages qui restaient.

Voici comment un témoin oculaire, le célèbre voyageur en Afrique Levaillant, alors retiré près de Sézanne, au fond de la Champagne, parlait de ce qu'il était obligé de subir : « Nous sommes tous ici ruinés de fond en comble; nos maisons sont dévastées, nos meubles brisés, nos fenêtres cassées, nos jardins déserts, sans fruits et sans légumes, sans basses-cours, nos étables dépeuplées, nos greniers vides. J'ai dans ce moment chez moi à nourrir six officièrs russes, douze chevaux, cinq domestiques cosaques, cinquante soldats. Ils y sont depuis dix jours et ont relevé d'autres troupes en nombre égal, qui sont restées six semaines. Depuis deux mois mon pauvre village, composé de trente familles, dont moitié sont des ouvriers qui n'ont au monde que leurs bras, et qui depuis six mois n'ont pas gagné deux sols, a nourri 30 000 hommes et 20 000 chevaux.... Je m'attends qu'on nous écorchera incessamment pour de la peau de nos dos couvrir les tambours de ces messieurs, comme ils ont coupé la queue et la crinière de tous nos chevaux pour orner leurs casques. Que ces vils et méprisables flagorneurs qui chaque jour vantent dans leurs journaux la conduite et l'humanité de ces troupes viennent ici voir les actes d'humanité qu'exercent continuellement ces bons soldats; ils verront chaque jour donner cent coups de bâton à quelques malheureux paysans, parce que les soldats qu'ils sont obligés de nourrir n'ont pas trouvé bon le dîner qu'ils viennent d'arracher à leur famille pour le donner à ces amis si humains; ils verront une mère éplorée conduite la corde au cou devant un officier, qui la condamne à manger avec ses chiens le dîner qu'il n'a pas trouvé assez délicat. »

Le duc de Richelieu lui-même était obligé de reconnaître les sévices et les extorsions des alliés. « Le spectacle de la France, écrivait-il avec mélancolie à l'abbé Nicolle, n'est rien moins que fait pour égayer. Il n'y a que la conduite des Russes qui soit admirable, comme celle de l'Empereur est un modèle de noblesse, de loyauté et de bonne politique : mais les autres exercent cruellement le droit de représailles. Les Prussiens, Autrichiens, Bavarois, s'escriment à l'envi, usent et abusent de la victoire. La France expire à la lettre sous le poids de l'Europe qui l'écrase. Le passage d'un corps d'armée épuise tellement le pays qu'il traverse que ceux qui passent ensuite ne trouvent à subsister qu'avec la plus grande peine. La masse des campagnes vit au jour le jour et n'a rien en réserve. Je viens d'être témoin à Courteille du passage d'un corps prussien qui va en Bretagne, et quoique j'aie fait l'impossible pour éviter une partie des maux, quoique le général fût un de mes anciens amis et un excellent homme, je frémis d'une pareille calamité dans un pays aussi misérable et avec des hommes aussi exigeants et aussi peu disciplinés que les Prussiens. » Voici du reste comment Fouché, dans une lettre au roi, qui eut un grand retentissement, exposait la situation générale : « Les ravages sont à leur comble. On ruine, on dévaste, on détruit, comme s'il n'y avait pour nous ni paix ni composition à espérer. Les habitants prennent la fuite devant des soldats indisciplinés; les forêts se remplissent de malheureux qui vont y chercher un dernier asile. Les moissons vont périr dans les champs. Bientôt le désespoir n'entendra plus la voix d'aucune autorité, et cette guerre, entreprise pour le triomphe de la modération et de la justice, égalera la barbarie de ces déplorables et trop célèbres invasions dont l'histoire ne rappelle le souvenir qu'avec horreur. »

Ce n'étaient point là de vaines déclamations. En certains pays les abus furent si criants que nombre d'habitants s'enfuirent dans les bois et abandonnèrent aux pillards leurs humbles chaumières. Dans le département de l'Aube, sans cesse parcouru par les armées, les maires, réduits au désespoir par les réquisitions incessantes et les excès de tout genre, désertèrent leurs villages et se réfugièrent en masse au chef-lieu. Les ennemis, irrités, se vengèrent en brûlant leurs maisons et en faisant manger à leurs chevaux les récoltes sur pied. Les généraux alliés se croyaient si bien les maîtres, qu'ils jugeaient inconvenante et déplacée toute plainte à eux adressée par les fonctionnaires en exercice. Trois préfets, ceux du Loiret, de la

Sarthe et de l'Eure, commirent l'imprudence de protester contre les exactions et les pillages. Ils étaient tous les trois fortement apparentés. Talleyrand était le cousin du ministre des affaires étrangères, Pasquier le frère du ministre de l'intérieur, et de Gasville le gendre du chancelier Dambray; mais ils furent tous les trois conduits sous escorte en Prusse, où ils expièrent par deux mois de captivité le crime d'avoir pris en main les intérêts de leurs concitoyens. Terrifiés par cet exemple, dont le retentissement fut considérable, les fonctionnaires ne surent plus opposer aux revendications croissantes des alliés que la force d'inertie. C'est ainsi qu'à Lyon, à Saint-Lô, à Auxerre, à Senlis, à Vendôme, à Epinal, ils laissèrent prendre les fonds déposés dans les caisses publiques; ainsi qu'à Bourg ils consentirent à payer dans les vingt-quatre heures une amende de 60 000 francs imposée par le commandant autrichien pour punir les habitants d'avoir assisté à une messe célébrée par le cardinal Fesch, et d'avoir crié : Vive l'Empereur ! ainsi qu'à Nancy, le 2 août, ils tirèrent une salve de cent coups de canon, doublèrent la ration des soldats et illuminèrent les édifices publics, à l'occasion de la fête du roi de Prusse. Il est vrai que le commandant de Nancy, le comte d'Olonne, un émigré au service du Tsar, avait prévenu les habitants que ceux qui insulteraient le moindre soldat allié seraient traités militairement, « selon toute la rigueur des lois russes ».

Comment la France tout entière ne s'est-elle pas soulevée? Comment nos pères ont-ils eu la patience d'endurer de telles souffrances et de ne pas se révolter? Ils devaient ou être bien découragés, ou avoir la conscience de leur profonde impuissance. Peut-être encore comprenaient-ils que tout se paye, que tout s'expie dans ce monde, et, après avoir abusé de la victoire, se résignaient-ils. Il y a là des sentiments complexes qu'il est difficile d'analyser.

Dans ce pillage systématique et en quelque sorte méthodique de la France, les Prussiens se signalèrent par leur âpreté; mais ils ne furent pas les seuls. Ce serait une injustice que de ne pas leur associer, pour le grand jour des revendications nationales, les Bavarois, les Badois et les Wurtembergeois : ce sont eux justement qui, lorsqu'ils se battaient sous nos drapeaux, compromirent par leurs exactions la bonne réputation de l'armée française. Ils se vengèrent de la contrainte que sans doute ils avaient alors subie en redoublant d'exigences à l'égard des Français. Le peuple cependant, dans ses souvenirs et dans ses haines vivaces qui se perpétuent de génération en génération, semble les avoir oubliés. Ce sont les Prussiens seuls qui portent la responsabilité du pillage, et dont le nom sert encore, d'une manière générale, à désigner l'ensemble de cette oppression détestée ; sans doute parce qu'on reconnaissait chez eux la volonté préméditée d'humilier leurs anciens vainqueurs. Ce n'était pas tant le dommage matériel que l'insolence voulue qui exaspérait nos pères. Au grand jour du règlement des comptes, les petits-fils sauront se souvenir.

Quant aux Autrichiens et aux Russes, ils se montrèrent plus courtois et plus modérés. Les Autrichiens étaient tolérés et les Russes presque acceptés par nos populations. Il n'y avait pas entre eux et nous de haine nationale. De part et d'autre l'amour-propre militaire était sauvegardé. Il n'y avait pas de souvenirs irritants. L'occupation était une nécessité qu'on subissait, mais elle n'était que temporaire; aussi l'a-t-on depuis longtemps oubliée.

Les Anglais, plus tenaces et plus intéressés, n'auraient peut-être pas mieux demandé que d'imiter les Allemands, mais Wellington maintenait parmi ses soldats la plus stricte discipline. D'ailleurs il redoutait une insurrection générale. Comme il avait longtemps combattu en Espagne, et se rendait compte de la force de résistance et des ressources inépuisables qu'on rencontre dans un peuple décidé à maintenir son indépendance, il ne voulait pas, dans un pays autrement riche et plus peuplé, s'exposer à quelque terrible retour offensif. Les Anglais observèrent donc à la lettre les articles de la convention de Saint-Cloud : très raides, très arrogants, mais toujours disciplinés. Jamais ils n'outrepassèrent leurs droits, et on n'eut pas à se plaindre d'eux.

Raconter en détail l'occupation étrangère, chercher de ville en ville les traces du séjour des alliés, dresser en quelque sorte le bilan de ce que nous a coûté l'invasion, serait certes fort intéressant, mais dépasserait le cadre de ces études militaires. Qu'il nous suffise de rappeler que l'occupation se prolongea, sans incident notable, pendant les années 1815, 1816 et 1817, et que ce fut à l'abri et sous la protection des baïonnettes étrangères qu'eurent lieu la Terreur blanche et la grande réaction politique qui marquèrent les premières années de la Restauration. Voici en effet les singulières instructions qui auraient été données à Wellington, le commandant de l'armée d'occupation. Il devait à la fois garantir l'Europe « non seulement contre une attaque directe de la part de la France, mais aussi contre le danger non moins redoutable d'être troublée et forcée de recourir de nouveau aux armes par les convulsions révolutionnaires dont ce pays ne paraît encore que trop menacé », et aussi défendre le souverain légitime. « Nos augustes souverains, tout en répugnant à l'emploi de leurs troupes pour le maintien de la police et de l'administration intérieure du pays, ont cependant, en considération de l'intérêt majeur qui les porte à affermir le souverain légitime sur le trône de France, formellement promis au roi de le soutenir par les armes contre toute tentative révolutionnaire. » Point ne fut besoin de recourir à ces armes dont la coalition menaçait ainsi la France ; ce sont les membres du gouvernement qui reconnurent eux-mêmes la nécessité de faire cesser au plus vite cette occupation étrangère. Le duc de Richelieu surtout se fit remarquer par la louable insistance avec laquelle il travailla à obtenir l'allégement des charges que nous imposait l'occupation. Ainsi qu'il l'écrivait à un de ses confidents, l'abbé Nicolle, en janvier 1816 : « Ma situation n'est pas devenue plus douce. Luttant avec la folie des uns, les criminelles entreprises des autres, et les vexations de cent cinquante mille étrangers, sous la tutelle de qui nous sommes, trouvant à chaque pas des obstacles de la part de ceux sur l'appui desquels on était plus en droit de compter, je ne pense pas qu'un homme se soit déjà trouvé dans une position plus pénible. » Malgré les déceptions et les amertumes dont on l'abreuvait, Richelieu persista à remplir ce qu'il considérait comme la grande œuvre de son ministère, et il eut la satisfaction d'obtenir la libération anticipée du territoire.

Le traité du 20 novembre 1815 avait stipulé le payement d'une contribution de guerre de 700 millions, la solde et l'entretien d'un corps d'occupation de 150 000 hommes, et la liquidation de toutes les dettes antérieures au 1er avril 1814. Les deux premiers articles furent rigoureusement exécutés. La France a toujours tenu ses engagements, quelque onéreux qu'ils soient, et, au jour dit et dans les formes convenues, les sommes dues furent versées. Le troisième article ouvrait la porte aux prétentions les plus exagérées. Les alliés mirent en avant des réclamations étranges. En janvier 1817 nous avions déjà payé 180 millions, et toujours étaient mises en avant de prétendues créances, que l'ancienne monarchie elle-même n'avait jamais voulu reconnaître. Le duc d'Anhalt-Bernbourg ne réclamait-il pas la solde pendant un an de 4 000 reîtres levés par un de ses ancêtres pour secourir Henri IV! Si l'on eût fait droit à toutes les demandes, un gouffre se serait ouvert que n'auraient jamais comblé les trésors de la France. D'après une déclaration de Richelieu, le 25 avril 1818 les demandes s'élevaient à un total de 1 milliard 390 millions. Il fallait en finir et obtenir un règlement de compte définitif. Dès le 30 septembre 1817, Richelieu avait offert aux intéressés, à titre de transaction, 10 millions de rente. On ne lui fit qu'une réponse évasive, et pourtant cette proposition ménageait à la fois créanciers et débiteurs. En désespoir de cause, il s'adressa au Tsar, dont l'intervention avait été si souvent favorable. Alexandre écrivit directement à Wellington, et fit rédiger par Nesselrode une note où il était dit que, « les réclamations autorisées par le traité du 20 novembre dépassant, outre mesure, tous les moyens dont Sa Majesté Très Chrétienne pouvait disposer pour remplir loyalement ses engagements avec les puissances étrangères », il proposait la création d'une commission dite de liquidation. Cette commission se réunit sous la présidence de Wellington, et ses travaux durèrent cinq mois. Ils aboutirent à la convention du 25 avril 1818, portant extinction de toutes les réclamations moyennant une rente de 10 040 000 francs, ou un capital de 240 800 000 francs. Trente-quatre États se partagèrent ces 10 millions de rente. Les plus fortes parties étaient la Prusse pour 2 600 000 francs, l'Autriche et la Sardaigne pour 1 250 000 francs; les plus faibles étaient le Mecklembourg-Strelitz, qui figurait pour 1 700 francs de rente, et la Saxe-Meiningen, pour 1 000 francs. Deux conventions particulières, signées avec l'Espagne et avec l'Angleterre, attribuaient à la première de ces puissances 1 million de rente et à la seconde 3 millions.

Lorsque enfin fut achevée, au grand contentement des alliés, cette fructueuse liquidation, il ne resta plus pour effacer les dernières traces de l'invasion qu'à obtenir la libération anticipée du territoire, conformément à la latitude que laissait à cet égard l'article 5 du traité du 20 novembre 1815. Ce fut le grand succès diplomatique de Richelieu. Il y consacra les dernières ardeurs de sa vie, toute son intelligence et tout son cœur. Le plus triste, c'est qu'il eut à triompher moins de la résistance des alliés que de l'opposition de certains Français, aveuglés par le fanatisme politique, et qui, sincèrement, s'imaginaient qu'avec le départ du dernier soldat étranger la royauté légitime allait être de nouveau balayée par l'orage révolutionnaire. A la première nouvelle des négociations entamées, l'un de ces Français mal inspirés, Vitrolles, rédigea, du consentement et sur l'inspiration du comte d'Artois, une note secrète destinée non pas à protester contre l'évacuation, mais à demander la destitution des ministres coupables d'avoir cru à la nécessité du départ des étrangers. Il est juste de reconnaître que les souverains n'accordèrent aucune attention à cette note, et que l'opinion publique en France s'en préoccupa également fort peu; mais n'est-ce pas une preuve singulière du désarroi des esprits que de voir l'héritier présomptif de la couronne contrecarrer ainsi la politique de son frère, et se poser en adversaire de ses ministres? Richelieu eut le bon sens de ne pas demander le désaveu des coupables. Il préféra se taire et continuer à négocier. Ses efforts ne furent pas inutiles. Bientôt il eut la satisfaction d'apprendre que les souverains consentaient en principe à l'évacuation, et qu'ils l'attendaient à Aix-la-Chapelle pour régler avec lui les détails de cette grande opération. « Je me fais un grand bonheur de revoir l'Empereur à Aix-la-Chapelle, écrivait à ce propos le duc. Le sort de la France y sera décidé, et j'ai lieu d'espérer qu'il le sera comme nous le désirons. Notre situation, sans être bonne, sera passable quand les alliés seront partis, et avec de l'ordre il sera facile de l'améliorer encore »; et dans une autre lettre : « Je pars dans deux jours pour Aix-la-Chapelle. J'espère que la besogne sera courte et bonne, et qu'enfin la France, en étant rendue à elle-même, rentrera dans la communion européenne. Si elle sait être sage, elle possède encore tous les éléments d'une étonnante prospérité. »

Les prévisions de Richelieu se réalisèrent : malgré la méfiance de Berlin et de Vienne, la volonté du Tsar l'emporta. Au 1er octobre

1818 les souverains, réunis non pas en congrès, mais en conférence, déclarèrent tout d'abord qu'ils écartaient toutes les formalités habituelles de préséance et de cérémonial. Ainsi engagée, la négociation ne fut pas longue. Dès le lendemain 2 octobre, ils prenaient à l'unanimité la résolution suivante : « Les troupes composant l'armée d'occupation seront retirées du territoire français le 30 novembre prochain. Les places fortes occupées par lesdites troupes seront remises dans l'état où elles se trouvaient au moment de l'occupation. La somme destinée à pourvoir à la solde, à l'équipement et à l'habillement des troupes sera payée jusqu'audit jour 30 novembre, sur le même pied qu'elle l'a été depuis le 1er décembre 1817. » Dès le 8 octobre tous les actes destinés à cette décision sous la forme officielle étaient prêts. Ils furent signés le 9 octobre.

La France était rendue à elle-même et de nouveau maîtresse de ses destinées. Richelieu avait bien mérité de la patrie. Il pouvait se vanter non pas de l'avoir sauvée, mais d'avoir assuré son indépendance nationale. Ainsi se terminait, par l'évacuation définitive du territoire, la longue série des campagnes inaugurées le 20 avril 1792. La France sortait de la lutte amoindrie, humiliée, vaincue, mais avec le souvenir impérissable de victoires et de conquêtes extraordinaires. D'ailleurs il en est des nations comme des individus. Frappées, jetées à terre, foulées aux pieds, elles se relèvent ; battues et exploitées, elles réparent leurs pertes ; ruinées et épuisées, elles refont leur fortune. La France depuis 1818 n'a-t-elle pas prouvé et ne prouvera-t-elle pas encore qu'elle est le pays des résurrections merveilleuses et des soudaines renaissances ?

FIN

TABLE DES MATIÈRES

4055. — Imprimeries réunies, B, rue Mignon, 2. — MAY et MOTTEROZ, directeurs.

4242. — Imprimeries réunies, B, rue Mignon, 2.

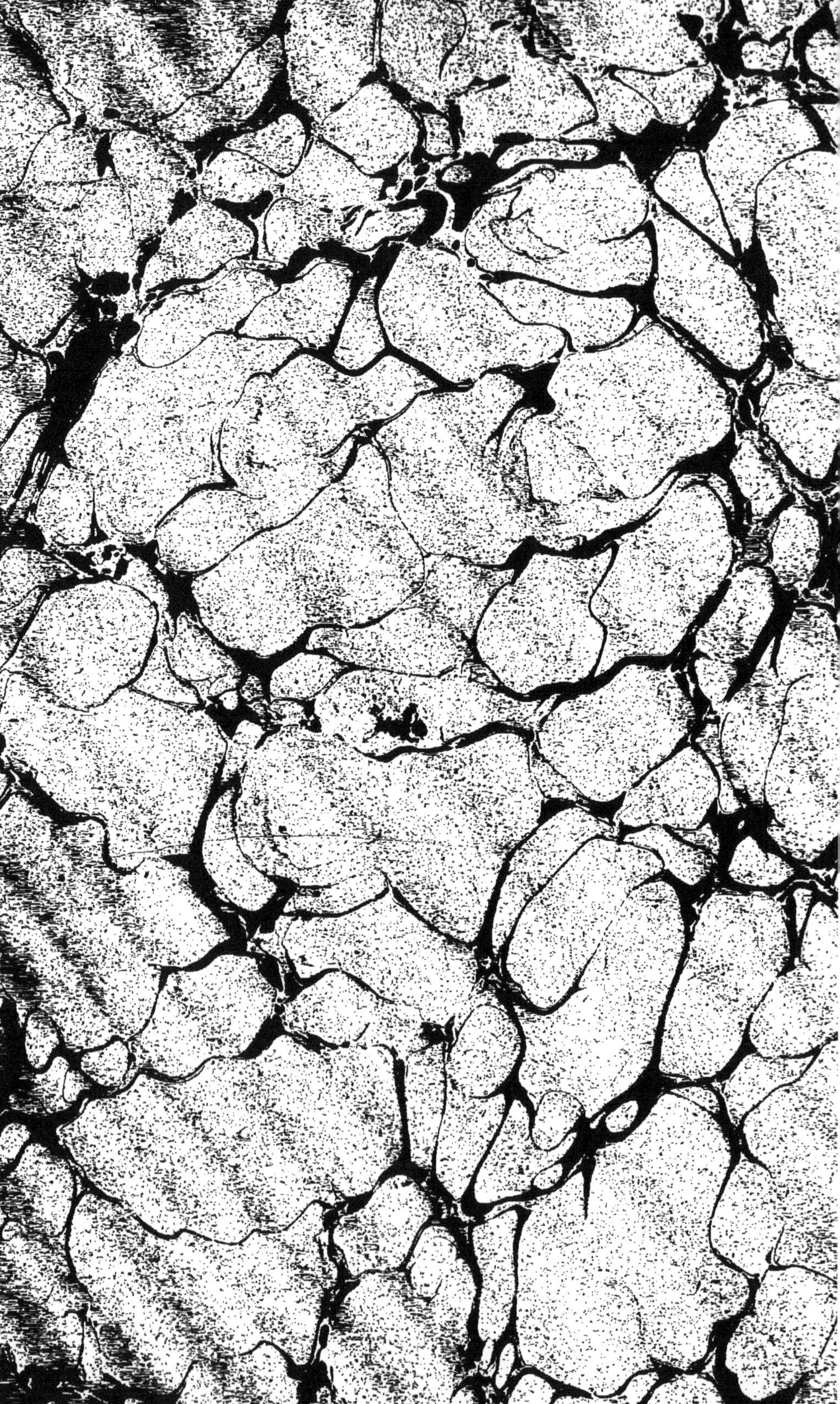

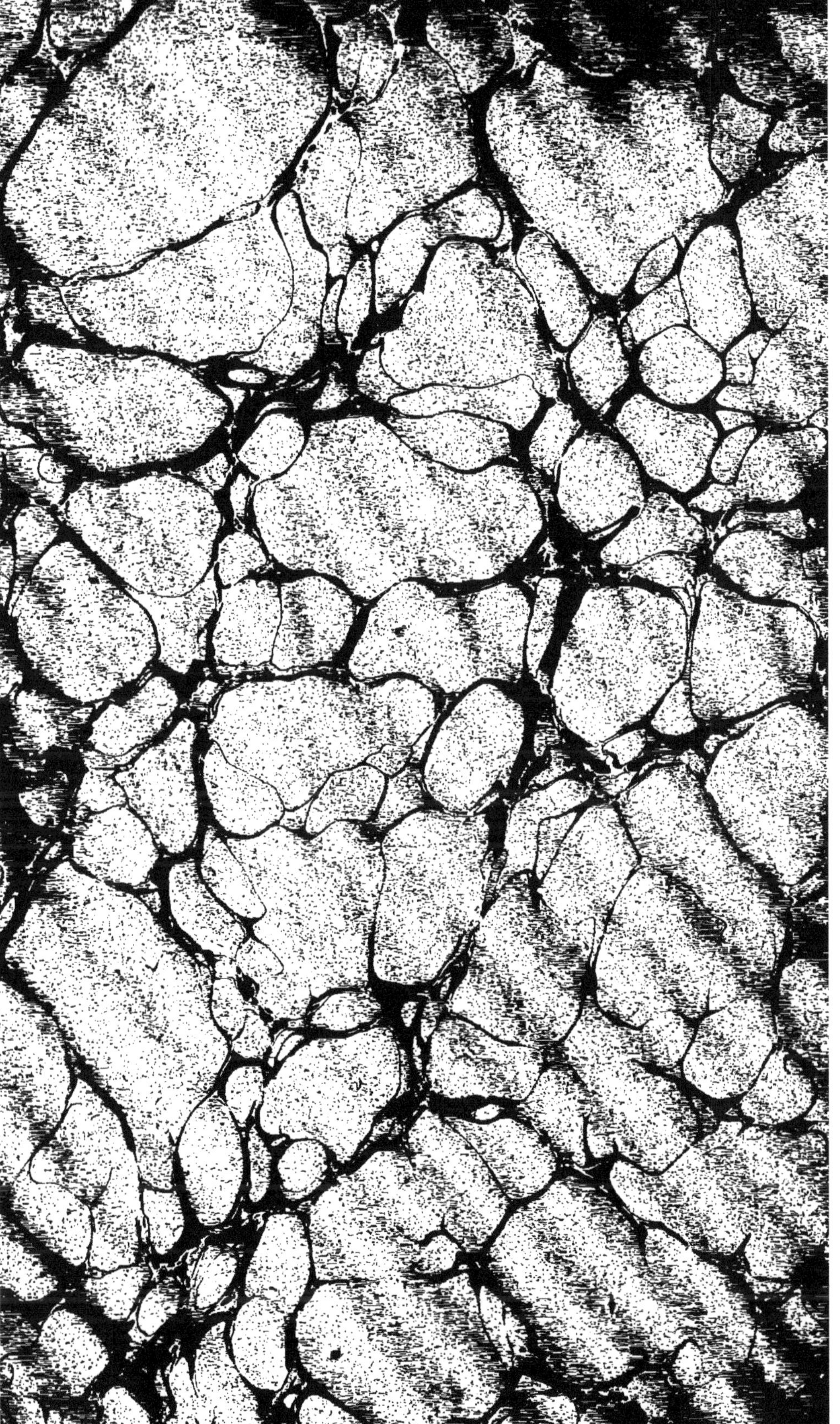

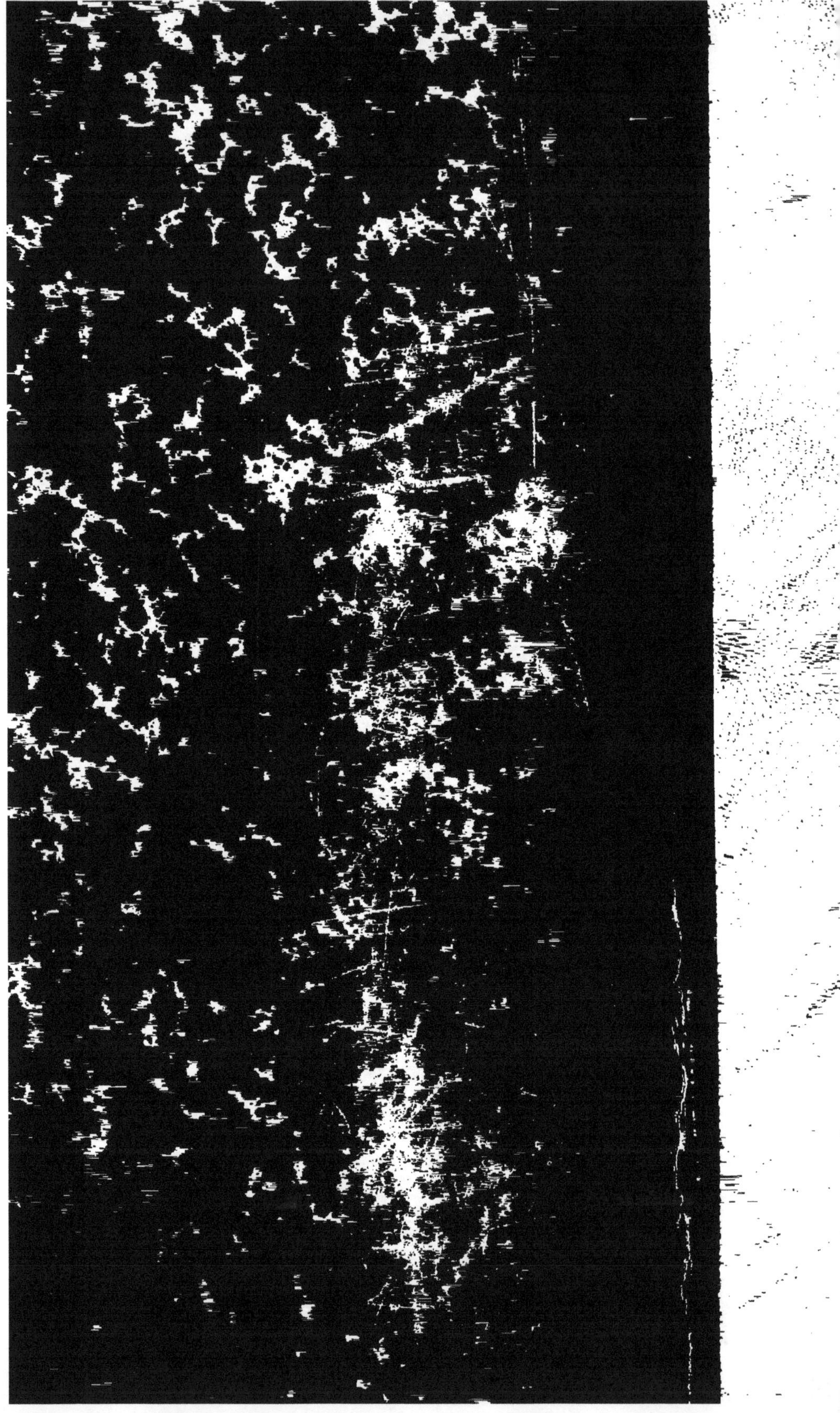

www.ingramcontent.com/pod-product-compliance
Ingram Content Group UK Ltd.
Pitfield, Milton Keynes, MK11 3LW, UK
UKHW020205250726
13967UKWH00003B/1272